後現代主義
與
史學研究

黃進興　著

三民書局

修訂二版序

　　據出版社告知，拙作擬再版，故要求略加修訂。以下則就本書的際遇，略書數語。拙作繁體字版原刊行於臺北 2006 年；兩年後，北京三聯書店復發行簡體字版；不意竟獲彼岸前輩學者謬讚，謂拙作「對這些學者的理論及其影響的論述，不是停留在表面，而是直透根底，國內學界總體上無出其右者。」蓋乃不虞之譽。[1]

　　或許緣此之故，對岸標竿學誌──《歷史研究》方邀請我撰述〈後現代代主義與中國新史學的碰撞〉(2013) 一文。按西方學風瞬息萬變，常令局外人目眩神移。曾幾何時，後現代主義的思潮從風吹草偃之姿，逐漸平息，甚或部分已消融為主流意識，而視為當然爾。拙作的評價則不免毀譽參半。從甫刊行，即受到少數前輩學者的側目，認為後生小子逐風競異，殊不可取。另方面，我之前的導師陶晉生院士，則勉勵有加，鼓勵我寫成英文，因為我的表達方式，概念性太鮮明，並不太適合中文歷史學界閱讀。但是由於精力有限，我並沒有進行這項工作。

　　取而代之，則是 2015 年應臺灣師範大學，及 2016 年北京大學之邀，發表了〈歷史的轉向：二十世紀晚期人文科學歷史意識的再興〉，上述兩篇論文最後均收入近作《歷史的轉向：現代史學的破與立》（香港中文大學，2021、臺北允晨公司，2022）之中。有興趣的讀者容可取閱，其中的變化則不再贅述。

---

1. 張廣智主編：《近代以來中外史學交流史》（上海：復旦大學出版社，2020），中冊，頁 737。

　　總之，鑑於數十年學風的變遷，個人有項心得與觀察，可與讀者分享。縱使探討固有的史學，取資異文化作為參照系，往往令人一新耳目，啟發良多。

　　回溯我的史學涉獵始自《歷史主義與歷史理論》(1992)，終迄《歷史的轉向》(2021)，加上本書 (2006)，恰構成個人史學探討的三部曲，投入時間綿延逾四十年，經歷了不同史學浪潮的起伏。於今回顧，不失為極具樂趣的智識之旅，敝帚自珍，但願與本國史學工作者共勉之。又拙作再版訂正，承蒙林易澄博士協助以及陳盈靜女士的訂正，謹此一併致謝。

黃進興謹誌於南港中央研究院

2022 年 11 月 1 日

前言：往事不可追憶

1998 年，史語所為了慶祝創所七十週年，特舉辦「新學術之路」的研討會。當時的所長杜正勝兄認為，史語所既為學術重鎮，理應掌握晚近西方史學的動向，故囑我作一個「後現代史學」的報告，以為未雨綢繆之需。這便是後來撰述本書的緣起。

記得該時只是命題設事。個人則因另有研究計畫尚未完成，故只能在研討會上作了一個簡要的口頭報告。真正著手研究此一課題，則是近三年之事了。

在閱讀材料的過程，也曾想到挑選一、二本西著，請人迻譯，就此交差了事。無奈西文作者，貴於立說，勇於辯駁，不論正反兩面，動輒失之過猶不及，並不太適合局外人的閱讀。只好回到原點，親手打造一本適合華文背景的小冊。有鑑於此，拙著首列主題，輔以學術源流，再舉出代表性的人物，最後方予個人的品評，希望掌握其命脈，明瞭其得失。

由於個人的成長教育，蓋屬現代史學，因此必得預先滌除成見，作好精神移位的準備，以便就教於後現代的大家，故心靈備受煎熬。在完成拙著之際，仿若佛羅多 (Frodo) 上魔山，終得將無比誘人的「魔戒」(the Lord of Ring) 擲下深淵，頓感超脫清爽。

若說三年的爬梳，個人有任何心得的話，那便是在知識論上，若現代史學旨在「追憶往事」，那麼後現代史學，一言以蔽之，則是主張「往事不可追憶」(the disremembrance of the past)。讀者在掩卷之餘，自可知心體會。

本書的「附錄」：〈中國近代史學的雙重危機〉一文，則是個人長

期對中國近代史學發展的觀察；緣與晚近後現代理論的來臨關係密切，因此也收入於後。

　　最後，在我跟跟蹌蹌的寫作過程中，承蒙余英時老師與師母一路的扶持，永遠銘感於衷。另外，許倬雲、李亦園老師的勉勵亦不可或缺。余國藩教授，之前雖未曾謀面，但一見如故，與其請益，如沐春風。我的朋友哈佛大學的王德威教授、耶魯大學的孫康宜教授，及加州大學的徐澄琪教授，與樓一寧先生，均是本書許多篇章的試讀者，他們的意見與支持，令人感動。中央研究院歐美所的方萬全兄經常解答我的哲學之惑，史語所西洋史組的張谷銘、陳正國、戴麗娟、梁其姿以及以前的老同事盧建榮兄都是我時相請益的對象，一併致謝。

黃進興於南港中央研究院歷史語言所

後現代主義與
史學研究
一個批判性的探討

目 次

Postmodernism and Historiography
A Critical Study

Contents

第一章

緒論：後現代主義
與「歷史之死」

「後現代主義」(postmodernism) 係世紀末西方文化的一個殊相。它包羅萬千，且無雅俗之分；在學術上，更跨越各個領域，是故要賦予一個簡單的定義，並非易事。

按「後現代主義」較早見諸文學與建築評論[1]。惟觀之後續的發展，卻非該領域可以矩矱。基本上，「後現代主義」為衍發性的概念 (evolving concept)。時序上，發軔於上一世紀 50 年代的建築、藝術與文學的評論，1960 年代則在思想與哲學園地發榮滋長，1970 年代以降，便席捲社會科學；而作為一門古老的學問，史學則殿其後，方受波及。

正由於各個學科的開展，前後不一，「後現代主義」的意涵遂無時無地在遞變，以致甚難捉摸。即使就較早的發祥地而言，建築與文學的步調並不齊一，甚至有南轅北轍的現象。例如：建築係由形式轉向裝飾與敘事，但文學卻趨向純粹的形式主義[2]。之所以有如此的歧異，追根究柢在於各個領域所認定的「現代主義」(modernism)，頗有出入，導致繼起者「後現代主義」竟有不同的面貌。

本來學術史裡頭，典範更迭、新舊交替原非新鮮事，而「江山代有才人出」更是司空見慣。惟「後現代主義」的出現，卻迥異於先例。它志不在修正或取代前身，而是要全盤否定該學門存在的根由。這些後現代小子競相宣布：「藝術之死」、「文學之死」、「哲學之死」[3]，史學雖一時負嵎頑

---

1. Ihab Hassan, "Toward a Concept of Postmodernism," in *The Postmodernism Turn* (Columbus: Ohio State University Press, 1987), p. 85. 哈山 (Ihab Hassan, 1925–2015) 指出 「後現代主義」 一詞，極早見諸 1934 與 1942 年的文學評論。另見 Robert Barsky, "Postmodernism," in *Encyclopedia of Postmodernism* (London; New York: Routledge, 2001), p. 307. 該文作者認為 「後現代」 (postmodern) 一詞首先出現在 1945 年的建築評論。

2. Hans Bertens, *The Idea of the Postmodern* (London; New York: Routledge, 1995), pp. 3–4.

抗，終究難逃噩運。舉其例：傅柯 (Michel Foucault, 1926–1984) 於 1969 年刊行了《知識考古學》(*The Archaeology of Knowledge*)，該時的書評者立謂「敲響了歷史的喪鐘。」⁴ 似乎唯恐天下不亂。而後現代主義者動輒招致「歷史殺手」的惡名，恆是實情⁵。

其實，已逝的過去 (the past) 何嘗有死生可言，這些後現代主義者主要意謂傳統意義下的史學業已不存；他們堅稱逝者如斯，歷史的符碼無復負載真實的過去，史學道破了只是擬像 (simulacra) 或語言遊戲罷了⁶。遵此，史家所使用的語言取代了歷史的事實，驟成史學首要考察的課題。若此「語言的轉向」(the linguistic turn)，不禁令人掛心作為學術訓練的實證史學是否氣數已盡⁷？

史家對後現代理論的反應，最典型莫若艾爾頓 (G. R. Elton, 1921–

3. 舉其例各見：Alvin B. Kernan, *The Death of Literature* (New Haven: Yale University Press, 1990); Arthur C. Danto, "The End of Art," *in History and Theory*, Theme Issue 37 (1998), 127–143; Richard M. Rorty, "Twenty-five Years After," in *The Linguistic Turn* (Chicago: University of Chicago Press, 1992), p. 374.

4. François Dosse, *History of Structuralism*, translated by Deborah Glassman (Minneapolis, Minn.: University of Minnesota Press, 1997), vol. 2, p. 245.

5. 例如：澳洲史家溫修德便稱這些後現代主義者遂行歷史的謀殺。Keith Windschuttle, *The Killing of History* (New York: Free Press, 1997).

6. Niall Lucy, "The Death of History," in *Postmodern Literary Theory* (Oxford: Blackwell, 1997), p. 42.

7. Georg G. Iggers, "The 'Linguistic Turn': The End of History as a Scholarly Discipline?" in *Historiography in the Twentieth Century* (Hanover and London: Wesleyan University Press, 1997), ch. 10, . 此處「語言的轉向」應作廣義解，泛指對史家所使用的語言進行反思，「語言」而非「事實」成為關切的議題，非如安克須米特僅指懷特的語藝學而已。Cf. F. R. Ankersmit, "The Linguistic Turn," in *Historical Representation* (Stanford: Stanford University Press, 2001), pp. 29–74.

1994)。他堅守「史料至上」的觀點，而對時下的理論（尤其後現代理論）加以冷嘲熱諷，至謂馬克思主義 (Marxism) 與解構論 (deconstruction) 的結合彷彿「伏特加 (vodka) 摻入迷幻藥 (LSD)」，一發不可收拾。他並把傅柯、德希達 (Jacques Derrida, 1930–2004) 等人歸類為「理論販子」(theory-mongers)，對懷特 (Hayden White, 1928–2018) 亦不假辭色 [8]。艾氏原以維護正統史學自居，他之所以義憤填膺是可理解的。他且堅信後現代理論宛如時尚，可預言的：若非倏忽隨風飄逝，即被另個極端的流行所取代；但史家必須學有所本（史料批評），切不可捨本逐末，為之目眩神搖 [9]。

　　義籍微觀史家 (microhistorian) 京士堡 (Carlo Ginzburg, 1939–) 尤力挺實證史學，直斥德希達的學說為「廉價的虛無主義」(cheap nihilism)；他認為任何形式的懷疑論只會成事不足、敗事有餘，甚不值史家一顧。老牌史家史東 (Lawrence Stone, 1919–1999) 亦呼籲史家應並肩作戰，對抗日益囂張的「理性逆流」[10]。但他們的奔走，並未能抵擋後現代主義的侵襲；反而因為聚光效應，後現代史學有愈演愈烈之勢。這由後現代的用辭充斥了坊間的史學論文可見一斑；舉其例：「文本」(text，巴特) 取代了「作品」(work)，「論述」（話語）(discourse，傅柯) 取代了「解釋」(explanation)，「空間」(space) 或「場景」(occasion) 取代了「時間」(time)，「間斷性」(discontinuity) 取代了「連續性」(continuity)，「解構」(deconstruction，德希達) 取代了「結構」(structure)，「修辭」(rhetoric，懷特) 取代了「論證」(argument)，「書寫」(writing，德希達) 取代了「闡釋」(interpretation)，諸如此類，不勝枚舉。最後竟連原處邊陲地帶的中國史、臺灣史皆受波及。

---

8. G. R. Elton, *Return to Essentials* (Cambridge: Cambridge University Press, 1991), pp. 12–13, 27–29, 34, 52.

9. Ibid., pp. 50–73.

10. 參見 Elizabeth A. Clark, *History, Theory, Text* (Cambridge and London: Harvard University Press, 2004), pp. 26, 79.

　　總之，激情的吶喊，並無法取代理性的思維。史家若不想隨波逐流，亦不想坐困愁城，猶得冷靜面對後現代主義嚴峻的挑戰，方不致進退失據，籌措無方。以下則嘗試選取若干與史學相關的後現代主義者，擬先略加疏解，再評估其優劣得失，期得正視後現代主義，並稍作回應。

　　循此，下文擬先檢討傅柯。傅氏兼有理論與實踐的長材，素被目為後現代史學的標竿人物，其影響居高不下。其次，則擬欲討論懷特。懷氏的歷史語藝學 (poetics)，為「歷史若文學」扳回一城，不但改變了傳統史著的評估標準，尚且道出寫作風格，方是史學優劣的喫緊處。該章純由「史學」的角度，以評介懷特的功過得失。另方面，第六章則改從「歷史哲學」的觀點，重新勾勒懷特如何催生「敘事式歷史哲學」(narrative philosophy of history)，以解消傳統「分析式歷史哲學」(analytical philosophy of history) 的命題，並成為新時代歷史哲學的表率。

　　此外，巴特 (Roland Barthes, 1915–1980) 的「作者之死」，則拋出迥異於往昔的資料或史實的閱讀角度，令人為之側目。無獨有偶地，德希達的「解構」及「書寫」概念，進而摧毀了「史源中心觀點」，試圖建立嶄新的歷史進路。

　　本書末章則對後現代史學做一個提綱挈領的報告，希冀上述的反思可涵蓋後現代史學的動向，並掌握其精神。最終的附錄部分，則是供出個人關懷後現代史學的底蘊，但願所謂的「雙重危機」並非無的放矢，故作聳人聽聞之辭。

　　末了，必須稍作說明，本書的篇章每取蘭克史學 (Rankean historiography) 破題，著眼點即是：蘭克 (Leopold von Ranke, 1795–1886) 素被目為現代史學的奠基者，其所招致的影響至被媲美為史學上的「哥白尼革命」(Copernican revolution) [11]。自蘭克以下，近代史學雖幾經翻轉，惟

---

11. R. G. Collingwood, *An Autobiography* (London, Oxford and New York: Oxford

直迄二十世紀中葉，力倡觀念史學的柯林烏 (R. G. Collingwood, 1889–1943) 猶懼其「陰魂未散」，不敢掉以輕心 [12]。而後現代史學亦常援蘭克史學為對照面，職是之故，必須預作交代，方能求本探源，彈無虛擲。

University Press, 1970), p. 79. 另見 Lord Acton, "Inaugural Lecture on the Study History" in his *Essays in the Liberal Interpretation of History* (Chicago and London: The University of Chicago Press, 1967), pp. 329, 335–335.

12. R. G. Collingwood, An *Autobiography*, p. 72.

西文書目

Acton, Lord

　　1967. *Essays in the Liberal Interpretation of History.* Chicago and London: The University of Chicago Press.

Ankersmit, F. R.

　　2001. "The Linguistic Turn," in *Historical Representation.* Stanford: Stanford University Press.

Barsky, Robert

　　2001. "Postmodernism," in *Encyclopedia of Postmodernism.* London; New York: Routledge.

Bertens, Hans

　　1995. *The Idea of the Postmodern.* London; New York: Routledge.

Clark, Elizabeth A.

　　2004. *History, Theory, Text.* Cambridge and London: Harvard University Press.

Collingwood, R. G.

　　1970. *An Autobiography.* London, Oxford and New York : Oxford University Press.

Danto, Arthur C.

　　1998. "The End of Art," *History and Theory*, Theme Issue37.

Dosse, François

　　1997. *History of Structuralism*, translated by Deborah Glassman. Minneapolis, Minn.: University of Minnesota Press.

Elton, G. R.

1991. *Return to Essentials.* Cambridge: Cambridge University Press.

Hassan, Ihab

1987. *The Postmodernism Turn.* Columbus: Ohio State University Press.

Iggers, Georg G.

1997. *Historiography in the Twentieth Century.* Hanover and London: Wesleyan University Press.

Kernan, Alvin B.

1990. *The Death of Literature.* New Haven: Yale University Press.

Lucy, Niall

1997. *Postmodern Literary Theory.* Oxford: Blackwell.

Rorty, Richard M.

1992. *The Linguistic Turn.* Chicago: University of Chicago Press.

Windschuttle, Keith

1997. *The Killing of History.* New York: Free Press.

第二章

反人文主義的史學：
　傅柯史觀的省察

　　若要推舉後現代的史學祭酒，則法人傅柯 (Michel Foucault, 1926–1984) 不遑多讓，他熔後現代理論與實踐於一爐。傅柯既開風氣，復為師；其偌多的史著不啻開啟了後現代史學的扉頁。

　　自二十世紀 60 年代以降，傅柯勇於開疆闢土，舉凡思想史、政治史、制度史、社會史、醫療史無不見其足跡。他以議題新穎、手法獨特吸引了年輕一代的史家。近年在大西洋兩岸，傅柯的追隨者比比皆是，影響力於是與日俱增[1]，甚而連帶波及中國史的探究[2]。

　　雖說如此，他浩大的聲勢卻無法掩蓋備受爭議的事實。的確，學界對他史學成就的評價，甚為分歧。他的同道對他的學問恭維備至，舉其例：法蘭西學院 (Collége de France) 的同事——羅馬史家維納 (Paul Veyne, 1930–2022)，即對傅柯讚不絕口，稱頌他正在戮力史學革命，係「完美的史家」(the consummate historian)、「史學造詣登峰造極」(the culmination of history)、 堪稱 「最道道地地的實證史家」 (the first completely positivist historian) 等等，仰慕之情由此盡見[3]。反之，老派英國史家艾爾頓 (G. R. Elton, 1921–1994) 卻把傅柯與德希達 (Jacques Derrida, 1930–2004) 統歸類為「理論販子」(theory-mongers)，而加以冷嘲熱諷[4]。尤有過之，澳洲史

---

1. Allan Megill, "The Reception of Foucault by Historians," in *Journal of The History of Idea* (1987), 117–141. 本文對傅柯不同的著作做了極為有趣的分析，傅柯在國際所享有的盛名，遠超過本國。

2. 孫隆基，〈論中國史之傅柯化〉，《近代史研究所集刊》，第四十四期 (2004. 6)，頁 160。 作者謂一位洋學者馮客 (Frank Dickötter) 幾乎把傅柯研究過的題目，諸如性史、監獄、醫學話語、瘋狂，全部移植到中國研究。

3. Paul Veyne, "Foucault Revolutionizes History," in Arnold I. Davidson ed., *Foucault and His Interlocutors* (Chicago: University of Chicago Press, 1996), p. 147.

4. G. R. Elton, *Return to Essential* (Cambridge: Cambridge University Press, 1991), pp. 12–13, 27–29.

家溫修德 (Keith Windschuttle, 1942–) 如臨大敵，視傅柯為「歷史的殺手」；於其《歷史的謀殺》(*The Killing of History*) 一書中，對後現代史學極盡口誅筆伐之能事，傅柯自不得倖免 [5]。這種兩極化的評價，不失為瞭解傅柯史學的切入點。

的確，在初期，史家常以「非我族類」看待傅柯，而傅柯對於自己未能受到傳統史家嚴肅的肯定，頗耿耿於懷 [6]。綜觀史家對他的批評，大致可以分為「史料運用」與「概念闡釋」兩個層次。

按傳統史家總認為傅柯的作品華而不實，不只對他的總體論點，而且對書中許多細節的精確性都提出了質疑。例如：在《瘋狂與文明》(*Madness and Civilization*, 1961) 一書中，傅柯藉運載瘋子的「愚人船」(the ship of fools) 來反映文藝復興人們對瘋狂的心態。此例證在該章節具有舉足輕重的分量 [7]；然而經人查證竟係子虛烏有，純出傅氏過度的想像 [8]。

美國史家史東 (Lawrence Stone, 1919–1999) 亦指出傅柯有關近代初期瘋子與中古痲瘋患者的比較，經不起實證的檢驗。其故存於傅柯刻意挑戰啟蒙運動與人道主義的價值 [9]。不止於此，連《傅柯傳》(*Foucault*) 的作

---

5. Keith Windschuttle, *The Killing of History* (Australia: Macleay Press, 1996), ch. 5.

6. 參閱詹姆斯・米勒 (James Miller)，《傅柯的生死愛慾》(*The Passion of Michel Foucault*)，高毅譯（臺北：時報出版社，1995），頁 246, 419。傅柯對史東 (Stone) 書評的回應十足表現此一心結。參見 Michel Foucault, "Comment on Madness, by Lawrence Stone," *New York Review of Books*, 1983, vol. 330. pp. 42–44. collected in Barry Smart, *Michel Foucault2: Critical Assessments* (London and New York: Routledge, 1995), pp. 147–150.

7. Michel Foucault, *Madness and Civilization* (New York: Vintage Books, 1973), ch. 1.

8. Keith Windschuttle, *The Killing of History*, pp. 146–147.

9. Lawrence Stone, "Madness," *New York Review of Books*, 1982, vol. 29, pp. 28–31, 34–36, collected in Barry Smart, *Michel Foucault2: Critical Assessments*, vol. IV, pp. 134–146.

者——麥基奧爾 (J. G. Merquior, 1941–1991) 亦不諱言傅柯在《事物的秩序》
(*The Order of Things*, 1966)、《知識考古學》(*The Archaeology of Knowledge*,
1969) 等書中，對史實的處理，存有不少值得商榷的餘地 [10]。

　　無獨有偶地，包括在哲學問題上，傅柯的解讀都受到質疑。自稱為傅
氏門徒的德希達，針對其師在《瘋狂與文明》一書中，於笛卡爾 (René
Descartes, 1596–1650)「我思」(cogito) 概念的闡釋，深不以為然，而詳加
辯駁 [11]。其實，在後現代的氛圍裡，「誤讀」(misreading) 或「誤解」
(misunderstanding) 的指控，未免顯得既無奈又反諷 [12]。

　　要知從蘭克 (Leopold von Ranke, 1795–1886) 建立近代史學以還，史料
的考辨即獲得前所未有的重視。優秀的史著必須以信實、尤其原始的資料
為基石。也就是，正確的材料，加上適當的解讀，已成治史根深柢固的準

---

10. J. G. Merquior, *Foucault* (Berkeley and Los Angeles: University of California Press,
1987), pp. 56–75. 甚至結構主義之父——李維斯陀亦認為傅柯對於紀年大事紀
(chronology) 頗為輕率。Didier Eribon, *Conversations with Claude Lévi-Strauss*,
translated by Paula Wissing (Chicago and London: The University of Chicago Press,
1991), p. 72.

11. Jacques Derrida, "Cogito and the History of Madness," in *Writing and Difference*,
translated by Alan Bass (Chicago: University of Chicago Press, 1978), pp. 31–63. 傅柯
反譏德希達泥於文本的崇拜，而輕忽論述的實踐。雙方的交鋒可進一步參閱 Ann
Wordsworth, "Derrida and Foucault: Writing the History of Historicity," in Derek
Attridge, Geoff Bennington, and Robert Young eds., *Post-structuralism and the
Question of History* (Cambridge: Cambridge University Press, 1989), pp. 116–125; and
Robert D'amico, "Text and Context: Derrida and Foucault on Descartes," in John
Fekete, *The Structural Allegory* (Minneapolis: University of Minnesota Press, 1984), pp.
164–182.

12. 請參閱拙著，〈「文本」與「真實」的概念〉，《新史學》，第十三卷第三期 (2002)，
頁 43–77。

則 [13]。因此傅柯在史料上的闕失，縱使為無心之過，但在傳統史家眼中，業已犯了史學的大不韙，而難以寬宥。

可是，傳統史家之所以敵視傅柯，卻非單純的史料謬誤，可以一語輕輕帶過。換句話說，史料的疏忽頂多只會招致「技不如人」的「史法」之譏，尚構不成離經叛道「反歷史」(anti-historical) 的罪名 [14]。因此只有移步勘查傅柯的「史意」與「史識」，方能查出令傳統史家義憤填膺的源由。換言之，在史學認知或操作層面，傅柯定與傳統史家存有難以逾越的鴻溝，所以下文擬就「史意」與「史識」的概念闡釋著手，期能窺探傅柯史學的底蘊，及其與近代史學的分歧之處。

惟進入主題之前，我們必須對傅柯的學術角色略有澄清。按傅柯興趣廣泛，兼哲人與史家於一身，而自蘭克之後，近代史學即正本清源，力圖與哲學劃清界限 [15]，導致近代史學史的著作，均將專業歷史同歷史哲學的區隔，歸功於十九世紀史學的重大成就，並且倚之作為評估史著優劣不證自明的原則 [16]。

---

[13] 蘭克史學在近代史學的意義，請參閱 Georg G. Iggers, *The German Conception of History* (Middletown, Connecticut: Wesleyan University Press, 1968).

[14] 例如，大部分保守的傳統史家認為傅柯是反歷史的。Alun Munslow, *Deconstructing History* (London and New York: Routledge, 1997), p. 120. 哲人哈伯瑪斯甚至認為海德格和德希達借道尼采對理性的批判來摧毀形上學，傅柯則依法炮製摧毀了史學。參閱 Jürgen Habermas, *The Philosophical Discourse of Modernity*, translated by Frederick Lawrence (Cambridge: Polity Press, 1987), p. 254.

[15] 蘭克認為「史學」與「哲學」各代表「人事」兩種不同的認知方式；其一經由特殊事物的直覺，另一則為抽象的思維，截然有異。Leopold von Ranke, *The Theory and Practice of History*, edited with an introd. by Georg G. Iggers and Konrad von Moltke (Indianapolis: Bobbs-Merrill, 1973), p. 30.

[16] Hayden White, *Metahistory* (Baltimore: Johns Hopkins University Press, 1973), pp. 269–270.

　　另方面，哲學和史學雙棲的學者固然罕見，猶不乏聲譽卓著者。例如：休謨 (David Hume, 1711–1776)、克羅齊 (Benedetto Croce, 1866–1952)、柯林烏 (R. G. Collingwood, 1889–1943) 生前死後均久享盛名，歷時不衰[17]。所以傅柯的雙重身分，諒不致貶損他作為一個專業史家的聲名。傅柯曾經被詢及他治學性質，究竟為史學抑或哲學時？傅柯如是作答：

> 假如哲學是一種回憶或回歸本源的學問，那麼我所從事的就不能被看作是哲學；假如思想史只是要把已經湮沒的形象重新復活，那麼我們從事的也不能稱之為歷史。[18]

其遭物議的線索，恐存於此[19]。以下則擬先從他一般的學術定位論起。

一、傅柯與結構主義和結構史學

　　上一世紀的 60 年代，傅柯與人類學家李維斯陀 (Claude Lévi-Strauss, 1908–2009)、拉岡 (Jacques Lacan, 1901–1981) 和文評家巴特 (Roland

---

17. 蘇格蘭人休謨，為著名的懷疑論者，其著有《英格蘭史》；義人克羅齊，新觀念論者，另著有《歐洲史》、《義大利史》等等；柯林烏為二十世紀英國最重要的歷史哲學家，並著有《羅馬時期的大不列顛歷史》。

18. Michel Foucault, *The Archaeology of Knowledge*, translated from the French by A. M. Sheridan Smith (New York: Harper Torchbooks, 1972), p. 206. 本書有王德威教授的譯本和極有參考價值的導論。中譯取自王德威譯，《知識的考掘》（臺北市：麥田，1993），頁 354。

19. 文化批評家薩伊德 (Edward W. Said, 1935–2003) 認為以史學或哲學來形容傅柯的志業，均不十分恰當。因為傅柯的寫作涵蓋面甚廣，且與傳統意涵的史學與哲學均有出入。或許稱他的學問「自成一格」(sui generis)，較為妥切。Edward W. Said, *Beginnings* (New York: Columbia University Press, 1985), p. 288.

Barthes, 1915–1980) 被公認為結構主義 (structuralism) 的 「四人幫」，並在各自領域獨領風騷 [20]。可是，令人詫異的是，無論在口說訪談，或在文字記載，傅柯卻再三否認本身是個結構主義者，彷彿這個標籤對他有欠公允，且失禮敬。

例如：在英譯本《事物的秩序》的〈前言〉，他特別懇求英語讀者道：

> 在法國，某些半調子的「詮釋者」一直用「結構主義者」來標幟我。但我無法瞭解他們狹小的心靈，因為我從未使用過構成結構分析 (structural analysis) 的方法、概念或關鍵辭彙。[21]

但是傅柯又語帶保留地說道：或許他的著作與結構主義有某些相似之處，可是他並不知曉 [22]。其實，傅柯日後就坦承在其早期的著作《診療醫學的誕生》(*The Birth of Clinic*, 1963) 中常援用「結構分析」，以致疏忽了問題的特殊性以及考古學的適當層次 [23]。總之，對他而言，大而化之地貼標籤，只會令人忽略他作品的精蘊。

傅柯欲迎還拒的推辭，委實耐人尋味，或可作為剖析他學術面相的契機。概括地說，結構主義者均受索緒爾 (Ferdinand de Saussure, 1857–1913) 語言學的洗禮，只是深淺不一，各有差異。例如在李維斯陀、拉岡、巴特的論述裡，索緒爾的語言學位居核心的地位，然而在傅柯的理論則相當邊緣。尤其在史學方面，傅柯心中實另有所主 [24]。因此若就論述而言，索緒

---

20. Chris Horrocks and Zoran Jevtic, *Introducing Foucault* (New York: Totem Books, 1997), p. 90; Allan Megill, *Prophets of Extremity* (Berkeley, Los Angeles, and London: University of California Press, 1985), p. 189.

21. Michel Foucault, *The Order of Things: An Archaeology of the Human Sciences* (New York: Vintage Books, 1973), p. xiv.

22. Ibid., p. xiv.

23. Michel Foucault, *The Archaeology of Knowledge*, p. 16.

爾的語言術語在另三人的學術著作，俯拾即是。相對的，傅柯則較為少見。
傅柯表白過，迥異於那些自居為結構主義者，他對語言系統的形式可能性，
並無多大興趣[25]。因此單就理論構作上，三者自然與傅柯就有所區別。所
以皮耶傑 (Jean Piaget, 1896–1980) 謂傅柯係 「沒有結構的結構主義」
(structuralism without structures)，並非無的放矢[26]。可是倘若穿透這層障眼
的表相，傅柯與其它結構主義者仍擁有某種共識。

　　最重要的，他們均抵制「現象學」(phenomenology) 所掛搭的「自我意
識」 (self-consciousness)。 他們要探究的， 毋寧是 「論述的實踐」
(discursive practice)，而非「認知的主體」(knowing subject)。其次，個體與
個體或者個體與整體之間的互相關係 (relation)，亦是他們共同關注的焦點。

　　但是傅柯並不認為史學中有稱得上結構主義者，因為從語言學和人類
學引進來的，遠不足以涵蓋史學所有的方法論的問題，況且這些問題許多
係衍生自學門本身。所以把「結構」(structure) 同「發展」(development) 對
立起來，在史學或結構方法上均不相干。尤其在人類學，甚或歷史園地，
結構主義皆有系統地把事件 (event) 的概念排除於外，更令他難以忍受[27]。
是故，他無意把結構主義的方法，移植到歷史的領域來，縱使這種方法曾
在其它領域展現其價值，成果頗豐[28]。

---

24. 傅柯坦承就其「考古學」而言，得益於尼采的系譜學 (Nietzschean genealogy)，遠逾
　　於結構主義。 Michel Foucault, *Foucault Live*, ed. by Sylvère Lotringer (New York,:
　　Semiotext(e), 1996), p. 31.

25. 參見 J. G. Merquior, *Foucault*, p. 73.

26. Cf. Jean Piaget, *Structuralism*, translated and edited by Chaninah Maschler (New York:
　　Harper & Row, 1970).

27. Michel Foucault, *Power/Knowledge*, edited by Colin Gordon (New York: Pantheon
　　Books, 1980), p. 114.

28. Michel Foucault, *The Archaeology of Knowledge*, pp. 11–15.

　　若說傅柯與結構主義處於若即若離的狀態，那麼他與結構史學
(structural history) 又有何關聯呢？這可分從雙方的立場加以省視。眾所周
知，結構史學的大本營即是法國的年鑑學派 (the Annales School)。該學派
一向貶抑傳統的敘事史 (narrative history)，而鼓吹科技整合，以結構分析見
長。傅柯初出茅廬時，所面臨正是如日中天的第二代的年鑑史學。他甚至
一度被視為該學派的外圍[29]。

　　原初，當傅柯的成名之作——《瘋狂與文明》刊行時，結構史學的巨
匠——布勞岱（Fernand Braudel, 1902–1985，第二代年鑑學派）即給予極
高的評價，以為該書係繼年鑑學派奠基者費夫賀（Lucien Febvre, 1878–
1956，第一代年鑑學派）以來，探討集體心理的傑作，而為史家難以望其
項背。布勞岱深切體會到要處理「瘋狂」(madness) 這樣高難度的議題，非
結合「史家、哲學家、心理學家、社會學家」於一身不可。不難看出，布
勞岱所激賞的正是傅柯多才多藝的分析本領，以及對「文明中心靈結構進
展」的剖析[30]。這些治學特質適與年鑑學派契合。布勞岱的贊詞不啻宣告
一位偉大史家的誕生[31]。而該時年鑑學派另位健將芒德魯 (Robert
Mandrou, 1921–1984) 亦深表同感[32]。

---

[29]. 年鑑學派可參閱 Peter Burke, *The French Historical Revolution* (Cambridge: Polity Press, 1990). 江政寬譯有中文本《法國史學革命》(臺北市：麥田出版公司，1997)。

[30]. Fernand Braudel, "Note", *Annales*, 1962, vol. 17, pp. 771–772, collected in Barry Smart, *Michel Foucault2: Critical Assessments*, p. 40. 本文英譯初獲張谷銘博士的協助，復見 Dider Eribon, *Michel Foucault*, translated by Betsy Wing (Cambridge, Massachusetts: Harvard University Press, 1992), pp. 118–123. 謹此致謝。

[31]. 布勞岱同是 1969 年支持傅柯進入「法蘭西學院」的關鍵人物。傅柯於 1984 年辭世時，布勞岱追悼法國損失了一位最絢爛的心靈、最有創造力的知識分子。Didier Eribon, *Michel Foucault*, pp. 198, 328.

[32]. François Dosse, *History of Structuralism*, translated by Deborah Glassman (Minneapolis,

惟循至 1970 年代中期，法國史學丕變，傅柯崛起的態勢至為明顯，舊史學遂備感壓力。職是，布氏雖仍讚揚傅柯的才華與熱情，卻一改常態稱呼他「非歷史家，而為哲學家」；直視傅柯為新興勢力的代表，呼籲史家大膽表達自己的心聲，以恢復固有的本業為己任。所謂新方法，亦無非善用舊工具而已。史家的未來全然繫乎史家本身，無有其它捷徑[33]。但而後，布勞岱即歸於沈默，不再對傅柯有所評論。可想而知，布勞岱亟想重建現代的人文主義 (toward a modern humanism)[34]，而傅柯稍後卻吹起進攻人文科學的號角，不只大肆攻擊人文主義，且圖置之死地而後止（容後詳述）。演變至此，他們只有分道揚鑣一途了。

與此相照，傅柯於《知識考古學》的導論裡，恰好對該時的史學狀態做了一番檢討，其中有涉及年鑑史學者，適可提供另一個觀察的角度。傅柯誠能領略年鑑學派的優點，例如，在時限上作不同時段的觀察，從事底層的考掘，而不為表面的事件所迷惑，以及進行經濟與社會系列史 (serial history) 的分析[35]。這些養分都一一為其著作所汲取。

然而，傅柯對布勞岱所倡導的「整體史」(total history)，則不表苟同。本來布勞岱在其鉅著《地中海的世界》(*The Mediterranean* 參[36.]) 裡，宣稱正在從事「整體史」的嘗試，而有別於社會、經濟等專史。他的著作雖遵循三種時序進行，但最終則希望烘托出整體歷史的面貌。他認為「結構」

Minn.: University of Minnesota Press, 1997), vol. 2, p. 254. 芒德魯的書評收入 Barry Smart, *Michel Foucault2: Critical Assessment*, pp. 30–39.

[33]. Fernand Braudel, "Forward to Traian Stoianovich," in Traian Stoianovich, *French Historical Method* (Ithaca and London: Cornell University Press, 1976), pp. 16–17.

[34]. Fernand Braudel, "The History of Civilization: The Past Explains the Present," in *On History*, translated by Sarah Matthews (Chicago: University of Chicago Press, c. 1980), p. 217.

[35]. Michel Foucault, *The Archaeology of Knowledge*, pp. 3–4.

與「發展」係懸而未決的重要問題。即使史家的結構主義與其它學科仍有出入，布勞岱仍自我定位為「結構主義者」，而看輕「事件」的意義[36]。

傅柯則與其針鋒相對，其故在於「整體史」與他主張的「間斷」(discontinuity) 概念格格不入。依傅柯之見，史上各因素的異質性與不同層次的折疊與交叉，均無法整齊劃一為同質的整體。而且「整體史」亦染有目的論 (teleology) 的色彩。他尤其反對援用「文化統合」(cultural totalities) 的範疇（例如，世界觀、理念型、時代精神），強加「結構分析」的形式於歷史之上[37]。據說布氏獲悉傅柯的追隨者揚言將整體的大歷史 (History)，裂解為多元分化的小歷史 (histories)，即大感不悅[38]。總之，傅柯對結構史學並非照單全收，而是有所取捨的。

反過來，當傅柯思慮成熟時，他關於身體的歷史及歷史與權力之間的著作，卻提供了第三代年鑑史家重要的示範與靈感，例如晚近朝「社會的文化史」(cultural history of society) 的轉向，主要便是受益於傅柯的作品，此正應驗此一時，彼一時，不可同日而語[39]。有了上述的認識，則有助於掌握傅柯史學的真正特徵。

---

36. Fernand Braudel, *The Mediterranean and the Mediterranean World in the Age of Philip II*, translated by Sian Reynolds (New York: Harper, 1976), vol. II, p. 1238–1244.

37. Cf. Michel Foucault, *The Archaeology of Knowledge*, pp. 9–15.

38. François Dosse, *History of Structuralism*, vol. III, p. 261. 另一深受傅柯影響的維納亦持同樣的看法。Paul Veyne, *Writing History*, translated by Mina Moore-Rinvolucri (Middletown, Connecticut: Wesleyan University Press, 1984), p. 26.

39. Roger Chartier, "Intellectual History or Sociocultural History? The French Trajectories," in Dominick LaCapra and Steven L. Kaplan, *Modern European Intellectual History* (Ithaca: Cornell University Press, 1982), pp. 13–46. 後收入 Roger Chartier, *Cultural History*, translated by Lydia G. Cochrane (Oxford: Polity Press, 1988), pp. 19–52. 名稱略有不同；Peter Burke, *The French Historical Revolution*, p. 84.

二、「當前的歷史」(the history of the present)

　　傅柯曾自豪地宣稱：他的研究雖然與史家涉獵的領域雷同，但卻非「史家」的作品[40]。乍聞之下，傅柯的說辭有些唐突，但若與下段話合觀並讀，則能心知其意。在《規訓與懲罰》(*Discipline and Punish*, 1975) 裡，傅柯交代過從事監獄研究的理由。他如是自我作答：

> 為什麼？只因為我對過去發生興趣嗎？不，如果這意味以今日的眼光來撰寫過去；是的，假如這意味著撰寫當前的歷史 (the history of the present)。[41]

言下之意，他以標榜治理「當前的歷史」，而與一般史家有所區隔。

　　傅柯所謂的「當前的歷史」，於此必須稍加疏解，方能掌握其治史的緣起。首先，傅柯既非嗜古者 (antiquarian)，以博古通今為己志；但他亦非以今凌古的當下主義者 (presentist)。表面上，「當前的歷史」令人想起克羅齊

---

[40]. Michel Foucault, *The History of Sexuality*, translated from Robert Hurley (New York: Vintage Books, 1986), vol. II, p. 9.

[41]. Michel Foucault, *Discipline and Punish: The Birth of the Prison*, translated by Alan Sheridan (New York: Vintage Books, 1979), p. 31. 這點他與尼采亦步亦趨，尼采認為過多的歷史，反而對人生有害，限制了人的能動性與創造力。Cf. Friedrich Nietzsche, "On the Uses and Disadvantages of History for Life," in *Untimely Meditations*, translated by R. J. Hollingdale (Cambridge; New York: Cambridge University Press, 1997), p. 67 ff. 按尼采對歷史的看法晚年趨向正面，但後世最注意卻是早期的這個著作。參閱 Thomas H. Brobjer, "Nietzsche's View of the Value of Historical Studies and Method," in *Journal of the History of Ideas*, April 2004, vol. 65, no. 2, 301–322.

的名言「任何真正的歷史均是當代史」[42]。但細究之，克羅齊的著眼點在認識論上，而傅柯則側重現時感。即使作為史學工作者，他從不諱言從當下學習所得，遠甚於過去的歷史[43]。而強烈的現實關懷，適貫穿傅柯一生的學術志業，譬如今日社會對身體 (body) 的政治操控之術，正是引起他追溯監獄演變和性意識 (sexuality) 的緣起。通常史家對治史的原始動機並不太在意，因為研究者若能切實遵行專業的規範與程序，邏輯上，動機並不會妨礙正常的研究。

　　但傅柯的「當前的歷史」則有逾於此，他係針對當前處境所進行的反思與批判，瞭解或恢復過去的事實並非治史的要旨。換言之，傅柯的問題意識來自對現狀的不滿與批判，而具有實用主義的意圖。在言及《規訓與懲罰》一書時，他坦承撰寫歷史的目的，在對現狀有所瞭解，可能的話並付諸行動[44]。他曾譬喻他的作品與現實世界的關係「宛如爆竹，用後即自我銷毀」[45]。

　　於此，必得一提，影響傅柯史觀極為深邃的尼采 (Friedrich Nietzsche, 1844–1900)。概念上，傅柯標榜的「當前史」，蓋脫胎於尼采的「實效歷史」（wirklich Historie, 英譯：effective history）。按「實效史」意謂已逝過去對時下所產生的作用或制約。詮釋學的大家——伽達瑪 (Hans-Georg Gadamer, 1900–2002) 便曾據此論證 「歷史效應意識」（wirkungsgeschichtliches Bewußtsein，英譯：historically effected consciousness）係「理解」的必要元素，換言之，「理解實為歷史效應之事」。惟具有「歷史效應的意識」，方

---

42. Benedetto Croce, *History: Its Theory and Practice* (New York: Russell & Russell, 1960), p. 12.

43. Michel Foucault, *Discipline and Punish*, p. 30.

44. Michel Foucault, *Politics, Philosophy, Culture*, ed. by Lawrence D. Kritzman (New York: Routledge, 1988), p. 101.

45. 參見 Allan Megill, *Prophets of Extremity*, p. 184.

能因時制宜地提問，方有適切答案的可能。知此，則能明曉詮釋的情狀[46]。

　　而傅柯於「實效史」的闡發，也有異曲同工之妙。依其觀點，「實效史」與「傳統史」截然有別。後者依據超越的觀點，自成封閉的系統，迭成恆定的狀態；「實效史」則從特定的視野 (perspective) 出發，因時空變異而變動不居。傅柯佩服尼采的過人之處，便是揭露歷史意識 (historical sense) 並非凌空環顧，而受限於一定的視野。所以，歷史意識難免局限、傾斜，甚至釀成系統的偏頗[47]。而十九世紀史學所標舉的客觀性 (objectivity) 的理想，只是遙不可及的神話。傅柯遂直截了當地供出史家著史的宿命。

　　以此度之，傅柯的「當前史」與尼采相應之處，一目了然。傅柯的著眼點（特殊視野），正是從當前處境，發覺迫切的問題（例如：監獄的暴亂，精神患者的治療，失業的勞工，人權等現實的社會問題），再經由史學，探索其曲折變化。這種逆溯的進路，與傳統史學確有出入。按傳統史學首重起源，順時而下，而傅柯卻把源起設於「當前」，倒果為因，逆行而上。其所揀擇的過去，繫於當前的狀況，輕重、類別自然有所變化。況由於沈澱在歷史表層的事實，恆是間斷，逾於延續；所以習以為常的發展邏輯反而派不上用場，為此則需別出心裁，方得理治，這便引導出「考古學」(archaeology) 與「系譜學」(genealogy) 的工作了。

　　在結束本節之前，尚有一點需得補充。傅柯史學之深具批判意識，若由學術層面去檢視，當與認同尼采的「批判史學」(critical history) 有關；原初尼采認為歷史與人生存有三種關係，分別造就三種史學：「典範的」

---

46. Hans-Georg Gadamer, *Truth and Method*, translation revised by Joel Weinsheimer and Donald G. Marshall (New York: Crossroad, 1989), pp. 300–307.

47. Michel Foucault, "Nietzsche, Genealogy, History," in *Language, Counter-Memory, Practice*, translated by Donald F. Bouchard and Sherry Simon (Ithaca and New York: Cornell University Press, 1977), pp. 152–157.

(monumental)、「博古的」(antiquarian)、「批判的」(critical)。傅柯的「當前歷史」，顯然屬於第三種[48]。

另方面，則是作為一個知識分子，傅柯自我的期許。法國知識分子的傳統，淵源流長。肇自伏爾泰 (Voltaire, 1694–1778)、左拉 (Zola, 1840–1902)，近迄沙特 (Sartre, 1905–1980)，均倚動人的文筆，在體制外對抗權貴，以維護社會的公義。傅柯固然因襲這個傳統，但觀點容有出入。

迥異於左翼（例如：沙特與馬克思分子）的想法：知識分子蓋以天下為己任，擁抱普世的價值（包括「階級鬥爭」）；傅柯新構思的角色，卻是特殊主義的，由在地的 (local) 觀點出發，解決周遭的問題。傳統的知識分子率由作家 (writer) 擔綱；衡諸今日高度分工的社會，由於知識的專業化，作家的功能漸次式微，取而代之則為各行各業的專家學者。後者復經常進入政府體制服務（例如：原子科學家奧本海默 [Robert Oppenheimer, 1904–1967] 等，二次戰後，尤其是物理與生物領域的學者），但無妨於他們以專家的身分，去關懷或參與社會的改革，這與傳統知識分子的認知大異其趣。而其中錯綜複雜的關係已非「科學／意識型態」二分法的模式得以涵蓋，切合實情的則是「知識／權力」的相互滲透[49]。簡之，傅柯之所以拋出「特殊知識分子」(special intellectual) 的觀點，無非是「夫子自道」之辭[50]，而與他的「當前史學」互相呼應。

---

[48] Ibid., p. 164. 尼采的三種分類參見 Friedrich Nietzsche, "On the Uses and Disadvantages of History for Life," in *Untimely Meditations*, p. 67.

[49] Michel Foucault, *Power/Knowledge*, pp. 126–132.

[50] Michel Foucault, "On Power," in *Politics, Philosophy, Culture*, p. 108. 傅柯進入「法蘭西學院」後，經常以專家學者身分參與各種社會、政治活動。

三、考古學與語言的去主體化

　　大體而言，1970 年代之前，傅柯的史學經歷了兩個階段。其一為「經驗結構」(the structure of experience) 的分析，例如：《瘋狂與文明》、《診療醫學的誕生》等，其次則為「語言結構」(the structure of language) 的解碼，其代表作為《事物的秩序》；而《知識考古學》則是此一階段方法論最完整的陳述[51]。若就史學概念，第二個階段意義尤為重大。

　　本來傅柯初期的著作，緣與主流史學若合符節，聲譽得以鵲起。他的立論被看待成「勝義迭出」，譬如：他論證「瘋狂」不若生理性的瘧疾或鼠疫，而係出自文化的構作。易言之，「瘋狂」為不同時空裡理性／非理性 (reason/unreason) 的對置，而呈現變異的樣態；瘋狂因此不復是實質性或功能性的概念。而一部瘋狂史拆穿了只是「理性」對「它者」(the other) 的敘述，真實的瘋狂永遠受壓抑而沈寂不語的。復如對瘋人的處置或臨床醫學的出現均與社會其它因素有結構的關聯（非因果性）；傅柯分析的手法充分顯現結構史學的特色，諒為不爭之事實，這點連他的同道，文評家巴特，都無法為之掩飾[52]。

　　倘若傅柯只是留滯在此一階段，而駐足不前，他在學術史上充其數只不過是遂行結構史學典範的佼佼者，而無由出類拔萃，卓然成家。他得以成為後現代史學的大宗師，猶有待其它開山之作。這便牽涉去主體化與考古學的概念。

---

51. Larry Shiner, "Reading Foucault: Anti-method and the Genealogy of Power–Knowledge," *History and Theory* 21 (1982), 383–398. 就政治批判的層面，或如該文所說傅柯是反方法的，但就史學實踐而言，則甚難成立。

52. Roland Barthes, "Taking Sides," in *Critical Essays*, translated by Richard Howard (Evanston: Northwestern University Press, 1972), pp. 166–168.

　　傅柯去主體化的思維極早即見端倪，於《診療醫學的誕生》中的〈前言〉，他便切斷主體（作者）與其表達內容之間的連繫[53]，而尋求系統的陳述，即是一例。

　　傅柯認為十八世紀末葉之前，「人」(man) 的概念並不存在。縱使文藝復興的「人文主義」(Renaissance 'humanism') 或古典時代的「唯理主義」(Classical 'Rationalism') 曾在世界秩序裡賦予人類 (human beings) 獨特的位置，但他們依舊無法思考「人」的概念[54]。易言之，傅柯認為人的本質論是十八世紀以後知識論的產物。在此之前，人不能被思考，而只能透過其行為或能力的再現。這的確是石破天驚之論。

　　依其所見，由「古典的認識域」(classical episteme) 移轉至「近代的認識域」(modern episteme)，「人」才由這個間隙迸裂出來。要之，「古典時期」，語言的性質為「再現」(representation) 的。進入「近代時期」，此一功能受到質疑，而轉為「示意」(signification) 的。於傅柯而言，「人」的出現事出偶然，只是兩種語言模式轉換的後果。易言之，人無本質，而只是語言的附帶現象 (epiphenomenona of language)。他是在語言的表象 (representation) 功能崩頹時，或在掙脫其束縛時，在語言支離破碎的夾縫中，構築了自己的形象[55]。從此人類創造了認知的主體，同時將自己塑造

---

53. Michel Foucault, *The Birth of Clinic*, translated by A. M. Sheridan Smith (London: Tarristock Publications, 1976), Preface, p. xix.

54. Michel Foucault, *The Order of Things*, pp. 308, 318.

55. Ibid., pp. 312, 386. 傅柯自有其分期法，十六世紀末葉迄十八世紀末葉為「古典時期」，十九世紀初葉則進入「近代時期」，加上文藝復興與現代共有四種依不同認知模式的認識域。懷特則擬之四種譬喻的流轉。Hayden White, "Foucault Decoded," in *Tropics of Discourse* (Baltimore and London: The Johns Hopkins University, 1985), ch. 11. 質疑傅柯的觀點亦不在少數，舉其例：Ian Maclean, "Foucault's Renaissance Episteme Reassessed: An Aristotelian Counterblast," *Journal of the History of Ideas*,

成認知的對象。也就是說，人與人文科學變成一體兩面了。以傅柯的術語，則是「人與其複位」(man and his doubles)。哲學上，康德 (Immanual Kant, 1724–1804) 的「經驗自我」(empirical self) 與「超越自我」(transcendental self) 的提出，即是最佳的例證。人於是變成「既經驗又超越的雙重面向」。這不止是近代哲學的特徵，且是現代性 (modernity) 的啟端。職是，康德固然把我們從獨斷的玄學夢魘中喚醒了，可是又讓我們在「人之學問」中沈睡了 (the anthropological sleep) [56]。

　　而在語文學 (philology) 訓練有素的尼采，卻是看穿語言這個謎團最關鍵的人物。他察覺「語言通向真實」是項人為的幻覺。其實語言的擬人化 (anthropologization) 乃是近代知識內部極大的危機，並且造成人文科學極端的不穩定，是故袪除語言的主體化，乃為當務之急。依傅柯的推想，尼采明知人神共存的狀態，當他宣告上帝死亡的訊息，不啻意味人離大限之期指日可數了 [57]。職是傅柯預言：

　　　如果人之消逝就像它的出現那麼突兀，……那麼我們可以確切地說，
　　　人將會像畫在海濱沙灘上的一張臉，終將為浪潮所沖失。[58]

傅柯遂毅然決然加入「人之死亡」的送葬行列 [59]。而人既不保，寄存於內

January 1998, vol. 59, no. 1, 149–166.

[56]. Ibid., pp. 318, 341. 近代哲學之父康德卻被傅柯視為「人之學問」(anthropology) 的始作俑者。康德於《邏輯》講義裡，除了對應三大批判問題，另外提出第四個「人是什麼」(What is man?) 的議題，開創出「人之學問」的探討。參見 Immanuel Kant, *Logic*, translated by Robert S. Hartman and Wolfgong Schwarz (New York: Dover, 1988), pp. 28–29.

[57]. Michel Foucault, *The Order of Things*, pp. 332, 348, 385.

[58]. Ibid., p. 387.

[59]. 去主體化或去人化並非傅柯的獨傳秘方，而是結構主義的共同信念。他們均反對現

的「人性」(human nature) 遂亦無所依歸[60]。

　　須知 1960 年代，人文學科的氣氛相當低靡，危機之聲此起彼落，學者遽失依傍，無所適從[61]。傅柯新出爐的觀點適為他們另闢了一條新思路，《事物的秩序》於人文學科的影響，甚至被媲美為康德《純粹理性批判》(*Critique of Pure Reason*) 於自然科學的貢獻[62]。其瞬時創造出洛陽紙貴的熱賣旋風，自有緣故[63]。除開上述標新立異的論點，傅柯還大肆宣揚「考古學」作為治史的利器。

　　「考古學」乃傅柯一貫的治史秘方，從早期的《瘋狂與文明》中，傅柯即宣稱：他無意寫下「瘋狂」一語的歷史，代之卻是沈寂的考掘 (the archaeology of that silence)[64]。他甚至一度想以「結構主義的考古學」(An

---

象學以「自我意識」為「阿基米德點」(Archimedean point)，於近處他們尤針對以沙特為代表的人文主義。

60. 參見傅柯與杭士基 (Noam Chomsky, 1928–) 攸關「人性」(human nature) 的辯論。杭士基堅持人必須擁有與生俱來的「內在意念」(innate idea) 或「直覺的知識」(instinctive knowledge)，語言方有可能，也就是說「人性」。但傅柯認為「人性」只是某個時期，某些論述（歷史、生物學或神學）認知的標示器而已。Noam Chomsky and Michel Foucault, "Human Nature: Justice versus Power," in Arnold I. Davidon ed., *Foucault and His Interlocutors*, pp. 109–111.

61. 舉其著名的例子：J. H. Plumb ed., *Crisis in the Humanities* (Baltimore: Penguin Books, 1964) 意識到「人文科學」的危機，並不始自傅柯。之前，卡西勒 (Ernst Cassirer, 1874–1945) 即力圖彌補人文科學的缺漏，但他東補西漏，無補於全局。遠不若傅柯大破大立，除舊布新來得斬決。參閱 Ernst Cassirer, *An Essay on Man* (Garden City, N. Y.: Doubleday, 1953), ch. 1.

62. Gerge Canguilhem, "The Death of Man, on Exhaustion of the Cogito," in Gary Gutting ed., *The Cambridge Companion to Foucault* (Cambridge; New York: Cambridge University Press, 1994), p. 90.

63. François Dosse, *History of Structuralism*, vol. 1, p. 330.

64. Michel Foucault, *Madness and Civilization*, Preface, p.ix.

Archaeology of Structuralism) 作為《事物的秩序》的副題[65]。然而只有在後來《知識的考古學》這部理論性的著作方得一窺「考古學」的全貌。

要之，「考古學」於傅柯，別有含意。一方面非如其希臘字源 (arché) 所示，尋求「初始」；另方面，亦非如當今習用的深層「考掘」(excavation)。「考古學」旨在探究論述的制度化或其轉換，以界定表層的論述關係，而毋需探索隱微、深沈的人類意識[66]。

傅柯復刻意與傳統史學劃清界限。「考古學」標榜的是「空間」(space) 橫面的安置，而非「時間」(time) 縱面的序列。試舉其例：《診療醫學的誕生》開宗明義便表明該書關注的是「空間、語言、死亡。它是攸關凝視的行為。」[67] 所以，「考古學」重視層次分明，而非縱貫的連續。而德勒茲 (Gilles Deleuze, 1925–1995) 於評述《規訓與懲罰》一書也說道：傅柯與其說是位歷史學家，毋寧說是位新式地圖的繪製者。此一評論確有所見[68]。

再者，傅柯攻訐「觀念史」(history of ideas) 誤以追本溯源為旨趣，其實本源、源起皆渺不可知。歷史的本質乃是斷裂、不相連貫，而史學的喫緊之處，即在觀察斷裂之處，這才是歷史的大經大脈所在。他自詡知識考古學為觀念史所起的更革，就如同年鑑學派布洛赫 (Marc Bloch, 1886–1944)、費夫賀及布勞岱為史學所做的開路工作[69]。

在傅柯的心目中，「觀念史」乃傳統史學具體而微的化身。若僅就「觀念史」而言，傅柯雖未曾明言，但勒夫喬 (Arthur O. Lovejoy, 1873–1962) 盛行一時的名著及其倡言的「單元觀念」(unit idea) 可作為其攻訐的對

65. François Dosse, *History of Structuralism*, vol. 1, p. 331.

66. Michel Foucault, *Foucault Live*, pp. 57–58.

67. Michel Foucault, "Introduction," in *The Birth of Clinic*.

68. 吉勒・德勒茲 (Gilles Deleuze)，《德勒茲論傅柯》，楊凱麟譯（臺北：麥田出版社，2000），頁 79。

69. François Dosse, *History of Structuralism*, vol. 2, p. 237.

象 [70]。但傅柯對傳統史學的攻擊是全盤的，而非僅止觀念一史而已。他直搗黃龍，特標舉「間斷性」(discontinuity) 以顛覆傳統史學。按「連續性」(continuity) 實係傳統史學命脈所繫，祛除了「連續性」，則傳統史學勢將土崩瓦解，「進步」(progress)、「連貫」(cohesion)、「因果關連」(causality) 均將無可思議，更遑論統合性的「整體史」了 [71]。

據此，得以看出毋論就史料運用或史學連綴的法則，考古學與傳統史學皆截然異趣。

史料方面：歷史所呈現的斷裂或矛盾，傳統史學恆歸咎史料先天的不足或後天的闕疑；但考古學則反果為因，認為斷裂毋需費心去克服，反而是展露歷史癥結的契機，更是絕佳的運作概念 (working concepts)，用以掌握歷史的實相 [72]。因此「不連續」毋寧是認知的方式，遠逾於認知的事實 [73]。「斷裂」、「不連貫」遂變成新史學治史的利器。

因此，史料非為記憶之用，以復古為誌，相反的，史料僅是建構「論述」的素材。傳統史學將「遺物」(monuments) 當做「文獻」(documents)，

---

70. Arthur O. Lovejoy, *The Great Chain of Being: A Study of the History of an Idea* (Cambridge, Mass.: Harvard University Press, 1936).

71. Michel Foucault, *The Archaeology of Knowledge*, pp. 4–5. 傅柯斷裂的觀點，與科學史家孔恩有神似之處。見 Thomas Kuhn, *The Structure of Scientific Revolutions* (Chicago: the University of Chicago, 1962). 但傅柯自認是受巴許拉 (Gaston Bachelard, 1884–1962) 的知識論與康居漢 (G. Canguilhem, 1904–1995) 科學史研究的啟發。赫京則以「不成熟的科學」(immature science) 稱傅柯所解析的人文科學，與孔恩於自然科學的分析作對照。Ian Hacking, "Michel Foucault's Immature Science," in *Historical Ontology* (Cambridge, Mass.: Harvard University Press, 2002), ch. 5.

72. Michel Foucault, *The Archaeology of Knowledge*, pp. 8–9.

73. 例如企業管理學者把現代社會經濟與技術飛躍的進步，名之為「斷裂的時代」，此乃根據事實的判定，非認知的模式。Cf. Peter F. Drucker, *The Age of Discontinuity* (New York: Harper & Raw, 1968).

反之，「考古學」則把既有的「文獻」轉化為「遺物」，而加以空間分布的處理[74]。可見「考古學」與傳統史學最大的分歧便是，前者以「空間」為分析的主軸，後者則仍泥於時間序列的思考[75]。

其次，在史學連綴方面，傅柯排斥詮釋學的原則。史料的閱讀，不在尋求作者的意旨，因此無所謂詮釋 (interpretation)[76]。考古學著重客觀的描述，忠實地考掘史料所呈現的訊息，而不做意義 (meaning) 的探索。對「本源」或「緣起」，均「存而不論」(bracketing)，而只企求「論述的建構」與釐清論述之間的關係。這些均屬描述性，而非如傳統史學講求「影響」、「發展」，一味追求因果性的解釋。所以，他相信「考古學」並非科學[77]。

總之，傅柯的史學與哲學實一氣呵成的。哲學上，他反對「主體意識」與「本源」的概念；甚至連新馬克思主義的「異化」(alienation) 觀念，亦在剔除之列[78]。他尤其厭惡史學的現象學化，而力主「去人文化」與摒棄「本源」的檢討。史學上，傅柯反人文主義，同哲學上他反沙特 (Jean-Paul Sartre, 1905–1980) 的人文主義是聲氣相通的[79]。必須指出的，「間斷

---

74. Michel Foucault, *The Archaeology of Knowledge*, pp. 6–7.

75. Michel Foucault, "Questions on Geography," in *Power/Knowledge*, pp. 63–77.

76. 傅柯在 〈什麼是作者〉 一文，有更周詳的討論。 Michel Foucault, "What is an Author? " in *Language, Counter-Memory, Practice*, pp. 113–138.

77. Michel Foucault, *The Archaeology of Knowledge*, p. 206.

78. Michel Foucault, *Remarks on Marx*, translated by R. James Goldstein and James Cascaito (New York: Semiotext(e), 1991), pp. 85–86. 新馬克思主義倚重馬克思早期的《1844 年經濟與哲學手稿》(*Economic and Philosophic Manuscripts of 1844*)，以闡發 「異化」 概念；並與人文主義及存在主義匯合。 請參閱 Richard Schacht, *Alienation* (New York: Anchor Books, 1971); Bertell Ollman, *Alienation* (Cambridge: Cambridge University Press, 1975); Leszek Kolakowski, *Toward a Marxist Humanism* (New York: Anchor Books, 1968).

79. 參見 Jean-Paul Sartre, "Existentialism is a Humanism," in Walter Kaufman ed.,

性」乃是「去主體化」必然相應的結果。中心無主，則外在的事務勢必散布四方，無以為繼。這自然成了「考古學」的特色了。

　　簡言之，傅柯的考古學直接衝撞近代史學的基本精神。自十九世紀以降，即使歷史主義 (historicism) 遭受許多挑戰，「連續性」猶為支撐歷史大廈的概念支柱[80]。而人文主義更是傳統史學共同的盟主[81]，這從克羅齊宣示的「歷史主義即是真實的人文主義」[82]，至布勞岱的追尋現代的人文主義均得印證。但它們同遭傅柯否決。

　　總之，在此一階段，即使傅柯否認是個結構主義者，卻無由否認參與了「結構主義者的活動」(the structuralist activity)[83]。在下一階段，他更表現出結構主義往後結構主義 (post-structuralism) 的推移[84]。

Existentialism (Cleveland and New York: Meridian Books, 1970), pp. 287–311. 又見 Michel Foucault, "What is Enlightment?" in Paul Rabinow ed., *Foucault Reader* (New York: Pantheon Books, 1984), p. 44.

[80]. Friedrich Meinecke, *Historism*, translated by J. E. Anderson (London: Routledge and K. Paul, 1972). 歷史主義的兩大概念支柱，係「個體性」(individuality) 和「連續性」；邁乃克認為這是西方精神文明重大的成就。但「個體性」受到十九世紀末葉以來，社會科學講求概化 (generalization) 和通則 (general laws) 的影響，受到相當的貶抑；特別是鼓吹與社會科學結盟的史家。但「連續性」則罕有人質疑。

[81]. R. G. Collingwood, *The Idea of History* (Oxford and New York: Oxford University Press, 1994), revised edition, pp. 40–42.

[82]. Benedetto Croce, "Historicism and Humanism," in *History as the Story of Liberty* (New York: Meridian Books, 1955), pp. 312–317.

[83]. Roland Barthes, "The Structuralist Activity," in *Critical Essays*, pp. 213–220. 巴特以「活動」來取代「學派」、「宗旨」的定義。一個人可能參與了此一活動，但不必然意識或認同某一特定學說。

[84]. Cf. Frank Lentricchia, *After the New Criticism* (Chicago: The University of Chicago, 1980), p. 138.

四、系譜學與權力

　　1968 年 5 月的巴黎學運，雖因政治事件而起，但對後現代主義的發展卻是劃時代的里程碑。傅柯其時雖任教海外，未得身歷其境，仍感同身受；特別是讓他更加重視「實踐」的問題。傅柯曾言：

> 如果沒有 1968 年 5 月，我不可能進行今天正在做的事，諸如監獄、性意識的考察，是無法想像的。[85]

可見巴黎學運必在傅柯腦海烙印了難以抹滅的痕跡。傅柯一度宣稱，他所關注的不是符碼，不是語言系統，而是事件[86]。傅柯於 1970 年就任法蘭西學院講座時，竟以顯著的篇幅去闡發「事件」(event) 的意義，這項不尋常的舉動，似可視為他思想轉變的風向球。該時盛行的結構史學，重視的是長時段的因素，事件只能看作冰山一角，微不足道的。傅柯卻力排眾議，轉而強調「事件」的重要性，遂格外引人注目。

　　如同德希達所揭發的「邏各斯中心主義」(logocentrism)[87]，傅柯發覺西方文明存有著「邏各斯偏執症」(logophilia)，導致「論述」空無實物，全受「意符」(signifier) 左右。傅柯為了矯正這個弊病，特別開出三帖藥方：包括質疑「真理的意欲」(will to truth)、恢復「論述」的事件特質，並取消「意符」的主導權[88]。其中對事件的重視，與史學的關係尤大。晚期

---

[85]. Michel Foucault, *Remarks on Marx*, pp. 132–140.

[86]. Michel Foucault, *Foucault Live*, p. 39.

[87]. Jacques Derrida, *Of Grammatology*, translated by Gayatri Chakravorty Spivak (Baltimore and London: The Johns Hopkins University Press, 1997). 希臘文 "logos" 意謂「語言」(word) 或「真理」(truth)。

[88]. Michel Foucault, "appendix: The Discourse on Language," in *The Archaeology of*

的訪談中，傅柯抨擊結構主義尤為露骨，他說：

> 眾人皆知結構主義極有系統地掏空事件這個概念，包括民族學及整
> 串的其它科學，史學尤其過分。若是，我看不出有誰比我自己更反
> 對結構主義了。[89]

　　細述之，結構史學的長處，傅柯了然於心；但結構史學對個別事件的
貶抑，傅柯則無法苟同。傳統史學藉因果關係以理解事件，固不足取；但
完全摒棄事件，則歷史將空無一物。須知「論述」實為不連續的活動
(discontinuous activity)，關鍵的是話語事件 (discursive event) 的整體。鑑
於以往的哲人甚少措意「事件」的概念，傅柯特提出他別開生面的觀點，
他闡發道：

> 事件既無本質，亦非偶然，既非質地，亦非過程；事件無有實體
> (corporeal)：然而事件並非無物質性的 (immaterial)，它總在物質層
> 面上產生作用，變成效果。[90]

因此，事件呈現看似矛盾的非實體的物質現象，它據有場域，復在物質上
散布其間，偶發 (chance)、間斷性 (discontinuity)、物質性 (materiality) 乃是
它三樣基本特徵。
　　必須點出地，「事件」雖重獲傅柯的青睞，但猶與傳統史學截然異趣。
傳統史家動輒視事件為最終的主體或分析單位；傅柯則反是。依他之見，
史學固得拓展事件的領域，以發掘嶄新的層次及不同序列的歸屬，但事件

Knowledge, appendix: pp. 228–229.

89. Michel Foucault, "Truth and Power," in *Power/Knowledge*, p. 114.

90. Michel Foucault, "appendix: The Discourse on Language," in *The Archaeology of Knowledge*, appendix: p. 231.

終究只是「論述」的示例與轉折點。

傅柯動人心弦的布局，讀者有目共睹[91]。舉凡《瘋狂與文明》的「愚人船」或《規訓與懲罰》中驚悚萬分的凌遲酷刑，讀之令人如臨其境，久久難以忘懷。可是事件的敘述固然發揮了戲劇性的效果，究其實仍只是「論述」所涵攝的「陳述」，而缺乏本體的地位。職是之故，傅柯不只排斥傳統史學所預設的意識與連續性，最終連結構主義所自珍的符號與結構亦在所不惜。迄此，他關懷的重心，遂轉向史家的實效著作，這就導入「系譜學」的工作了。

傅柯本來在治學的開端原就制定研究策略，若非剖析「論述」之間的關係，就是探索「論述」與「非論述」（non-discoursive，例如：社會、經濟、制度的外緣因素）的關聯。前項工作，明顯地偏向「考古學」論述內在自主的操作。後項則涉及論述存在條件的「系譜學」。整體而言，前、後期的傅柯，只是孰輕孰重而已。

「系譜學」一辭，顧名思義轉手自尼采的舊著：《道德的系譜學》(*The Genealogy of Morals*, 1887)[92]。傅柯從不諱言尼采係他思想的泉源[93]。尼采在形上學的解構工作，更令傅柯欽佩有加。傅柯追隨其後，企圖剷除傳統史學中的兩樣迷思：理性進程與事物源起。

首先，「系譜學」絕非談空說玄或憑空臆測。它與傳統史學皆得仰賴大量的史料爬梳，方能察覺歷史的脈動。所不同的是，傳統史學深陷目的論，誤以歷史趨向既定的目標；或者執迷同一律 (identity)，視歷史為同質的歷

---

[91]. 舉其例，Michel de Certeau, "The Laugh of Michel Foucault," in *Heterologies: Discourse and the Other*, translated by Brian Massumi (Minneapolis: University of Minnesota Press, c. 1986), pp. 193–198.

[92]. Friedrich Nietzsche, *The Birth of Tragedy and the Genealogy of Morals*, translated by Francis Golffing (Garden City, N. Y.: Doubleday, 1956).

[93]. Michel Foucault, *Politics, Philosophy, Culture*, pp. 23–24.

程，以恢復事件的根源為職志。

其實，事物的本質係歧異性 (difference) 的 [94]。「系譜學」遂以偵測事物的崛起、斷續與轉折為竅門。換言之，「系譜學」重視事物曲折、顛簸的「由來」(descent, Herkunft)，而非一路無礙的「源起」(origin, Ursprung)。在操作上，它憑藉淵博的學識與在地的記憶 (local memory)，以質疑現行理論的普遍性，並打破既有知識的階層關係。「系譜學」希冀察覺被壓抑的知識，以重審「鬥爭的歷史知識」(a historical knowledge of struggles)。它的目的不似實證主義亟於求索更精確的科學形式 ，因此是反現行科學 (anti-sciences) 的 [95]。

同時，「系譜學」明曉過去並非不動如山地靜待我們去理解，它隨時隨地對現時發生作用，並且暗地裡塑模我們對過去的認知。而其潛在的樞紐，即是運作其間的「權力」(power) [96]。因此傅柯遂有以下的省發之語：

> 回顧過去，我曾以為自己在研討知識「系譜學式」的歷史。但是真正的驅動力量實際上卻是權力的問題……最終我只營造出權力的歷史 (a history of power)。[97]

換言之，權力的運作即是系譜學探討的核心。

而傅柯得以順遂展開其系譜學的研究，實恃其一套與眾不同的權力觀點。他察覺權力非實體、非自主；它不能被擁有，而是在使用之中展示出來。權力遍存於人際網路之間，若施之於身體，則成策略，而非性質 [98]。

---

[94]. 此點係傅柯接納德勒茲的基本看法 。 Michel Foucault, "Theatrun Philosophicum," in *Language, Counter-Memory, Practice*, pp. 163–196.

[95]. Michel Foucault, *Power/Knowledge*, p. 83.

[96]. Michel Foucault, "Nietzsche, Genealogy, History," in *Language, Counter-Memory, Practice,* pp. 152–162.

[97]. Michel Foucault, *Remarks on Marx*, p. 145.

權力與自由並不互相排斥，只有存在自由主體的地方，方有權力運作可言。準此，奴隸制度之下，身體全受束縛，則無涉權力關係與否[99]。

傳統的分析，目光如豆，權力僅及由上而下的國家與政府層次，殊不知權力的關係滲透至社會各個角落。換言之，權力的關係見諸各種行為模式，一旦行動 (action) 加諸行動，即會迸出權力的火花。傅柯的觀點令權力的關係延伸至家庭、學校、工廠各個層面。若是的「微觀權力」(micro-power)，無論就細膩或深度，自然較霍布斯 (Thomas Hobbes, 1588–1679) 或馬克思 (Karl Marx, 1818–1883) 以降的「鉅觀權力」(macro-power)，勝出許多[100]。

而且傅柯亦發覺前人甚少過問權力的策略與機制，更遑論權力與知識的關係了。前此，人文主義習視權力為壓制的力量，而馬克思主義則視權力為生產關係的一環。若依前說，權力與知識截然二分，陷入此長彼消的敵對局面；而根據後說，知識則成為與權力虛與委蛇的意識型態。二者皆失之偏頗[101]。

---

98. Michel Foucault, *Power/Knowledge*, pp. 51–53, 116–118. 此意謂「權力」存於人際之間，而非實體性的東西。

99. Michel Foucault, "How is Power Exercised," in Hubert L. Dreyfus and Paul Rabinow, *Michel Foucault: Beyond Structuralism and Hermeneutics* (Chicago: University of Chicago Press, 1983), second edition, pp. 220–221.

100. 霍布斯著重中央集權的政治權力；馬克思則注重經濟權力，政府或國家只是工具而已。傅柯自視與霍布斯、馬克思的想法頗有不同。但人類學家沙林 (Marshall Sahlins, 1930–2021) 卻認為歸根究柢與霍布斯無不同。Marshall Sahlins, *Waiting for Foucault, Still* (Chicago: Prickly Paradigm Press, 2002), pp. 40–41. 麥金泰亦稱至少在某一方面，傅柯係二十世紀的霍布斯。他們所持的理由係傅柯的權力觀猶不出「人與人的全體鬥爭」。Cf. Alasdair MacIntyre, *Three Rival Versions of Moral Enquiry* (Notre Dame, Ind.: University of Notre Dame Press, 1990), pp. 53–54. 姑且註記，聊備一說。

101. Michel Foucault, *Discipline and Punish*, pp. 26–28.

　　依傅柯的「正解」，權力與知識彼此涵攝，互輔互成，缺一不可。傳統的說法，「知識即是力量」或「力量即是知識」均是片面之詞。而鑽研二者錯綜複雜的關係正是「系譜學」的旨趣。例如，各別的學術創見固有可能獨立於權力之外，但若十九世紀人文學科成為集體研究的標的，則權力的運作必然介入其中[102]。（此方，資源分配、制度建立、樹立權威、學派分立等等。）可見知識與權力密不可分。

　　傅柯更申言之，真理亦非自外於權力；非如人文主義的幻想，真理出自自由的精神，孤獨的冥索或特殊的稟賦。真理實係俗世的一環，經由重重的牽絆，與權力運作相連結。每一個社會都有其「真理的體制」(régime of truth)，以判定可接受的論述，分辨陳述的真假，以及尋求真理的程序與方法，並指定代言人[103]。傅柯基於上述的概念，在史學實踐上，大放異彩。比方說，他從監獄的誕生，洞悉政治的治身之術 (political technology of body)[104]；他藉生命之力 (bio-power)，彰顯性意識的發展，從而駁斥長久以來似是而非的「壓抑假說」(the repressive thesis)[105]。若說晚期的《規訓與懲罰》和《性意識史》皆是在上述權力觀的引導之下所完成的扛鼎之作，洵非過甚其詞。這個階段復可視為傅柯由「語言的轉向」(linguistic turn) 至「返歸政治」(return to politics) 的逆轉[106]。

[102.] Michel Foucault, *Politics, Philosophy, Culture*, pp. 43, 106.

[103.] Michel Foucault, *Power/Knowledge*, p. 131.

[104.] Michel Foucault, *Discipline and Punish*, pp. 26–28.

[105.] Michel Foucault, *The History of Sexuality*, translated by Robert Hurley (New York: Vintage Books, 1980), vol. 1, part II.

[106.] Cf. Roger Chartier, *On the Edge of the Cliff*, translated by Lydia G. Cochrane (Baltimore: Johns Hopkins University Press, 1997), p. 69.

五、攔截後現代

　　傅柯的史學帶有濃郁的哲學意識，他把哲學與史學的關係引導到一個新方向。他有心促使哲學與史著交互攻錯，但哲學「不復是居高臨下對歷史的思考 (reflection on history)，而必須身臨其境思考歷史 (reflection in history)。」[107] 倘借用哈伯瑪斯 (Jürgen Habermas, 1929–) 的追悼之詞，傅柯的史學同哲學，均係「瞄準當代的核心」[108]。

　　傅柯的學思與時俱進，推陳出新，使其在後現代史學的風潮中，恆能先聲奪人，領袖群倫。他不只後發先至，回饋了第三代的年鑑史學攸關「社會文化史」的研究。在 1970 與 1980 年代，更被視為西方最具影響力的社會史家[109]。此外，他還重振政治史的威望[110]。

　　約言之，邁入二十世紀，政治史備受壓抑。而晚近新政治史的崛起原因蓋有二：前有英國史基納 (Quentin Skinner, 1940–) 的異軍突起[111]；後則有傅柯令人耳目一新的權力觀。然而史基納汲汲於尋繹作者原意[112]，與傅

---

107. 傅柯的訪問，轉引自 Dominique Lecourt, *The Mediocracy*, translated by Gregory Elliott (London and New York: Verso, 2001), p. 40.

108. Jürgen Habermas, "Taking Aim at the Heart of the Present," in *The New Conservatism*, edited and translated by Shierry Weber Nicholsen (Cambridge, Massachusetts: The MIT Press, 1990), pp. 173–179.

109. Michael Burns, "Epilogue," in Geoffrey Barraclough, *Main Trends in History* (New York and London: Holmes & Meier, 1991), p. 223. 包括薩伊德、上古史家布朗 (Peter Brown, 1935–) 等均深受其啟發。

110. Peter Burke, *The French Historical Revolution*, pp. 84–85, 88–89.

111. Richard Tuck, "History of Political Thought," in Peter Burke ed., *New Perspectives on Historical Writing* (University Park, Pennsylvania: Pennsylvania State University Press, 1992), pp. 193–205.

柯的解讀策略蓋背道而馳。但問題就出在傅柯能否如其初願置「真理」與
「意義」於不顧,而達成考古學所高懸的「純敘述」(pure description)。啟
人疑竇的是,傅柯既然要消解作為現象學命門的主體意識,復圖保持現象
學超然一貫的「純敘述」,則其所憑依的客觀性或「相互主觀性」(inter-
subjectivity),將何以掛搭?因為,除去超越的真理與作者的深意之後,唯
一的可能即指向研究者而已。但接續下來,如何協調或規範不同的詮釋,
傅柯從未明言。這有落入各說各話、相對論之虞[113]。

　　非但如此,傅柯的考古學存有重重的難題。如傅柯所言,文藝復興以
下西方歷史經歷了四個類型的「認識域」,彼此互不關聯,惟各別「認識
域」之下的論述規則卻保有支配的延續性,因此所謂的延續與否必然涉及
層次的問題,而非統由斷裂可以含混蓋過。此外,依人類學家李維斯陀之
見,過去原為雜亂無章的資料 (data),本身並無任何意義,而史書的敘述
輪廓悉由史家所施加[114]。若此為真,那麼傅柯之斷言歷史係非連續性,最
好視之為研究策略,而非本體的論述。否則將重蹈歷史主義執著連續性的
覆轍,成為五十步笑百步的話柄。加上,「認識域」的轉變機制,傅柯從來
語焉未詳,有時候他似乎傾向「認識域」的變動係由非論述 (non-

---

112. 參閱 Quentin Skinner, "Meaning and Understanding in the History of Ideas," in James
　　 Tully ed., *Meaning and Context* (Princeton: Princeton University Press, c. 1988), pp. 29–
　　 67.

113. 一般對傅柯的評價,亦可佐證此一觀察。傅柯精於對知識作歷史及社會層次的描
　　 述,但在規範性的知識論卻乏善可陳。羅逖甚至不認為傅柯有一套知識論。Cf.
　　 Richard Rorty, "Foucault and Epistemology," in David Couzens Hoy, *Foucault: A
　　 Critical Reader*, pp. 39–49. 修正的意見參閱 Linda Martín Alcoff, *Real Knowing*
　　 (Ithaca: Cornell University Press, 1996), ch. 5.

114. Claude Lévi-Strauss, *The Savage Mind* (Chicago: The University of Chicago Press,
　　 1966), pp. 258–262.

discursive) 因素所導致，但又閃爍其辭。

　　總之，傅柯面臨進退維谷的窘境：一方面他力圖達致超然的「純敘述」，另一方面又心有未甘，舉其例，在《知識考古學》，他說過：

> 我們對陳述與論述形構的分析展開了一個相反的方向：它期待決定
> 一個原則，依此被表述的組合方能出現。它的目的在於建立一種稀
> 有性的法則 (a law of rarity)。[115]

這無疑表示：傅柯心目中的考古學，期能發現文化裡頭左右「陳述」出現與否的法則。可是，當傅柯「純敘述」的立場鬆動時，他便變成在追尋先驗的解釋法則了[116]。這似乎又一反其初衷。總之，傅柯經常在「敘述」與「解釋」之間搖擺不定[117]。

　　或許為了跳脫這場尷尬的局面，原先在《事物的秩序》與《知識考古學》擔當不同時期統合的「認識域」，在新著卻不見蹤影。可能「認識域」過分含混其詞，玄理味道太過濃郁，不若孔恩 (Thomas Kuhn, 1922–1996) 的「典範」(paradigm) 來得具體易曉。取而代之則是由「陳述」(statements) 所鑄成的「論述」(discourse)[118]。

　　可是傅柯立刻遭遇與結構主義同樣的窘境。二者雖善於經營空間，惟一旦面臨歷史的變遷 (change)，即相形見絀，舉措無方。在「考古學」的

---

115. Michel Foucault, *The Archaeology of Knowledge*, p. 118.

116. Cf. Hubert L. Dreyfus and Paul Rabinow, *Michel Foucault*, ch. 4.

117. 例如：他既要尋求「論述的自主性」(autonomy of discourse)，又企圖界定與其它非論述因素的關係。Michel Foucault, *Foucault Live*, p. 23.

118. 傅柯所謂的「陳述」類似「言說行動」(speech act)，後者由英哲奧斯丁 (J. L. Austin, 1911–1960) 所創發，而由瑟爾 (John Searle, 1932–) 繼續發揮。Michel Foucault, *The Archaeology of Knowledge*, pp. 82–83. 較詳細討論見 Hubert L. Dreyfus and Paul Rabinow, *Michel Foucault*, pp. 45–48.

階段，傅柯的史學概由論述所主導，然「認識域」之間的斷裂，竟毫不見著墨。即使下迄「系譜學」的階段，他所謂的「事件」，仍只是「事件變遷的結果」，而非變遷的過程與機制[119]。細繹之，傅柯之拙於解說變遷，似與其解消主體有關。一進入「論述的情境」(discursive condition)，則符碼(code) 取代結構 (structure)，主體毫無立足之地，而無有主體，則變遷的行動 (agency) 遂無所承載[120]。傅柯雖強辯其史學並不疏忽「變遷」一事，但猶難取信於人[121]。

　　作為嚴格的語言脈絡論者 (linguistic contextualist)，傅柯堅信「語境」決定文本的意義，是故他不屑解讀作者的意涵，而求索論述的實踐。可是他依舊揮之不去隨之而至的矛盾。因為據其所見，「認識域」之間具有不可共量性 (incommensurability)，而研究者除非具有超越的立足點，則無所跳脫於自身語境的限制。所以研究者所提供的闡述，終究只是本身語境的反射，而無法穿透重重的歷史之幕。簡言之，傅柯所陳述的是當下，而非過去[122]。

　　前已略述，傅柯的權力觀拓展了歷史研究的新領域。惟就理論的完備，尚有所缺憾。右翼的自由主義，固然讚賞傅柯於權力運作的洞察，但於其

[119]. J. G. Merquior, *From Prague to Paris* (London: Verso, 1986), pp. 207–208.

[120]. 傅柯的論述分析，令他難以言說「自我」(self) 的同一性、整體性與連續性。請參閱 Alasdair MacIntyre, *Three Rival Versions of Moral Enquiry*, p. 208 ff. 另見 Elizabeth Deeds Ermarth, "Agency in the Discursive Condition," *History and Theory*, Theme Issue 40 (December 2001), pp. 34–58; Michael L. Fitzhugh and William H. Leckie, Jr., "Agency, Postmodernism and the Causes of Change," *History and Theory*, Theme Issue 40 (December 2001), pp. 59–81.

[121]. Michel Foucault, *The Order of Things*, p. xii; Michel Foucault, *Foucault Live*, pp. 36–37. 面對批評，傅柯認為自己是用不同型態的轉化 (different types of transformation)，以取代籠統、整體的歷史變遷。

[122]. Cf. Mark Bevir, "The Errors of Linguistic Contextualism," *History and Theory* (1992), vol. 31, no. 3, 278–281.

對權力性質的認識卻頗致微詞。其故則是：傅柯視權力如無所不在的實存 (being)。他把經驗性的權力觀，提升為超越的形上學，而無有差別性。權力遂成中性的力量，只是對現狀的維繫，而缺乏批判與變異的動力。既無對錯是非可言，自然亦不涉及正當性 (legitimacy) 的問題了[123]。於此觀點的投射之下，權力與知識的共生關係究其實僅是權力意志 (will to power) 的展現，操之在我乃是慾望 (desire) 的滿足，知識不過是應時之需罷了。如是，傅柯不啻進行了偷天換日的工作，暗地裡將權力對真理的靠攏，化作真理對權力的依存。於此，傅柯師承尼采，不言可喻[124]。但傅柯混淆「真理的運作」與「真理的性質」恐為不爭之事實。

另方面，後現代的左翼，布西亞 (Jean Baudrillard, 1929–2007) 卻認為傅柯對權力的瞭解不夠透徹，在今日的社會裡權力已不復實存，而只以「擬像」(simulation) 出現。傅柯徒然追蹤權力的線索，迄最微小的細節，卻未發覺：權力、性和身體都已經死亡。可見，傅柯的權力論述仍受困於「再現」的成見，故他譏諷傅柯蓋為「古典時期」所遺留下來的最後一隻大恐龍[125]。總之，就權力觀一事，傅柯所遭受不啻是「過與不及」的求全之毀。

此外，誠如近代史學的先驅者——貝爾 (Pierre Bayle, 1647–1706) 所

---

[123]. Nancy Fraser, "Foucault on Modern Power: Empirical Insights and Normative Confusions," in Barry Smart, *Michel Foucault: Critical Assessments*, pp. 133–148; Edward W. Said, "Foucault and the Imagination of Power," in David Couzens Hoy ed., *Foucault: A Critical Reader* (Oxford ; New York: Basil Blackwell, 1991), pp. 149–155; Jürgen Habermas, "Some Questions Concerning the Theory of Power: Michel Foucault," in *The Philosophical Discourse of Modernity*, pp. 272–275.

[124]. 參閱 Friedrich Nietzsche, *The Will to Power*, edited by Walter Kaufmann (New York: Random House, 1968).

[125]. Jean Baudrillard, "Forgetting Foucault," in Barry Smart ed., *Michel Foucault2*, vol. V, p. 59.

言：「真實乃是歷史的靈魂。」[126] 倘若缺乏「真實」(truth)，歷史就算寫得盡善盡美，亦只能介於「寓言」與「傳奇」之間，卻絕難稱得上是真正的歷史[127]。而傅柯最受人詬病的，竟是他公然宣稱其著作仿若小說 (novel)，全屬虛構 (fiction)；於是他的攻訐者，更振振有詞地將其史著納入故事文類[128]。傅柯站在「作者匿名」(anonymous) 的立場，一邊說其著作屬於小說，另一邊卻否認由其所創作。作品於他而言，係由身處時代的知識形構與一大堆陳述交織而成的關係。主體雖存於書內，但卻隱藏於云云的言說之中[129]。

於傅柯而言，「虛構」是無可避免的，即使他的書寫純屬虛構，但並不意謂真實 (truth) 職是逃逸無蹤。虛構得以無中生有，製造真實。比方說基於政治的現實，人得以「建構」歷史，使政治變成真實的；反過來，基於歷史的真實，人可以「建構」未來的政治[130]。對於這種工具論的觀點，傳統史家或許能接納後者，但對於前者以歷史服務於政治的觀點，則期期以為不可。

值得注意的是，對於一個曾在 1960 年代大聲宣導「人之死亡」(the death of man) 的傅柯，於其晚年（1980 年代）卻流露出對「主體」的鄉愁 (nostalgia)，他不止嘗試建立新的道德系譜學，關切「修己之術」(techniques of the self)，逾於「治人之術」(techniques of domination)[131]。若

---

126. Pierre Bayle, *Mr. Bayle's Historical and Critical Dictionary* (London: Routledge/Thoemmes Press, 1997), vol. IV, p. 863. a. (Reprint. Originally published: 2nd ed. London: J. J. and P. Knapton, 1734–1738).

127. Ibid., p. 863. a.

128. Vincent Descombes, *Modern French Philosophy*, translated by L. Scott-Fox and J. M. Harding (Cambridge: Cambridge University Press, 1982), p. 117.

129. Michel Foucault, *Foucault Live*, pp. 24–25.

130. Michel Foucault, *Discipline and Punish*, p. 193.

知「治人之術」原為落實傅柯的權力觀，則從「治人」至「修己」的轉調，
尤不可等閒視之。傅柯終於改口說道：「不是權力，而是主體，方為我要研
究的主題。」[132]

　　更令人訝異的，他轉而探究將生命化為藝術精品的主體。為此，他對
「偉大的作者」網開一面，謂瞭解作者為掌握偉大作品的關鍵。這對一度
服膺「作者之死」的傅柯，不可不謂極大的讓步[133]。這也應驗了許多學者
的看法，倘若後現代仍要處理歷史、倫理、政治諸問題，則解消主體的計
畫注定是要失敗的了[134]。

---

[131]. Michel Foucault, "On the Genealogy of Ethics: An Overview of Work in Progress," in
Hubert L. Dreyfus and Paul Rabinow, *Michel Foucault*, pp. 229–252. 另外，參見傅柯在
法蘭西學院的最後一門課，Thomas Flynn, "Foucault as Parrhesiart: His Last Course at
the Collège de France (1984)," in James Bernauer and David Rasmussen, *The Final
Foucault* (Cambridge and London: The MIT Press, 1988), pp. 102–118.

[132]. Ibid., "The Subject and Power," p. 209.

[133]. Michel Foucault, "An Aesthetics of Existence," in *Politics, Philosophy, Culture*, ch. 3.

[134]. Elías Palti, "The 'Return to the Subject' as a Historico-Intellectual Problem," *History
and Theory 43* (February 2004), 58.

西文書目

Attridge, Derek, Geoff Bennington, and Robert Young eds.

  1989. *Post-structuralism and the Question of History*. Cambridge: Cambridge University Press.

Barthes, Roland

  1972. *Critical Essays*, translated by Richard Howard. Evanston: Northwestern University Press.

Barraclough, Geoffrey

  Main Trends in History. New York and London: Holmes & Meier.

Bayle, Pierre

  1997. *Mr. Bayle's Historical and Critical Dictionary*. London: Routledge/Thoemmes Press.

Bernauer, James and David Rasmussen eds.

  1988. *The Final Foucault*, Cambridge and London: The MIT Press.

Bevir, Mark

  1992. "The Error of Linguistic Contextualism," *History and Theory* 31.

Burke, Peter

  1990. *The French Historical Revolution*. Cambridge: Polity Press.

  1992. *New Perspectives on Historical Writing*. University Park, Pennsylvania: Pennsylvania State University Press.

Braudel, Fernand

  1976. *The Mediterranean and the Mediterranean World in the Age of Philip II*, translated by Sian Reynolds. New York: Harper.

  1980. *On History*, translated by Sarah Matthews. Chicago: University of

Chicago Press.

Brobjer, Thomas H.

 2004. "Nietzsche's View of the Value of Historical Studies and Method," in *Journal of the History of Ideas*, vol. 65, no. 2.

Chartier, Roger

 1988. *Cultural History*, translated by Lydia G. Cochrane. Oxford: Polity Press.

 1997. *On the Edge of the Cliff*, translated by Lydia G. Cochrane. Baltimore: Johns Hopkins University Press.

Cassirer, Ernst

 1953. *An Essay on Man*. Garden City, N. Y.: Doubleday.

Certeau, Michel de

 Heterologies: Discourse and the Other, translated by Brian Massumi. Minneapolis: University of Minnesota Press.

Collingwood, R. G.

 1994. *The Idea of History*. Oxford and New York: Oxford University Press.

Croce, Benedetto

 1955. *History as the Story of Liberty*. New York: Meridian Books.

 1960. *History: Its Theory and Practice*. New York: Russell & Russell.

Davidson, Arnold I.

 1996. *Foucault and His Interlocutors*. Chicago: University of Chicago Press.

Derrida, Jacques

 1978. *Writing and Difference*, translated by Alan Bass. Chicago: University of Chicago Press.

1997. *Of Grammatology*, translated by Gayatri Chakravorty Spivak. Baltimore and London: The Johns Hopkins University Press.

Descombes, Vincent

1982. *Modern French Philosophy*, translated by L. Scott-Fox and J. M. Harding. Cambridge: Cambridge University Press.

Dosse, François

1997. *History of Structuralism*, translated by Deborah Glassman. Minneapolis, Minn.: University of Minnesota Press.

Dreyfus, Hubert L. and Paul Rabinow

1983. *Michel Foucault: Beyond Structuralism and Hermeneutics*. Chicago: University of Chicago Press.

Drucker, Peter F.

1968. *The Age of Discontinuity*. New York: Harper & Raw.

Elton, G. R.

1991. *Return to Essential*. Cambridge: Cambridge University Press.

Eribon, Didier

1991. *Conversations with Claude Lévi-Strauss*, translated by Paula Wissing. Chicago and London: The University of Chicago Press.

1992. *Michel Foucault*, translated by Betsy Wing. Cambridge, Massachusetts: Harvard University Press.

Ermarth, Elizabeth Deeds

2001. "Agency in the Discursive Condition," *History and Theory*, Theme Issue 40.

Fekete, John

1984. *The Structural Allegory*. Minneapolis: University of Minnesota Press.

Fitzhugh, Michael L. and William H. Leckie, Jr.

2001. "Agency, Postmodernism and the Causes of Change," *History and Theory*, Theme Issue 40.

Foucault, Michel

1972. *The Archaeology of Knowledge*, translated from the French by A. M. Sheridan Smith. New York: Harper Torchbooks.

1973. *Madness and Civilization*. New York: Vintage Books.

1973. *The Order of Things: An Archaeology of the Human Sciences*. New York: Vintage Books.

1976. *The Birth of Clinic*, translated by A. M. Sheridan Smith. London: Tarristock Publications.

1977. *Language, Counter-Memory, Practice*, translated by Donald F. Bouchard and Sherry Simon. Ithaca and New York: Cornell University Press.

1979. *Discipline and Punish: The Birth of the Prison*, translated by Alan Sheridan. New York: Vintage Books.

1980. *Power/Knowledge*, edited by Colin Gordon. New York: Pantheon Books.

1980. *The History of Sexuality*, vol. I, translated by Robert Hurley. New York: Vintage Books.

1986. *The History of Sexuality*, vol. II, translated from Robert Hurley. New York: Vintage Books.

1988. *Politics, Philosophy, Culture*, eds. by Lawrence D. Kritzman. New York: Routledge.

1991. *Remarks on Marx*, translated by R. James Goldstein and James Cascaito. New York: Semiotext(e).

1996. *Foucault Live*, ed. by Sylvère Lotringer. New York: Semiotext (e).

Gadamer, Hans-Georg

1989. *Truth and Method*, translation revised by Joel Weinsheimer and Donald G. Marshall. New York: Crossroad.

Gutting, Gary

1994. *The Cambridge Companion to Foucault*. Cambridge; New York: Cambridge University Press.

Hacking, Ian

2002. *Historical Ontology*. Cambridge, Massachusetts: Harvard University Press.

Habermas, Jürgen

1987. *The Philosophical Discourse of Modernity*, translated by Frederick Lawrence. Cambridge: Polity Press.

1990. *The New Conservatism*, edited and translated by Shierry Weber Nicholsen. Cambridge, Massachusetts: The MIT Press.

Horrocks, Chris and Zoran Jevtic

1997. *Introducing Foucault*. New York: Totem Books.

Iggers, Georg G.

1968. *The German Conception of History*. Middletown, Connecticut: Wesleyan University Press.

LaCapra, Dominick and Steven L. Kaplan

1982. *Modern European Intellectual History*. Ithaca: Cornell University Press.

Lecourt, Dominique

2001. *The Mediocracy*, translated by Gregory Elliott. London and New York: Verso.

Lentricchia, Frank

　　1980. *After the New Criticism*. Chicago: The University of Chicago.

Lévi-Strauss, Claude

　　1966. *The Savage Mind*. Chicago: The University of Chicago Press, 1966.

Lovejoy, Arthur O.

　　1936. *The Great Chain of Being: A Study of the History of an Idea*. Cambridge, Mass.: Harvard University Press.

Kant, Immanuel

　　1988. *Logic*, translated by Robert S. Hartman and Wolfgong Schwarz. New York: Dover.

Kaufman, Walter

　　1970. *Existentialism*. Cleveland and New York: Meridian Books.

Kolakowski, Leszek

　　1968. *Toward a Marxist Humanism*. New York: Anchor Books.

Kuhn, Thomas

　　1962. *The Structure of Scientific Revolutions*. Chicago: The University of Chicago.

MacIntyre, Alasdair

　　1990. *Three Rival Versions of Moral Enquiry*. Notre Dame, Indiana: University of Notre Dame Press.

Maclean, Ian

　　1988. "Foucault's Renaissance Episteme Reassessed: An Aristotelian Counterblast," *Journal of the History of Ideas*, vol. 59, no. 1.

Matthews, Eric

　　1996. *Twentieth-Century French Philosophy*. Oxford and New York: Oxford University Press.

Megill, Allan

    1985. *Prophets of Extremity*. Berkeley, Los Angeles, and London: University of California Press.

    1987. "The Reception of Foucault by Historians," *Journal of the History of Idea*.

Meinecke, Friedrich

    1972. *Historism*, translated by J. E. Anderson. London: Routledge and K. Paul.

Merquior, J. G.

    1986. *From Prague to Paris*. London: Verso.

    1987. *Foucault*. Berkeley and Los Angeles: University of California Press.

Nietzsche, Friedrich

    1956. *The Birth of Tragedy and the Genealogy of Morals*, translated by Francis Golffing. New York: Doubleday & Company.

    1968. *The Will to Power*, edited by Walter Kaufmann. New York: Random House.

    1997. *Untimely Meditations*, translated by R. J. Hollingdale. Cambridge; New York: Cambridge University Press.

Ollman, Bertell

    1975. *Alienation*. Cambridge: Cambridge University Press.

Palti, Elías

    2004. "The 'Return to the Subject' as a Historico-Intellectual Problem," *History and Theory* 43.

Payne, Michael

    1997. *Reading Knowledge*. Cambridge, MA: Blackwell.

Plumb, J. H.

1964. *Crisis in the Humanities*. Baltimore: Penguin Books.

Piaget, Jean

1970. *Structuralism*, translated and edited by Chaninah Maschler. New York: Harper & Row.

Rabinow, Paul

1984. *Foucault Reader*. New York: Pantheon Books.

Ranke, Leopold von

1973. Georg G. Iggers and Konrad von Moltke eds., *The Theory and Practice of History*. Indianapolis and New York: Bobbs-Merrill Company.

Said, Edward W.

1985. *Beginnings*. New York: Columbia University Press.

Sahlins, Marshall

2002. *Waiting for Foucault, Still*. Chicago: Prickly Paradigm Press.

Schacht, Richard

1971. *Alienation*. New York: Anchor Books.

Shiner, Larry

1982. "Reading Foucault: Anti-method and the Genealogy of Power-Knowledge," *History and Theory* 21.

Smart, Barry

1995. *Michel Foucault2: Critical Assessments*. London and New York: Routledge.

Stoianovich, Traian

1976. *French Historical Method*. Ithaca and London: Cornell University Press.

Tully, James

1988. *Meaning and Context*. Princeton: Princeton University Press.

Veyne, Paul

1984. *Writing History*, translated by Mina Moore-Rinvolucri Middletown, Connecticut: Wesleyan University Press.

Windschuttle, Keith

1996. *The Killing of History*. Australia: Macleay Press.

White, Hayden

1985. *Tropics of Discourse*. Baltimore and London: The Johns Hopkins University.

1973. *Metahistory*. Baltimore: Johns Hopkins University Press.

第三章

「歷史若文學」的再思考：
海頓・懷特與歷史語藝論

一、歷史的鐘擺

　　十八世紀之前，歷史與文學同處一宇，混沌未開 [1]。歷史究竟是科學、藝術、或文學？這個問題的提出係屬近代史學的範疇 [2]。西方近代史學的發展乃以「科學式史學」(scientific history) 為主軸，惟原初以法人米希列 (Jules Michelet, 1798–1874)、英人麥考雷 (Thomas Babington Macaulay, 1800–1859) 所標榜的「文史合一」的傳統亦曾並駕齊驅，風行一時 [3]；後者逐趨式微，蘭克 (Leopold von Ranke, 1795–1886) 史學的崛起實為肇因。

　　蘭克固然受後世封作「科學史學的始祖」(the founder or father of scientific history)，但他的文采與敘事風格，生前身後均備受稱頌的事實，卻往往不受重視 [4]。可見作為近代史學的肇基者，蘭克深刻動人的文筆並非傳承所在；反而擬似科學而嚴謹的史料批評，方被視為正傳。蘭克本人亦同意，舞文弄墨並非史家分內之事，平鋪直敘地呈現史實，縱使感到抑制與無趣，仍然是史學的最高法則 [5]。此一成見流布所及，迄十九世紀之

1. 十八世紀之前，歷史可視為文學的旁支，甚或一種屬類。但十八世紀之末，文學 (literature) 漸蛻化成今日的意義，歷史亦逐漸分出來。參閱 Lionel Gossman, *Between History and Literature* (Cambridge: Harvard University Press, 1990), ch. 7.

2. 以實用價值而言，在近代之前，歷史亦曾被視為神學的婢女 (handmaid)。參閱 Thomas Albert Howard, *Religion and the Rise of Historicism* (Cambridge: Cambridge University Press, 2000), pp. 2–5.

3. 英國史家麥考雷一度感歎當代無值得一提的日耳曼史家。見 Lord Acton, "German Schools of History," in *Essays in the Study and Writing of History* (Indianapolis: Liberty Classics, 1985), p. 325.

4. Lord Acton, *Essays in the Study and Writing of History*, pp. 331–332. 又 G. P. Gooch, *History and Historians in the Nineteenth Century* (Boston: Beacon Press, 1968), p. 97.

5. Leopold von Ranke, "Preface to the First Editions of Histories of the Latin and

末，猶有史家直視「精彩絕倫的文筆」為史學的毒藥[6]，可見蘭克的影響既深且遠。

但就歷史知識的性質而言，蘭克的觀點便較複雜。他認為史學有別於其它科學 (sciences)，就在於它同時也是一門藝術。其它科學只需記錄所發現的，史學卻必得重新建構，並加以敘述。換句話說，當史學於搜集、辨識、探討材料時，它顯現了科學的特性，但在重建與敘述史實時，則轉成藝術。治史的過程，因是分屬兩階段。蘭克於〈歷史科學的特性〉的草稿中進一步分疏道：

> 作為科學，歷史與哲學相關；作為藝術，歷史與詩相關。不同的是，各依其性，哲學與詩馳騁於理想的王國，而歷史卻得腳踏實地於事實 (reality)。[7]

可見史學與哲學、詩的分歧，不存於各自的能耐，而是受經驗所約制的題材。蘭克歸結，歷史兼具科學與藝術的雙重性格，惟總得將二者通從理想拉回事實，方可成事[8]。

揆諸日後史學的發展，蘭克的叮嚀稍縱即逝；因為以科學為尚的史學後來居上，睥睨學界。法國的古朗士 (N. D. Fustel de Coulanges, 1830–1889) 於其 1862 年就職講演——〈科學史家的精神〉之中，便信誓旦旦地說：

> 史學是而且應該是一門科學！[9]

Germanic Nations," in Georg G. Iggers and Konrad von Moltke eds, *The Theory and Practice of History* (Indianapolis: Bobbs-Merrill Company, 1973), p. 137.

6. Frederic Harrison, *The Meaning of History* (New York: Macmillan and Co., 1896), p. 8.

7. Leopold von Ranke, "On the Character of Historical Science," in *The Theory and Practice of History*, p. 33.

8. Leopold von Ranke, *The Theory and Practice of History*, p. 34.

這種觀點屢屢見諸西方甫創辦的專業史學雜誌之中，舉其例：創刊最早且引領史壇風騷的《歷史學報》(*Historische Zeitschrift*)，在其卷首語便直陳：

> 本刊擬是，且最重要的是一種科學的刊物。[10]

按德系《歷史學報》為蘭克高弟西貝爾 (Heinrich von Sybel, 1817–1895) 所創辦，西氏闡揚師說，故作此解，原不足為奇；惟英、法史學雜誌同聲附和，本諸「科學精神，以求歷史真理」，則其時代風尚臆想可知[11]。

故二十世紀初英國史家伯雷 (John Bagnell Bury, 1861–1927) 尚可自信滿滿的宣稱：

> 史學是科學，不多亦不少。[12]

伯雷坦承史學臻於科學化，德系史家尼布爾 (Barthold Georg Niebuhr, 1776–1831) 與蘭克居功厥偉。而將史學視作藝術，或與文學結合，適足戕傷歷史的真確性，卻絲毫未見益處[13]。雖然伯雷的論點立遭以文筆見長的史家崔威廉 (George Macaulay Trevelyan, 1876–1962) 的反擊，後者認為史家首要的職責在於講述故事 (to tell the story)，而歷史失去文學性，正是近日史學作品流失廣大讀者的元凶[14]。但崔氏的異見在其時只能算是空谷足音，

---

9. N. D. Fustel de Coulanges, "The Ethos of a Scientific Historian," in Fritz Stern ed., *The Varieties of History* (New York: Meridian Books, 1956), p. 179.

10. "Preface: *Historische Zeitschrift*," in Fritz Stern ed., *The Varieties of History*, p. 171. 該報創刊於 1859 年。

11. "Preface: *Revue Historique*" and "Prefactory Note: *The English Historical Review*," in Fritz Stern ed., *The Varieties of History*, 前者創刊於 1876 年，後者為 1886 年。

12. J. B. Bury, "The Science of History," also in *The Varieties of History*, p. 210.

13. J. B. Bury, "The Science of History," also in *The Varieties of History*, p. 210. 尼布爾首先將語文學 (philology) 應用到羅馬史的研究上。

難得回響。以伯雷為代表的史觀反是未來大半世紀的主流論述，該時以史學為科學的口號響徹雲霄，致有人逕取《作為科學的史學》(*History as a Science*) 命冊，冀收正名之效 [15]。而毋論後來倡導與社會科學 (social sciences) 聯盟，或以行為科學 (behavioral sciences) 為師，均不脫史學科學化的窠臼 [16]。

於史學理論方面，邏輯實證論陣營的韓培爾 (Carl Gustav Hempel, 1905–1997) 復適時提出概念化的辯解，尤助長聲勢。他在著名的〈史學中的通則功能〉(The Function of General Laws in History) 一文中，明確指出：「歷史解釋」與「科學解釋」在結構上並無歧出，二者均得仰賴「通則」(general laws) 作為解釋效度的保障 [17]。韓氏之論不但對科學史學發揮了羽翼之功，並且開啟了「分析式歷史哲學」(analytical philosophy of history) 的研究典範 [18]。

---

14. J. B. Bury, "The Science of History," also in *The Varieties of History*, p. 210; G. M. Trevelyan, "Clio Rediscovered," p. 228.

15. 舉其例：Hugh Taylor, *History as a Science* (Port Washington, N. Y.: Kennikat Press, 1933).

16. 簡略的回顧參閱 Lawrence Stone, "History and the Social Sciences in the Twentieth Century," in *The Past and the Present Revisited* (London: Routledge & Kegan Paul, 1987), pp. 3–44; Georg G. Iggers, *Historiography in the Twentieth Century* (Hanover and London: Wesleyan University Press, 1997), part II. 有關行為科學對史學的影響最扼要的陳述見 Robert F. Berkhofer, Jr., *A Behavioral Approach to Historical Analysis* (New York: Free Press, 1969).

17. 該文原發表於 1942 年的《哲學雜誌》(*Journal of Philosophy*)，後收入其論文集。見 Carl G. Hempel, *Aspects of Scientific Explanation* (New York: The Free Press, 1966), pp. 231–243. 詳細討論韓氏的論點及正、反雙方的反應，請參閱拙著，〈歷史解釋和通則的關係——韓培爾觀點之檢討〉，收入《歷史主義與歷史理論》(臺北：允晨文化公司，1999)，頁 133–157。

　　可是伴著史學的科學化，史家由於苛求精確而失之嚴刻，追尋資料以致過於瑣細，加上量化的技巧，往往令讀者望而卻步，導致行內行外怨聲四起。在科學史學的洪流之中，有些史家不免緬懷起「文史合一」的榮景[19]，可惜僅止流於原鄉 (nostalgic) 的表述，並無法力挽狂瀾[20]。此一態勢迄 1970 年代才略有改觀，原因有二：

　　英裔美籍史家史東 (Lawrence Stone, 1919–1999) 於 1979 年發表了一篇〈敘事的復興——對於一種既新且舊史學的省思〉 (The Revival of Narrative: Reflections on a New Old History)，頗引起專業史家的同感[21]。有趣的是，曾幾何時，史東方才放聲表揚「新史學」(new history) 的特徵首重「分析」(analytical)，而揚棄西方近代史學的「敘事」(narrative) 傳統[22]。前後相較，史東判若兩人，而時風易勢莫此為甚。

　　要之，史東心目中的「舊史學」指的是修斯狄士 (Thucydides, c. 460–

---

18. 韓培爾史學理論的興衰，參閱 Arthur C. Danto, "The Decline and Fall of the Analytical Philosophy of History," in Frank Ankersmit and Hans Kellner eds., *A New Philosophy of History* (Chicago: The University of Chicage Press, 1995), pp. 70–85.

19. 有些史家認為歷史不僅是「學術」(scholarship)，而且是文學的旁枝。普雷司克特 (Orville Prescott, 1907–1996) 即刻意編選史學史上以文采馳名史家的選集，以喚起人們的舊記憶。 Orville Prescott ed., *History as Literature* (New York: Harper & Row, Publishers, 1970), p. XIV.

20. 例如： Gertrude Himmelfarb, "Clio and the New History" and "Who Now Reads Macaulay," in her *New History and the Old* (Cambridge: Harvard University Press, 1987), pp. 33–46, 143–154.

21. Lawrence Stone, "The Revival of Narrative: Reflections on a New Old History," *Past & Present*, No.85 (Nov. 1979), pp. 3–24.

22. Lawrence Stone, "History and the Social Sciences in the Twentieth Century," (1976) in his *The Past and the Present Revistied* (Boston: Routledge & Kegan Paul, 1987 revised edtion), p.21.

c. 400 B.C.) 至麥考雷一脈相傳的敘述歷史，他藉著檢討蘭克以降科學史學的弊病，以及引進社會科學枯燥貧瘠的後果，發覺到晚近史學復湧現出一股清新可喜的伏流。此一現象以敘述手法取代結構分析 (structural analysis) 或量化技巧，著重描述甚於解析。它的來源相當多元，或以史基納 (Quentin Skinner, 1940–) 為首的新政治思想史、或法國年鑑學派 (the Annales school) 所衍生的「心態史」(history of mentalitities)、或師法義大利的「微觀歷史」(micro-history)、或受人類學家紀茲 (Clifford Geertz, 1926–2006) 啟發的「稠密敘述」(thick description)，等等不一而足。其基本特色即恢復史學的敘述功能，拋棄往日宏觀或結構性的解釋模式。

這種敘述手法並非傳統文藝書寫可以矩矱，英國史家彼得·伯克 (Peter Burke, 1937–) 尤寄望汲取二十世紀新文學的寫作技巧，使歷史寫作愈為豐富，甚至解消傳統史學中「結構」(structure) 與「事件」(event) 二元對立的狀態，以臻圓融無缺的敘述境界 [23]。

然而真正一新耳目的觀點，則非海頓·懷特 (Hayden White, 1928–2018) 莫屬。他的歷史語藝論，毋論贊成與否，均公推為二十世紀最具分量的史學理論 [24]。他的鉅著《後設史學》(*Metahistory*, 1973) 開拓了史學探討的新視野，允為「敘事轉向」(narrative turn) 的里程碑 [25]。

---

[23]. "History of Events and the Revival of Narrative," in Peter Burke ed., *New Perspectives on Historical Writing* (University Park, Pennsylvania: The Pennsylvania State University Press, 1991), pp. 233–248.

[24]. 例如美國著名的史學史家伊格斯教授於 1980 年代訪臺，曾面告作者，他雖不贊成懷特的論點，但不可否認，《後設史學》誠為二十世紀最重要的史學理論。

[25]. 某些學者逕取羅逖著名的選集《語言轉向》(*The Linguistic Turn*)，以指稱懷特所闡揚的觀點。（舉其例：Brian Fay, "The Linguistic Turn and Beyond in Contemporary Theory of History," in Brian Fay, Philip Pomper, and Richard T. Varn eds., *History and Theory* (Oxford: Blackwell Publishers, 1998), pp. 1–12.) 惟哲學上，「語言哲學」已趨

　　惟需稍加界定的，「敘事轉向」的標竿人物，固非懷特，不作第二人想。但溯及 1960 年代，葛利 (W. B. Gallie, 1912–1998) 和丹托 (Arthur C. Danto, 1924–2013) 這兩位歷史哲學家為謀抗衡科學史學的 「涵蓋法則模式」(covering-law model)，業已挺身指證「敘事」的重要性；於他們而言，「敘事」容可作為「科學解釋」(scientific explanation) 的另樣選擇 [26]。惟在其時，科學史學盛氣凌人，以致較諸懷特，他們的論調守成有餘，而進取不足，是故「敘事轉向」猶俟懷特登高一呼，方能成事；這且是後現代津津樂道的「文學之報復」 [27]。

二、史學的語藝論 [28]

　　懷特的論點首要見諸《後設史學》一書，該書曾被目為後現代史學的

　　於式微，而懷特的理論方興未艾；二者並不相稱，而實質內容亦甚有出入。是故，以 「敘事轉向」 來形容懷特所起的作用，遠為妥切。「語言哲學」 (linguistic philosophy) 風流雲散，日久無功。參閱 Richard Rorty, *The Linguistic Turn* (Chicago: The University of Chicago Press, 1992), "Ten Years After "and" Twenty-five Years After."《語言轉向》原出版於 1967 年，羅逖在 1992 年重印時，附添兩篇文章，回顧此一哲學運動的缺失。

[26.] 參閱 W. B. Gallie, *Philosophy and the Historical Understanding* (London: Chatto & Windus, 1964); and Arthur C. Danto, *Analytical Philosophy of History* (Cambridge: Cambridge University Press, 1965). 後來丹托復添加三篇文章，另命名重新出版。見 Arthur C. Danto, *Narration and Knowledge* (New York: Columbia University Press, 1985). 本來學界對丹托的評價，就較葛利為高；而丹托重新命冊為《敘事與知識》，恰可透露時風易勢，「分析式歷史哲學」 的式微與 「敘事」 的興起，彼消此長，不言而喻。

[27.] Linda Orr, "The Revenge of Literature: A History of History," *New Literary History* 18 (1987): 1–22.

發祥地 [29]，但之前之後，其觀點皆有所損益；早年懷特對社會科學猶存一絲幻想 [30]，而後則漸次發展出語藝論。為便於行文，先從該書談起。

「後設史學」(metahistory) 一辭原非懷特所創發，且語多歧義 [31]；本

---

28. 「史學的語藝論」係英文 "a poetics of history" 的中譯。"poetics" 向來譯作「詩學」，專指古希臘亞理士多德的詩論。惟細繹亞氏的《詩學》，蓋汎論該時的文藝之作，特別是戲劇方面，並非囿於詩作；晚近受後現代影響則流行冠於某某學科之前，譬如 "a poetics of politics" 或 "a poetics of history"，若是譯成「政治詩學」或「歷史詩學」則易誤導文義，不得其解。處此一語境之中，"poetics" 係分析該學科的語言及構成原則。我建議譯為「語藝論」較為妥切。我的迻譯甚受語言學家傑克卜森 (Roman Jakobson) 名文的啟發。他主張："Poetics in the wider sense of the word deals with the poetic function not only in poetry, where this function is superimposed upon the other function of language, but also outside poetry, when some other function is superimposed upon the poetic function." See Roman Jakobson, "Linguistics and Poetics," in Krystyna Pomorska and Stephen Rudy eds., *Language in Literature* (Cambridge: Harvard University Press, 1987), p. 73. 近代之前 "poetics" 的演變則參閱 E. N. Tigerstedt, "Poetry and Poetics from Antiquity to the Mid-Eighteenth Century," in Philip P. Wiener, *Dictionary of the History of Ideas* (New York: Charles Scribner's Sons, 1973), pp. 525–532. 近來復有人將亞氏的 *Poetics* 譯成《創作學》，同樣有感於傳統譯法之不妥。參見王士儀，《論亞理斯多德「創作學」》（臺北：里仁書局，2000），第 3 章。

29. Frank R. Ankersmit, "The Origins of Postmodernist Historiography," in Jerzy Topolski ed., *Historiography Between Modernism and Postmodernism* (Amsterdam: Rodopi, 1994), p. 110.

30. 參閱懷特的〈譯序〉。Carlo Antoni, *From History to Sociology*, translated by Hayden White (London: Merlin Press, 1959).

31. 舉其例：本來文評家弗萊援「後設史學」(metahistory) 以指稱史賓格勒、湯恩比式的歷史。參見 Northrop Frye, *Fables of Identity* (San Diego: Harcourt Brace Jovanovich, 1963), p. 54. 與 Hayden White, *Tropics of Discourse* (Baltimore and

來文評家弗萊 (Northrop Frye, 1912–1991) 援以指稱史賓格勒 (Oswald Spengler, 1880–1936)、湯恩比 (Arnold J. Toynbee, 1889–1975) 式的玄思歷史。此事懷特知之甚詳。惟細繹該書內容，懷特之命篇應另有別層涵意，其受邏輯學家塔斯基 (Alfred Tarski, 1901–1983) 的啟示，至為顯然。原先塔氏為謀解決自然語言中的弔詭（paradox，或譯為「悖論」），特提出「對象語言」(object-language) 與「後設語言」(meta-language) 的分辨 [32]。而綜觀全書，懷特擷取史著為解析標的，實視史家作品為「對象語言」，而以自家理論為「後設語言」，此蓋斯篇命名的底蘊。

按懷特採分進合擊之術，擇取米希列、蘭克、托克維爾 (Alexis de Tocqueville, 1805–1859) 和布克哈特 (Jocob Burckhardt, 1818–1897) 四位歷史家，以及另四位歷史哲學家：黑格爾 (G. W. F. Hegel, 1770–1831)、馬克思 (Karl Marx, 1818–1883)、尼采 (Friedrich Nietzsche, 1844–1900) 和克羅齊 (Benedetto Croce, 1866–1952)，作為分析的樣本，冀以呈現十九世紀的歷史意識。果不出所料，他獲致不同凡響的立論。

首先，他粉碎了傳統的刻板印象，逕謂：史家的歷史與哲人的歷史哲

London: The Johns Hopkins University Press, 1978), p. 76, n. 2. 另見 A. Bullock, "History and Metahistory," in Leonard Mendes Marsak, *The Nature of Historical Inquiry* (New York: Holt, Rinehart and Winston, 1970), p. 25. 布勒克 (A. Bullock, 1914–2004) 則由柏林 (Isaiah Berlin, 1909–1997) 轉手而致，以稱黑格爾、馬克思、史賓格勒等的「玄思式歷史哲學」。

[32] 參閱 Alfred Tarski, "The Semantic Conception of Truth," in Leonard Linsky ed., *Semantics and the Philosophy of Language* (Urbana: The University of Illinois Press, 1952), pp. 21–23. 塔斯基提供「後設語言」和「對象語言」作為語言的分類與解析之用。「後設語言」以「對象語言」為分析標的。懷特這一層考慮可以從另篇回應的文章獲得佐證，他說：「後設史學」意味著探究歷史思考模式必要的預設。見 Hayden White, "Response to Arthur Marwick," *Journal of Contemporary History*, vol. 30 (1995): 233.

學，咸具相同的敘述模式。二者並非截然異類，居間的差異僅是輕重之別 (emphasis)，而無涉內容 (contents) [33]。他甚至認為：每樣歷史論述均隱含完整的歷史哲學 [34]。懷特此處言及的「歷史哲學」係指盛行於十九世紀的「玄思式歷史哲學」(speculative philosophy of history)，而非前述「分析式歷史哲學」[35]。反諷的是，西方近代史學方百般從糾纏不清的「玄思式歷史哲學」掙脫出來，懷特之言不啻令史家重歷揮之不去的夢魘。

要知史家對歷史哲學素來戒慎恐懼。這種心結從蘭克以降，無甚改觀。蘭克對費希特 (Johann Gottlieb Fichte, 1762–1814)、黑格爾所代表的「玄思式歷史哲學」頗多微詞，並且立意與之劃清界限 [36]。蘭克認為人事的認知不出兩種途徑：一種經由特殊事物的感覺，另一則為抽象的思維。前者是歷史方法，後者為哲學方法。此外，沒有其它可包容此二者，因此，史家必須正本清源截然劃分此二類知識 [37]。

蘭克的敵我意識悉由其門人所承受。布克哈特即斥責「歷史哲學」一詞是隻半人半馬的怪獸 (centaur)，本身即自相矛盾；因為「史學」旨在聯繫事實，而「哲學」卻是統屬事實的，兩不相涉 [38]。蘭克影響之深遠，可

---

33. Hayden White, *Metahistory: The Historical Imagination in Nineteenth-Century Europe* (Baltimore: The Johns Hopkins University Press, 1973), pp. xi–xii, 427.

34. Hayden White, *Tropics of Discourses*, pp. 126–127.

35. 「分析式歷史哲學」為知識論的旁支，主要檢討歷史知識的性質與方法。請參閱拙著，〈「分析歷史哲學」的形成與發展〉，收入《歷史主義與歷史理論》，頁 119–132。「玄思式歷史哲學」主旨在探討歷史的過程與意義，以康德、黑格爾為代表。參見 W. H. Walsh, *Philosophy of History* (Taipei: Rainbow-Bridge Book Co., 1967), chs. 6 & 7.

36. Leopold von Ranke, *The Theory and Practice of History*, pp. 47–50.

37. Leopold von Ranke, *The Theory and Practice of History*, p. 30.

38. Jacob Burckhardt, *Reflections on History*, translated by M. D. Hottinger (Indianpolis: Liberty Classics, 1979), p. 32.

由二十世紀初年若干史學史名著窺知；德人侯以特 (Eduard Fueter, 1911)、英人顧曲 (G. P. Gooch, 1913) 和義籍克羅齊 (1912) 悉將專業歷史與歷史哲學的區隔，歸功於上一代史學的重大成就，並且作為評估史著優劣不證自明的原則[39]。這種壁壘分明的敵我意識，並未因二十世紀中期「分析歷史哲學」的興起，有所舒緩；例如：分析式歷史哲學家曼德保恩 (Maurice Mandelbaum, 1908–1987) 對懷特將正規歷史與歷史哲學混而為一，即不表苟同[40]。可見「歷史」與「哲學」至多僅得維持井水不犯河水的局面罷了。

由此看來，懷特的思慮確有獨到之處。可是另方面，他的見解亦非孤明先發。之前「結構史學」的巨匠——布勞岱 (Fernand Braudel, 1902–1985) 曾一語道破：以蘭克為代表的敘述史學，並非「客觀的方法」(objective method)，而是體現某種「歷史哲學」(philosophy of history)[41]。他曾取笑蘭克故作清高，說道：

> 諸如大事記、傳統史的敘事史學，令蘭克敝帚自珍。其實它們只提供了往昔模糊的意象，僅是薄弱的微光，並無法透視過去；只有事實，而無人性。敘事史學一味奉蘭克本人自鑄不疑的箴言：「陳述事實的真況。」事實上，敘事歷史隱含著解釋，是種真正的歷史哲學。[42]

---

39. Hayden White, *Metahistory*, pp. 269–270. 舉其例：侯以特的《新史學的歷史》(*Geschichte der neuren Historiographie*, 1911)、克羅齊的《史學的理論與方法》(*Teoria e storia della storiografia*, 1912–1913) 與顧曲的《十九世紀的史學與史家》(*History and Historians in the Nineteenth Century*, 1913)。

40. Maurice Mandelbaum, "The Presuppositions of Metahistory," in *History and Theory*, Beiheft 19 (1980), 39–54.

41. Fernand Braudel, *On History*, translated by Sarah Matthews (Chicago: The University of Chicago Press, 1980), p. 4.

42. Fernand Braudel, *On History*, p. 11. 蘭克史學深具保守思想的色彩則見 Karl Mannheim, "Conservative Thought," in Kurt H. Wolf ed., *From Karl Mannheim* (New

布勞岱於此雖洞悉入微，卻未曾展示一套說法以支撐他的觀察。是故，懷特的論說顯得格外關鍵。

在深入挖掘懷特的理論基石之前，有必要先陳述懷氏另一項立論：他不畏物議，重新扛起「歷史若文學」的大旗，大膽泯滅了文、史分隔的畛域。此一立說確實大大悖離傳統史家的思維，在人文學界引起極大的震撼。上一世紀 60 年代中期，科學派史家尚義無反顧地言道：「史學與文學決無任何實質的關聯。」[43] 迄懷特正式提出「歷史若文學」的觀點，居間不出十年，但之際已可嗅出新時代的風向。

試舉耶魯 (Yale) 兩位史家為例。赫思特 (J. H. Hexter, 1910–1996) 從細處著眼，剖析史學論文中的腳註、引言與名單，以突顯歷史修辭學 (rhetoric) 的獨特性，不止有別於科學，亦非點綴品[44]。另位史家蓋宜 (Peter Gay, 1923–2015) 則側重史家風格 (style) 的分析，他試圖融合寫作風格與史家生活[45]。這些嘗試出自科學史學的全盛時期，誠屬不易；然而卻無法擺脫科學意識的干擾。按蓋宜終究回歸「史學為科學」的主軸，不敢跨越雷池半步[46]；而赫思特卻淪於餖飣補注之嫌。相對的，懷特卻果決地向科學說聲「不」。他如此有恃無恐，其中必有緣故。

其實，懷特的兩項立論均植基於「轉義理論」(a theory of tropes 或

York: Oxford University Press, 1971).

43. V. H. Galbraith, *An Introduction to the Study of History* (London: C. A. Watts & Co., Ltd., 1964), p. 3.

44. J. H. Hexter, "The Rhetoric of History," in David Sills ed., *International Encyclopedia of the Social Sciences* (New York: Crowell Collier and Macmillan, Inc., 1968), vol. VI, pp. 368–394.

45. Peter Gay, *Style in History* (New York: Basic Books, Inc., 1974), pp. 3–17.

46. Peter Gay, *Style in History*, pp. 214–217. 蓋宜認為：史家往往樂於發現歷史的修辭學有異於自然科學（意指赫思特？），但這並不意謂可以將史學從科學的族群剔除掉。

tropology)。「轉義」(trope) 簡單地說，便是「譬喻」(metaphor 或 figure of speech)。直言之，「轉義」係「論述」(discourse) 的靈魂；缺乏前者的機制，「論述」即無法進行或達成目的。再說即使力求寫實的論述，亦無法避免轉義的作用[47]。以下我們擬解析轉義如何操控歷史的寫作。

懷特，自我定位為結構主義者 (structuralist)。初始，他從形式分析 (formalism) 下手，發覺歷史作品包含了認知的、審美的、與道德的三個顯性層面。這三個層面統由「形式論證」(formal argument)、「情節編織」(emplotment) 與「意識形態」(ideology) 的解釋策略交互運作。而每個解釋策略復分四種不同的模式，詳見附註[48]。

依懷特之見，所謂的史學風格便是「論證」、「布局」、「意識形態」諸模式的特殊結合。較諸前述的蓋宜，懷特於風格的認識，焦點明確而視野宏遠。尤其緊要的，在此底層之下，有項深層結構 (deep structure) 係由「隱喻」(metaphor)、「轉喻」(metonymy)、「提喻」(synecdoche) 和「諷喻」(irony) 四種譬喻所主導。它們預鑄了歷史的場域與解釋策略，並賦予各別作品內部的連貫性 (coherence) 和一致性 (consistency)。換言之，此即歷史意識 (historical consciousness) 的化身；而譬喻基本上是轉義的語言，它的作用係語藝的行為 (poetic act)[49]。

---

47. "trope" 一詞的語根及涵義演變，見 Hayden White, *Tropics of Discourse*, p. 2.

48. Hayden White, *Metahistory*, p. 29.

布局模式	論證模式	意識形態的涵蘊模式
傳奇式 (Romantic)	形式論 (Formist)	虛無主義 (Anarchist)
悲劇式 (Tragic)	機械論 (Mechanistic)	激進主義 (Radical)
喜劇式 (Comic)	有機論 (Organicist)	保守主義 (Conservatism)
譏諷式 (Satiric)	語境論 (Contextualist)	自由主義 (Liberal)

「布局」、「論證」、「意識形態」的分類模式各取自由文評家弗萊、哲學家培普 (Stephen C. Pepper, 1891–1972) 與社會學家曼罕 (Karl Mannheim, 1893–1947) 的著作。

懷特迴異於他人對歷史學派的分法，例如：浪漫派 (Romantic)、理念派 (Idealist)、實證派 (Positivist) 等，主張史學風格的流轉，始自隱喻、轉喻、提喻、迄諷喻，周而復始，核諸十九世紀的史學史，自成一家之言[50]。

近代西方的理性文化對譬喻的作用，貶逾於褒，啟蒙哲士——伏爾泰 (Voltaire, 1694–1778) 於《哲學辭典》(*Dictionnaire Philosophique*) 中的〈比喻語言〉條目中，寫道：

> 熱情的想像、激情與慾望，動輒誤導我們，卻製造出引喻的風格。史學最好避免如此，因為太多的隱喻不止有礙於清晰的表達，更損及真實 (truth)，以致文勝於質。[51]

循此，伏氏遂規誡史家遵循嚴峻的理性，秉筆直書，勿恃生花妙筆，引喻失義。康德 (Immanuel Kant, 1724–1804) 在他的《邏輯》(*Logic*) 講義中，則逕稱：譬喻係所有錯誤的根源[52]。

承此思路，「科學史學」遂認為「譬喻」充其量只是「假解釋」（pseudo-explanation，或譯「準解釋」）而已。她的代議士——韓培爾，便直陳道：

---

49. Hayden White, *Metahistory*, pp. 29–38.

50. Hayden White, *Metahistory*, pp. 38–42.

51. Voltaire, "Figure," in *Dictionnaire Philosophique* on Oeuvres complétes de Voltaire Website (http://www.voltaire-integral.com/19/figure.htm). 此條引文承我的同事張谷銘博士告知法文出處，謹此致謝。

52. Immanuel Kant, *Logic*, translated by Robert S. Hartman and Wolfgang Schwarz (New York: Dover Publications, Inc., 1974), pp. 55–61. 又見 Ewa Domańska, *Encounters: Philosophy of History after Postmodernism* (Charlottesville: University Press of Virginia, 1998), p. 24.

這些植基於譬喻，而非建立在法則的敘述；它們透過圖像或情感的訴求，而非事實關聯的洞見，以模糊的比喻與直覺的擬似，取代可受檢驗的述句，因此不得算是科學的解釋。[53]

韓氏對「譬喻」的成見，於此一覽無遺。

而懷特的看法，恰與韓氏針鋒相對。概念上，他給予譬喻前所未有的優位 (priority)。這便涉及歷史知識的製造程序。首先，懷特引介「編年紀事」(chronicle) 與「故事」(story) 一組概念[54]。二者均取資歷史敘述的素材 (primitive elements)，由未經處理的歷史紀錄，編選、排比而成。簡言之，「編年紀事」僅是依照時序先後的單純記事，倘要轉化為首尾該貫、條理井然的「故事」，則必得通過「論證」、「布局」與「觀點」的再次加工，方得成篇。再說「編年紀事」或「故事」的書寫均得借助日常的「自然語言」(natural language)。而「自然語言」卻迥異於科學專用的「形式語言」（formal language，例如：數學或物理程式），其間布滿了各形各色的譬喻，以致無所逃脫於轉義作用。其實，懷特甚早便覺知：

> 倘若社會理論家無法體認他的敘事必定受到傳奇思想模式的侵入，則他若非認識上無知，即目光如豆，只關心瑣細的問題。傳奇 (legend) 的滲透便是科學使用〔自然〕語言，付給神話 (myth) 的代價。[55]

---

53. Carl G. Hempel, *Aspects of Scientific Explanation*, p. 234.

54. Hayden White, *Metahistory*, pp. 5–7. 懷特固然十分景仰克羅齊，但此處言及的「編年紀事」(chronicle) 與「故事」(story)，與克氏的用法有別。於克氏而言，「編年紀事」是死的「歷史」，而「歷史」是活的「編年紀事」；端在事件是否重新為人於思想中喚起。參閱 Benedetto Croce, *History: Its Theory and Practice*, translated by Douglas Ainslie (New York: Russell & Russell, 1960), p. 19.

55. Hayden White, "The Abiding Relevance of Croce's Idea of History," in *The Journal of Modern History*, vol. xxxv, no. 2 (June 1963), 109.

他因接觸克羅齊的思想，而抨擊蘭克史學不遺餘力。在早年譯作中的導言，他業已表明：

> 蘭克，這個可憐的傢伙 (poor soul)，畢生孜孜不倦，耗盡眼力，企圖道出事實的真相。……可是他的方法即使用了一百年，也無法在任何重大的歷史議題，取得普遍的共識。[56]

初始，懷特的思維較為妥協，仍視歷史為雛形的科學，但至成熟時期，傳奇、神話的殘餘便轉成自然語言的譬喻，而徹底與科學分道揚鑣了。

正由於史學同文學的表意，均需透過自然語言，故無所逃於譬喻的轉義作用，所以史書會呈現出和詩、小說、戲劇同樣的語藝模式，蓋極自然。易言之，史著的語藝狀態係「歷史若文學」的靈樞所在。

惟欲證成上述假說，尚需解開一個謎團，意即素樸的「過去」與史家的語藝行為，其間有何種關聯？人類學家李維斯陀 (Claude Lévi-Strauss, 1908–2009) 的先遣工作，適為懷特補足了此一推論的缺環。依李氏之見，「歷史」原為雜亂無章的資料 (data)，本身並不具有任何意義。史書的敘述輪廓悉由史家所施加，究其極則具有神話的性質[57]。

另位以「原型批評」(archetypal criticism) 馳名的文評家——弗萊亦覺察到：

> 當史家的架構形成可辨識之際，隨即顯現出神話的形貌；在結構上也趨近於語藝的樣態。[58]

---

56. Carlo Antoni, "Translator's Introduction," in *From History to Sociology*, p. xxiii.

57. Claude Lévi-Strauss, *The Savage Mind* (Chicago: The University of Chicago Press, 1966), pp. 258–262.

58. Northrop Frye, *Fables of Identity*, pp. 53–54.

觀此，李、弗二氏所見略同。必須提示的，李、弗二氏固然是懷特構作論說的活水泉源，但懷特對他人的成說均是有所取、有所捨，以自家受用為主[59]。簡言之，李、弗最受看重的，無非是神話學的概念[60]。故其行文所及的「神話」(myth) 皆兼存古希臘 "mythos"（神話、情節）的複義。而西方文化中特定而有數的敘述模式，正是神話積澱的結果。再加上語言學家傑克卜森 (Roman Jakobson, 1896–1982) 臨門一腳，對引喻語言提供了獨到見解，懷特的史學轉義理論遂如新廈落成，以嶄新的面貌問世[61]。

---

[59]. 李維斯陀主張史學是種沒有特定對象的「方法」(method)；或弗萊以為史家以歸納的方式由下而上，搜集事實，方取得模式；或者正規歷史與後設歷史必須有所區別，懷特皆有異見。Cf. Claude Lévi-Strauss, *The Savage Mind*, p. 262. 又 Northrop Frye, *Fables of Identity*, pp. 54–55.

[60]. Northrop Frye, *The Anatomy of Criticism* (Princeton: Princeton University Press, 1973), pp. 162 ff, 352–353.

[61]. 本來弗萊從文學範疇中，業已篩選出四個邏輯上前於 (logically prior to) 文類 (genres) 的敘事因素，它們的涵義亦較文類寬廣。此即懷特編織情節所用的四個基本模式：傳奇、悲劇、喜劇與諷劇。(Northrop Frye, *The Anatomy of Criticism*, p. 162.) 惟在懷特的系統裡，他復添加四項更基本的譬喻於此之上（或之前）。「譬喻」於懷特而言，不止前於文類 (pregeneric)，且主導、預鑄歷史的領域與解釋。之所以有此變化，傑克卜森至為關鍵。傑克卜森將傳統的四種譬喻，簡化為「隱喻」(metaphor) 與「轉喻」(metonymy)，作為分析「失語症」(aphasia) 的兩極型態。他進而推論緣於文化、時尚、或個人因素，語言的應用會有傾向或偏好二者之一的現象，他並舉文學創作中，浪漫主義 (Romaticism) 與象徵主義 (Symbolism) 以「隱喻」為尊，而寫實主義 (Realism) 則推崇「轉喻」，來印證自己的理論。參閱 Roman Jakobson and Morris Halle, *Fundamentals of Languages* (The Hague: Mouton & Co., 1956), part II, also included in his *Language in Literature*, pp. 95–114. 懷特引用傑克卜森的地方，散布於《後設史學》與其它論文，不勝枚舉。E. g. *Tropics of Discourse*, pp. 104–105. 又弗萊、李維斯陀、傑克卜森於文學批評均歸類於結構主義的陣營，因此懷特自許為「結構論者」，不為無故。參閱 Robert Scholes, *Structuralism in*

懷特「歷史若文學」的說詞，甚至可從他所汲取的學術源泉略窺一二。與文學批評相關的，弗萊以外，另有奧爾巴赫 (Erich Auerbach, 1892–1957)、肯尼斯‧柏克 (Kenneth Burke, 1897–1993) 等，與「譬喻語言」攸關的則有維科 (Giambattista Vico, 1668–1744)、傑克卜森等，此尚不包括後現代的文評家哥爾曼 (Lucien Goldmann, 1913–1970)、巴特 (Roland Barthes, 1915–1980)、傅柯 (Michel Foucault, 1926–1984) 和德希達 (Jacques Derrida, 1930–2004) [62]。

除開《後設史學》裡，懷特所自承的學術憑藉，不容忽視另條思想線索：歷史的虛構性。從其它著作可以得知，懷特相當熟稔法國文評家瓦拉利 (Paul Valéry, 1871–1945) 的觀點 [63]。瓦氏的文學觀傾向「形式主義」(formalism)，與懷特的史學進路頗為契合。瓦氏在 1930 年代即鼓吹：「〔歷史的〕過去，係植基於文獻上的想像 [64]。」遵此，「過去」(the past) 僅是當下意象與信念的結合，無非是心靈之物 (mental things) 而已。這似與柯林烏 (R. G. Collingwood, 1889–1943) 有所呼應。柯氏恰好亦為懷特所心儀的人物 [65]。柯氏生前曾宣示再三：「所有的歷史皆是思想的歷史 [66]。」該論點

Literature (New Haven: Yale University Press, 1974). 一書攸關弗、李、傑三氏的討論與定位。

62. Hayden White, *Metahistory*, p. 3, n. 3.

63. 瓦拉利的著作見諸《後設史學》的參考書目。此外在較早的論文，懷特亦曾引用。參閱 Hayden White, "The Burden of History," in *Tropics of Discourse*, p. 36. 瓦氏文學觀的簡介見 René Wellek, *Four Critics* (Seattle: University of Washington Press, 1981), pp. 19–36. 較後現代的闡釋則見 Jacques Derrida, "Qual Quelle: Valéry's Sources," *Margins of Philosophy*, translated by Alan Bass (Chicago: The University of Chicago Press, 1986), pp. 273–306.

64. Paul Valéry, *The Outlook for Intelligence*, translated by Denise Folliot and Jackson Mathews (Princeton: Princeton University Press, 1962), p. 69.

65. Ewa Domañska, *Encounters*, pp. 17–18. 懷特在訪談中，承認柯林烏與克羅齊是他最

頗招惹學界的側目。

　　不同的是，柯氏雖強調史家旨在心靈上重踐 (re-enact) 過去的史事（更精確地說，人類行為的意念），卻未放棄客觀的準則[67]；而瓦拉利竟師心自用，進而主張「歷史事實」(historical facts) 的存在，純拜運氣湊合之賜，是故無論多麼費心搜尋，或加以各式方法錘鍊，史家難脫眾說紛紜，而史實依舊莫衷一是[68]。懷特之堅稱：「過去係幻想 (fantasy) 的樂土。」正是上述最佳的翻版[69]。

　　簡而言之，瓦拉利殘留的火苗，數十年後終於在後現代世界中釀成熊熊大火，一舉照遍了史學隱晦的角落，而懷特遂進階為當代的掌炬者。必須稍作區辨的，瓦拉利認為史實的歧見源自人性的分歧，而後現代學者（包括懷特）卻歸根於語言本身。對懷特而言，「過去」本不具有任何意義，「歷史」之有意義，純為史家的語藝行為，而這正是歷史虛構性的真諦，亦是「建構論」(constructivism) 的極致[70]。

　　總之，懷特論說的學術意義，可分三個層次加以考察：首先在歷史實踐方面，懷特的語藝論，不止解構了「科學史學」的神話，復為晚近方興未艾的敘事史學提供了理論的支撐點。透過語藝論的反身投射，懷特發覺現行奉「研究」(research) 為尊的近代史學，實是十九世紀學術馴化 (domesticated) 的結果。在史學專業化的過程，主觀的歷史想像受到壓抑，

初治史的靈感泉源。

[66]. R. G. Collingwood, *The Idea of History*, revised edition (Oxford: Oxford University Press, 1994), p. 215.

[67]. Cf. William H. Dray, *History as Re-enactment: R. G. Collingwood's Idea of History* (Oxford: Clarendon Press, 1995), chs. 7 & 8.

[68]. Paul Valéry, *The Outlook for Intelligence*, pp. 120–124.

[69]. Ewa Domańska, *Encounters*, p. 16.

[70]. 「建構論」認為歷史係人所建構或發明的，而非「過去」的發現。

而號稱追求客觀真實的史料考索，則獲得褒揚。這不啻造成前、近代史學的斷裂，且導致文、史分途 71。

邁入二十世紀，由於社會科學的崛起，尤逼使傳統的敘事史學節節敗退。例如：年鑑學派的布洛赫 (Marc Bloch, 1886–1944) 即抱怨傳統史學，塞滿了傳奇與事件，總是留滯在浮華的敘事層面，而無法進行理性的分析，所以史學尚處於科學的萌芽期 72。他的追隨者——布勞岱，便呼籲以長時段的「結構史」，取代「事件史」(history of events)；結合社會科學而貶抑敘事技巧 73。

晚近，史家的文采雖漸獲青睞，但學者之間的關注並不同調，處理手法遂迭有出入。對史家表達技巧的歧見，乃司空見慣 74。隸屬傳統陣營的蓋宜，固然同意「歷史敘事若乏分析，則趨於瑣碎；歷史分析若無敘事，則淪於殘缺。」75 而另位鑽研史學史的名家克力夫 (John Clive, 1924–1990) 亦知史家光憑事實，不足以成篇 (not by fact alone)，但咸都謹守分際，堅

71. Hayden White, "The Politics of Historical Interpretation: Discipline and De-Sublimation," in *The Content of the Form* (Baltimore: The Johns Hopkins University Press, 1987), pp. 58–82. 懷特藉此建立本身的學承。另方面，近代史學實從十八世紀的文學修辭術掙脫出來，憑著批判方法 (critical method) 的逐漸確立，史學方有其自主性。這是兩種完全不同的寫照。與懷特互左的傳統意見，參閱 Donald R. Kelley, *Foundation of Modern Historical Scholarship* (New York and London: Columbia University Press, 1970), 或晚近的 Joseph M. Levine, *The Autonomy of History* (Chicago: The University of Chicago Press, 1999).

72. Marc Bloch, *The Historian's Craft* (Taipei: Rainbow-Bridge, 1971), p. 13.

73. Fernand Braudel, "History and the Social Science," in *On History*, pp. 25–54.

74. 這只要比較懷特的《後設史學》與其它史家的作品即可得知。Cf. Peter Gay, *Style in History*, chs. 2, 4. 或者 John Clive, *Not By Fact Alone* (London: Collins Harvill, 1990) 中相關史家的討論。

75. Peter Gay, *Style in History*, p. 189.

稱史家斷非詩人或小說家之流[76]。而懷特一舉跨越文史分野，大膽重申「文史合一」的宏旨，圖冶「研究」與「寫作」於一爐[77]。要知懷特並非老調重彈，而是另譜新曲，寄寓新時代的心聲：「形式」(form) 不徒是可有可無的點綴品，乃是實存於內容，操控全局的要角。若是，修辭學 (rhetorics) 則從傳統的邊緣，移位至書寫的核心[78]。由是觀之，懷特的論說不啻為敘事史學一吐久受壓抑的陰霾之氣。

其次，在史學、科學與藝術三角關係之際，懷特的語藝論為史學扳回極大的顏面。他有力地抵制了科學主義，復重申史學無可取代的價值。他固然肯定「歷史若文學」，卻不忘與藝術取得平等主權。

回溯上古，亞理士多德 (Aristotle, 384–322 B.C.) 即認定 「歷史」 與「詩」的區辨，非存於前者作散文，後者用韻文，而是「歷史」僅敘述已然之事，「詩」卻表達或然之事。所以詩比歷史更具有哲理與嚴肅的內容，因為詩的題材不像歷史只注意獨特的事物，反而富有普遍的內涵[79]。亞氏

---

76. John Clive, *Not By Fact Alone*, p. xiv.

77. 近代史學奉蘭克為圭臬，在「研究」時，謹守科學的步驟，但輪到「寫作」時，則需依靠藝術的表現，故分屬兩階段。對懷特而言，「研究」與「寫作」屬連續體，並無兩樣。但荷蘭哲學家安克須米特，可能對史學運作不熟，誤解懷特的語藝論，反以為懷特主張「研究」與「寫作」分屬兩個獨立的階段，復謂此為「歷史哲學」的新階段。必須留意的，語藝的作用是貫穿「研究」與「寫作」，首尾如一。其實安氏的主張是走回蘭克史學的老路，全然不知近代史學發展的狀況。Cf. F. R. Ankersmit, *History and Tropology* (Berkeley: University of California Press, 1994), pp. 4–7.

78. 懷特主張「形式」具有實質作用，故把他的一本論文集，名之為《形式的內容》(*The Content of the Form*)。

79. Jonathan Barnes ed., *The Complete Works of Aristotle* (Princeton: Princeton University Press, 1984), vol. II, *Poetics*, 1451b. 亞理士多德著述豐富，卻罕言及歷史與史學，關於此點素有分歧的解釋，持負面看法若芬列 (M.I. Finley, 1912–1986)，持較同情理

裁斷「歷史」與「詩」的歧異，非存於文體之不同，蓋有見地；但他所下「詩」高於「史」的價值判斷，影響後世至為深遠。

下迄十九世紀，亞氏的看法仍不失為主流意見。該時的文化祭酒——叔本華 (Arthur Schopenhauer, 1788–1860) 即演繹亞氏的想法，認為「歷史」僅注意獨特的個體，而與「詩」有高下之分；更由於「歷史」缺乏科學的基本特徵，只能「協調」(coordination) 已然的事物，而無法「統攝」(subordination) 它們；「歷史」故不成系統 (system)。因此它雖得忝列理性的學問之林，卻無法登上「科學」的大雅之堂[80]。令人訝異的是，享譽當世的歷史名家布克哈特，竟亦同聲附和叔本華之見為「蓋棺論定」[81]。

因此史學一旦失去在十九世紀學術盟主的地位，便漂泊流離，不止不見容於科學，而且比起藝術亦低人一等；其窘況恰似中國古語所形狀：「拋卻自家無盡藏，沿門持鉢效貧兒。」早期的克羅齊便是代表。

克氏為謀抗衡科學史學，遂在其處女作 (1893) 主張「歷史」為「藝術」的一種形式。克氏界定「藝術」為探求事物特殊性的知識，而把「歷史」統攝於「藝術」的一般概念之內[82]。其實，克氏的作法並未跳脫蘭克

解則有京士堡。請比較 M. I. Finley, "Myth, Memory and History," in *The Use and Abuse of History* (New York: The Viking Press, 1975), pp. 11–33; and Carlo Ginzburg, "Aristotle and History, Once More," in his *History, Rhetoric, and Proof* (Hanover: University Press of New England, 1999), pp. 38–53. 前此，莫米哥利諾曾提示古今「歷史」語意有所出入，卻為 "historia" 與 "history" 語言連續性所掩蓋。見 Arnaldo Momigliano, "Ancient History and the Antiquarian," in *Studies in Historiography* (London: Weidenfeld and Nicolson, 1966), pp. 1–39.

[80]. Arthur Schopenhauer, *The World as Will and Representation*, translated by E. F. J. Payne (New York: Dover Publications, Inc., 1969), vol. II, pp. 242–255; vol. II, pp. 439–446.

[81]. Jacob Burckhardt, *Reflections on History*, p. 107.

[82]. David D. Roberts, *Benedetto Croce and the Uses of Historicism* (Berkeley: University of

的窠臼；它方面，又陷入日耳曼學圈攸關歷史知識性質的酣辯之中，而難以自拔[83]。較諸克氏，懷特確有別開生面之功。

最後，「無心栽柳柳成蔭」，懷特雖謙稱本身不是哲學家[84]，但卻催生了「敘事式歷史哲學」(narrative philosophy of history)。他的《後設史學》與韓培爾的〈史學中的通則功能〉等量齊觀，各自樹立了「分析式歷史哲學」與「敘事式歷史哲學」的典範。在前一階段，歷史哲學原以「歷史知識」(historical knowledge) 為考察的標的，但受到《後設史學》的影響，爾後的歷史哲學輒以「歷史寫作」(historical writing) 為剖析的對象，從而與史家的實際工作緊密地結合[85]。

至於「敘事式歷史哲學」與「歷史寫作」有何關聯，懷特的觀點頗值一書。他認為前者對後者並無規範作用。反是從史著的解剖中，吾人方得獲悉作品的結構與規則。這種微妙的關係同樣存於文評家與創作者之間。「敘事式歷史哲學」，換言之，係從事反思與解析的工作。它必得與史學實踐連成一氣，方有成效可言。依懷特之見，「敘事」係人類與生俱來的本領。它代表組織世界與切身經驗的模式，就如「〔自然〕語言」般渾然天成。人固然必須學習語言，卻不必知曉言說理論；同理，史家懂得敘事，卻不必依賴後天理論的指引。於此，懷特十足表露反理論與反科學的傾向[86]。

California Press, 1987), pp. 38–41. 此處所言係克羅齊早期的想法，以後逐有變化。

[83] 這裡指的是日耳曼境內「西南學派」(the Southwestern school) 對歷史知識性質的論辯，他們均持「歷史」與「科學」二元論的觀點。以「研究內容」區分則有狄爾泰；以「研究方法」區分則有溫德班 (Wilhelm Windelband, 1848–1915) 等。詳見 Thomas E. Willey, *Back to Kant* (Detroit: Wayne State University Press, 1978), ch. 6.

[84] 參閱懷特的訪談，Ewa Domañska, *Encounters*, p. 27。

[85] 請參閱拙作，〈敘事式歷史哲學的興起〉。

[86] Ewa Domañska, *Encounters*, pp. 15–17.

三、攔截後現代

　　倘欲評估懷特的理論，先行之務便是解決他學術定位的問題。懷特向以「結構論者」自居。他將己身的志業歸屬於「現代主義」(modernism) 的範域，且刻意與「後現代」保持距離[87]。可是不只正統史家視他為「後現代」的馬前卒[88]，後現代學者亦引他為同調。這不啻造成主、客觀認知的差距。其實只要懷特堅持史實的虛構性，把他納入「後現代」的思潮便順理成當；何況普世公認的後現代大祭司——德希達，不也再三否認自己是個「後現代主義者」嗎[89]？

---

[87]. Ewa Domañska, *Encounters*, pp. 26–27.

[88]. 試舉其例，正統史家將其歸為後現代陣營則有 Peter Novick, *That Noble Dream* (Cambridge: Cambridge University Press, 1988), pp. 599–607; Robert F. Berkhofer, Jr., *Beyond the Great Story* (Cambridge, Massachusetts: Harvard University Press, 1995); Georg G. Iggers, *Historiography in the Twentieth Century*, ch. 10; Keith Windschuttle, *The Killing of History* (Paddington, Australia: Macleay Press, 1996), ch. 8; Richard Evans, *In Defense of History* (New York and London: W. W. Norton & Co., 1999). 後現代史學引為同道則有 Keith Jenkins, *On "What is History?"* (London and New York: Routledge, 1995), ch. 5; Beverley Southgate, *History: What & Why?* (London and New York: Routledge, 1996), ch. 6; Alun Muslow, *Deconstructing History* (London and New York: Routledge, 1997), ch. 8.

[89]. 德希達的訪談，轉引自張一兵，〈德里達（德希達）：我不是一個後現代主義者〉，《開放時代》，(2003. 3)，頁 67。必得提示的，懷特的高足凱納 (Hans Kellner, 1945–) 刻畫懷特的志業為「語言的人文主義」。「人文主義」似與「後現代」精神相左。縱使如此，仍無法掩蓋懷特對歷史的基本看法。Cf. Hans Kellner, "A Bedrock of Order: Hayden White's Linguistic Humanism," in *Language and Historical Representation* (Madison: The University of Wisconsin Press, 1989), pp. 193–227. 伊格

以下擬依序從具體的論點談起。

於蘭克而言，遠於希臘的時代，歷史由詩發展而來，復由詩解放出去。這是值得大筆特書的成就[90]。相對地，懷特卻轉而承繼克羅齊的史學。後者倡議「沒有敘事，即沒有歷史。」[91] 在這個概念的引導之下，懷特回歸「歷史若文學」的路線。

由細枝末節看來，《後設史學》固不乏商榷之處。例如，對個別史家的看法，學者之間的歧見，比比皆是。單一譬喻足否涵蓋文類多樣的史家（例如：伏爾泰）？或者同時代的史書竟呈現異樣的譬喻模式，凡此均不無疑義[92]。尤其懷特所持的史學風格循環論，深受質疑。之前，其文評淵源——弗萊氏業緣文學循環觀，牽強附會太過，飽受攻訐[93]。懷特似亦難以倖免[94]。

通貫全書，懷特對「結構分析」雖運用自如，然而卻免除不了其本源

斯適因為懷特涉入後現代語言理論，才把他列入後現代陣營。見 Georg G. Iggers, "Historiography between Scholarship and Poetry: Reflections on Hayden White's Approach to Historiography," *Rethinking History* 4.3 (2000), 376.

90. Leopold von Ranke, *The Theory and Practice of History*, p. 34.

91. 參見 Hayden White in his *Content of the Form*, p. 28.

92. 參閱 74.。並見 Georg G. Iggers, "Historiography between Scholarship and Poetry."

93. 弗萊受史賓格勒的啟示，將文學發展與文化的過程相比擬，而呈現類似循環的狀態，更確切地說，是有機體生長、衰老的周而復始的過程。參閱 Northrop Frye, *Anatomy of Criticism*, pp. 42, 160, 343. 但此一論說的機械性則受到質疑，見 Robert D. Denham, *Northrop Frye and Critical Method* (University Park and London: The Pennsylvania State University Press, 1978), pp. 13–15. 弗萊的歷史觀則見 Jonathan Hart, *Northrop Frye: The Theoretical Imagination*, (London and New York: Routledge, 1994), ch. 5. 弗萊與史賓格勒較詳細的討論請見 Ford Russell, *Northrop Frye on Myth* (London: Routledge, 1998), chs. 3、4 & 13.

94. 試舉其例：Philip Pomper, "Typologies and Cycles in Intellectual History," in *History and Theory*, Beiheft 19 (1980): 30–38.

的缺陷。「結構批評」的泰斗——傑克卜森曾坦承該批評的限制：

> 語藝功能的語言研究，必須跨出詩的限制；另方面，詩的語言考察，
> 不能只著眼於語藝的功能。[95]

換言之，語藝功能固然重要，究竟只是言辭溝通的六項功能之一[96]。而「結構批評」的反對者——赫許 (E. D. Hirsch, 1928–) 更是斬釘截鐵地論道：

> 語藝論永遠無法做出一個解釋所有詩作的方法論[97]。

既然「結構批評」為形式分析所困，無法道出「詩之所以為詩」、或「文學之所以為文學」的道理[98]，則懷特無法彰顯「歷史之所以為歷史」自然不足為奇。

在《後設史學》之後，懷特陸續刊布許多論文，不斷修正或強化其原有的論點，惟其核心概念——語藝論仍一本初衷，未曾動搖。

誠如上節所述，懷特「歷史若文學」的命題繫乎史學的虛構性。而史學的虛構性源自語言的轉義作用。不止於此，懷特竟把傳統修辭學中的「言辭引喻」 (figure of speech) 拔升至 「思惟引喻」 (figure of thought) 的層次[99]，他如此論證道：

> 論述 (discourse) 本身係意識進行的模式，藉著比喻 (analogy) 將原初

---

95. Roman Jakobson, *Language in Literature*, pp. 66–70. 傑克卜森認為言辭溝通涉及六項元素，相對的有六個功能，語藝功能只是六者之一。

96. Roman Jakobson, *Language in Literature*, pp. 70–71.

97. 參見 Robert Scholes, *Structuralism in Literature*, p. 39.

98. 參見 Robert Scholes, *Structuralism in Literature*, pp. 26–40.

99. 這點懷特受了維科的啟示。 參閱 Hayden White, "The Tropics of History: The Deep Structure of the New Sciences," in *Tropics of Discourse*, pp. 197–217.

　　亟需理解的經驗化成熟識經驗的核心。……〔歷史〕理解
　　(Understanding) 的過程本質上是轉義的。轉義係將不熟悉轉成熟悉
　　的，這主要是引喻的 (figurative) 功能。[100]

而在理解之前，四樣「主譬喻」擔負起領銜的角色，預鑄了概念化與敘述
的原型模式。

　　在理解史料之前，懷特賦予「譬喻」如此先置性的概念，顯然與近代
史學的家法相左。蘭克本人立意與哲學家劃清界線，再三叮嚀史家不得預
存先見 (preconceived ideas)，以解讀代表史實的資料[101]。從另個角度看來，
懷特的「譬喻」毋寧像似康德的理解「範疇」(categories)，既是先驗 (a
priori)，且必然隱存於認知的過程[102]。

　　按理說，「譬喻」位居如此樞紐的環節，懷特理應多加費心交代它的性
質與運作機制才是，但皆欲語還休，啟人疑竇。原本探討之道不外乎：向
內，往心理求索；向上，往哲學推衍。按「主譬喻」仿若潛意識 (the
unconsciousness) 般，默默地支配我們的認知行為，但心理學素為懷特所不
屑，懷特認為當今的心理研究，未必然較他對歷史意識的剖析來得高明。
就算偌多人格型態的研究，於理解作者的思路亦乏善可陳。易言之，今日
的心理學猶如十九世紀的史學般陷於「六神無主」(conceptual anarchy) 的
狀態[103]。

　　哲學上，懷特未知是無心，或者有意迴避「譬喻」的概念檢討。若持

---

[100]. Hayden White, *Tropics of Discourse*, p. 5.

[101]. Leopold von Ranke, *The Theory and Practice of History*, p. 31.

[102]. Immanuel Kant, *Critique of Pure Reason*, translated and edited by Paul Guyer and Allen
W. Wood (Cambridge: Cambridge University Press, 1998), pp. 212–214. 有關康德「範
疇」的討論，可參考 S. Körner, *Kant* (New York: Penguin Books, 1977), pp. 47–79.

[103]. Hayden White, *Metahistory*, pp. 430–431.

同情的看法，懷特策略上避開繁瑣的理論糾結，而以存而不論的態度，直接領取「譬喻」，未必失策。惟鑑諸「譬喻」在他論說所扮演多重吃重的角色，果無適當的澄清，定難以令人信服的。特別是「諷喻」所居的關鍵位置，幾乎是所有隱喻循環的轉折點，實質上已具字義的寫實性，遠非形式分析所能範圍 [104]。居中的癥結在於：「譬喻」與「字義」(the literal) 的意義有何區別？若有，其判準為何 [105]？倘若「譬喻」既前於認知 (precognitive)、前於判斷 (precritical)，事後復無所不包，那麼懷特亟需一套康德式的超越論證 (transcendental argument)，方得理事圓融；但二者，懷特均付之闕如。若是，懷特否認自己是哲學家，則非謙辭，乃是坦白從寬。

懷特與解構論 (deconstruction) 的德希達、德曼 (Paul de Man, 1919–1983) 在哲學的造詣，雖深淺有別，乃系出同門。他們均祖述尼采，鼓吹「隱喻為尊」(the primacy of metaphor)，視文本中的「修辭」(rhetoric) 優於「邏輯」(logic) [106]。德曼不就倡言：

---

104. 「諷喻」同時兼有引喻自覺，甚至否定引喻功能，仿若「後設轉義」(metatropological) 的角色。Hayden White, *Metahistory*, pp. 37–38. Cf. Suzanne Gearhart, *The Open Boundary of History and Fiction* (Princeton: Princeton University Press, 1984), pp. 59–64.

105. 例如：哲學上，戴維森 (Donald Davidson, 1917–2003) 與布列克 (Max Black, 1909–1988) 對「隱喻」(metaphor) 性質著名的爭辯。前者認為「隱喻」的意義與「字義」全然一致，其奏效多少係語用藝術的傑作，而甚少涉及語言的規則。後者則堅持與語言規則有關。二氏之文均收入 Sheldon Sacks, *On Metaphor* (Chicago: The University of Chicago Press, 1979).

106. 以「隱喻為尊」為隱喻諸多理論的一種。見 F. R. Ankersmit and J. J. A. Mooij, *Knowledge and Language, vol. III: Metaphor and Knowledge* (Dordrecht: Kluwer Academic Publishers, 1993), Introduction. 尼采的觀點請參閱 "On Truth and Lying in an Extra-Moral Sense (1873)," in Sander L. Gilman, Carole Blair, and David J. Par eds., *Friedrich Nietzsche on Rhetoric and Language* (New York and Oxford: Oxford

概念 (concepts) 即轉義 (tropes)，轉義即概念。[107]

這和科學派史家仇視「修辭」，認定「真實」(truth) 與「修辭」為「枕邊怨偶」(bad bedfellows) [108]，不啻天壤之別。而懷特的語藝論與二氏致力解消「文學」和「哲學」的界限，實具異曲同工之妙 [109]。

惟敘事上，懷特任憑「譬喻」幻化大千，無所窒礙，必遭質疑。姑且不論「譬喻」形狀史家風格的適切性，反對者特援二次大戰中，納粹 (Nazi) 族滅猶太人 (Holocaust) 的案例，以測試「再現的限度」(the limits of representation) [110]。這椿慘絕人寰的屠殺，允否修正派的史家隨心抹滅，或者擺布成一齣鬧劇 (farce) [111]？針對此事，文評家史丹納 (George Steiner, 1929–2020) 有如下的評語：

奧斯維茲 (Auschwitz) 的世界之所以無以言喻，其故乃在理性之外。[112]

哲人阿德諾 (Theodor W. Adorno, 1903–1969) 更鐫刻了一句銘言：「奧斯維

University Press, 1989), pp. 246–257.

[107] Paul de Man, "The Epistemology of Metaphor," in Sheldon Sacks ed., *On Metaphor*, p. 21.

[108] V. H. Gallbraith, *An Introduction to the Study of History*, p. 3.

[109] 德希達的主要見解，見 Jacques Derrida, "White Mythology: Metaphor in the Text of Philosophy," in *Margins of Philosophy*, pp. 207–271.

[110] 懷特曾於 1990 年，參與此一討論會，其文章亦收入會議論文集，見 Saul Friedlander, *Probing the Limits of Representation* (Cambridge: Harvard University Press, 1992).

[111] 攸關「德國史家的論辯」，請參閱 Dominick LaCapra, *Representing the Holocaust* (Ithaca: Cornell University Press, 1994), ch. 2.

[112] 參見 Hayden White in his *Figural Realism* (Baltimore: The Johns Hopkins University Press, 1999), p. 33.

茲之後，怎能再寫詩呢？」[113] 祈求「沈默 (silence) 以對」似乎道盡了書寫的極限。按史家本其職責，原不該就此擲筆長歎；但若說事件本身不致影響（任何方式）史家的敘述，那方才不可思議呢？其實，懷特一如形式論者的通病，過於專注「語言」對「事件」的形塑，不意卻忽略了「事件」與「語言」的雙向互動。

加之，懷特雖然力圖擺脫「相對論」(relativism) 的指控，卻又走脫不出「語言決定論」(linguistic determinism) 的迷宮[114]。懷特以為「過去」本無意義，「歷史」之有意旨，乃人所施為。是故，仲裁史學的要素，毋寧是美感的、道德的（包括意識形態）當下意識 (presentism)，而非認知上的事實。按古為今用的當下意識，本為「歷史若文學」一貫的基調[115]。關鍵存於懷特指出史家的美感與道德觀點主導了敘述模式，而互異的敘述模式，復導致彼此之間不可互比 (incommensurate)，更遑論其高下優劣、是非曲直。這說明了後世對史實的瞭解即使有所增進，先前名家的作品緣其無可取代的文藝性，猶值今人諷讀再三[116]。他如是論道：

當歷史或歷史哲學的鉅著變得過時了，它從藝術中〔浴火〕重生。[117]

關於此點，學者各持見仁見智的看法[118]。

---

113. Theodor W. Adorno, *Negative Dialectics* (New York: Continuum, 1973), p. 362. 按阿德諾其實是反對這種觀點。

114. Hayden White, "An Old Question Raised Again: Is Historiography Art or Science?" *Rethinking History* 4.3 (2000), 391–406. 懷特一再澄清自己不是「相對論」與「語言決定論」者，但並不成功。

115. Max Nordau, *The Interpretation of History*, translated by M. A. Hamilton (New York: Moffat, Yard and Company, 1911), ch. 1.

116. Hayden White, *Metahistory*, pp. xii, 4.

117. Hayden White, *Tropics of Discourse*, p. 118.

　　與其齊名的文學史家哥思曼 (Lionel Gossman, 1929–2021)，對「不可互比性」的觀點尤無法釋懷；此不啻為相對論鋪路，而置「歷史的合理性」(the rationality of history) 於虛無之境[119]。

　　尤有過之，懷特推斷：史家採行的譬喻模式，若與廣大讀者所預存的模式格格不入，則他的史著註定要曲高和寡，兜售無門。例如，對認同諷喻、提喻、隱喻模式的讀者，馬克思機械式的解釋理論竟成逆耳之語[120]。設若此說無誤，則「以其人之道，還治其身」。懷特既自認操持，且身處循環之末的諷喻模式，然而卻眾聲嚷嚷，可見異議者必是奉行其它模式，而致心生嫌隙。觀此，懷特若非得以超脫喻式的輪迴，則必須節制 (qualify) 他理論的效度。否則，雖一時得利於「語言決定論」的扶持，終究無法自拔於相對論的陷阱。

　　或許受了「奧斯維茲」辯論的刺激，懷特晚近有轉向實在論的跡象[121]。他拋出「引喻實在論」(Figural Realism) 的看法，以補強其原有的論據。

　　懷特承認：歷史論述之成立，必須預設「過去」的存在，而且吾人得以有意義地加以談論。可是由於語言的使用，令歷史論述必然涉及引喻；

---

[118]. 史學史家克力夫即不同意「風格」(style) 是保證史學作品流傳的唯一原因，尤其非議結構論者將歷史視作文學形式的實踐者。見 John Clive, "Why Read the Great Nineteenth-Century Historians?" in *Not By Fact Alone*, p. 34. 另位史家蓋宜亦認為史家於過去的洞見，遠甚於文采，方是傳世緣由。Peter Gay, *Style in History*, pp. 216–217.

[119]. 哥思曼同樣善於闡發史著的文學精微，以精研法國浪漫史學著稱。但對懷特「歷史若文學」的立場，則多所保留。參見 Lionel Gossman, *Between History and Literature* (Cambridge: Harvard University Press, 1990), ch. 9.

[120]. Hayden White, *Metahistory*, pp. 429–430.

[121]. 史學史家伊格斯亦察覺懷特在此一立場，有所移動。Cf. Georg G. Iggers, "Historiography between Scholarship and Poetry," pp. 383–384.

因此歷史的論述僅能透過引喻,「間接指涉」過去,而無法如自然科學般「直接指涉」當下[122]。懷特對自然科學的認識,姑且擱置不論[123]。要緊的是,他點出,歷史論述係語藝的闡述 (poetic interpretation),而非客觀的描述或科學的解釋 (explanation,邏輯與法則的關係)。循此,懷特不啻將「事實的真值」(factual truth),化成「語言的真值」(linguistic truth)。在這點上,史學與文學並無軒輊。

另方面,毋論是「直接」或「間接」的指涉,均會產生真值的認定,而依懷特的觀點,「譬喻」本身並無真假的瓜葛;於是,他退而將真值條件和「字義」與「譬喻」的區分判準掛鉤。加上他允諾此一判準,得隨時空文化,有所更迭;所以「語言的真值」遂依情境變遷,游移不定[124]。其結果是違反初衷,懷特註定要再次墮入相對論的漩渦了。

---

[122] Hayden White, *Figural Realism*, pp. 1–3. 懷特謂「引喻實在論」係從奧爾巴赫的文評鉅著《模擬論》(*Mimesis*) 轉手而致。

[123] 懷特對自然科學性質的瞭解,頗有商榷的餘地。他似乎沒有受過現代語言哲學的洗禮,過分簡化「指涉」的問題。即使他的同道亦有人指出,科學中概念的形成實質上亦是引喻的。參見 Mary B. Hesse, "Models, Metaphors and Truth," in *Knowledge and Language*, pp. 49–66.

[124] Cf. Behan McCullagh, "Metaphor and Truth in History," *Clio* 23.1 (1993): 23–49.

西文書目

Acton, Lord

    1985. *Essays in the Study and Writing of History*. Indianapolis: Liberty Classics.

Adorno, Theodor W.

    1973. *Negative Dialectics*. New York: Continuum.

Ankersmit, Frank R.

    1994. "The Origins of Postmodernist Historiography", in Jerzy Topolski ed., *Historiography Between Modernism and Postmodernism*. Amsterdam: Rodopi.

    1994. *History and Tropology*. Berkeley, Los Angeles, and London: University of California Press.

Ankersmit, Frank and Hans Kellner eds.

    1995. *A New Philosophy of History*. Chicago: The University of Chicago.

Ankersmit, Frank and Mooij, J. J. A.

    1993. Mooij, *Knowledge and Language, vol. III: Metaphor and Knowledge*. Dordrecht, Boston, and London: Kluwer Academic Publishers.

Antoni, Carlo

    1959. *From History to Sociology*, translated by Hayden White. London: Merlin Press.

Barnes, Jonathan ed.

    1984. *The Complete Works of Aristotle*. Princeton: Princeton University Press.

Berkhofer, Robert F.

　　1969. *A Behavioral Approach to Historical Analysis*. New York: Free
　　　　Press.

Berkhofer, Robert F., Jr.

　　1995. *Beyond the Great Story*. Cambridge, Massachusetts: Harvard
　　　　University Press.

Bloch, Marc

　　1971. *The Historian's Craft*. Taipei: Rainbow-Bridge.

Braudel, Fernand

　　1980. *On History*, translated by Sarah Mattews. Chicago: The University
　　　　of Chicago Press.

Burckhardt, Jacob

　　1979. *Reflections on History*, translated by M. D. Hottinger. Indianpolis:
　　　　Liberty Classics.

Burke, Peter ed.

　　1991. *New Perspectives on Historical Writing*. University Park,
　　　　Pennsylvania: The Pennsylvania State University Press.

Clive, John

　　1990. *Not By Fact Alone*. London: Collins Harvill.

Collingwood, R. G.

　　1994. *The Idea of History*, revised edition. Oxford and New York: Oxford
　　　　University Press.

Croce, Benedetto

　　1960. *History: Its Theory and Practice*, translated by Douglas Ainslie.
　　　　New York: Russell & Russell.

Danto, Arthur C.

1965. *Analytical Philosophy of History*. Cambridge: Cambridge University Press.

1985. *Narration and Knowledge*. New York: Columbia University Press.

Denham, Robert D.

1978. *Northrop Frye and Critical Method*. University Park and London: The Pennsylvania State University Press.

Derrida, Jacques

1986. *Margins of Philosophy*, translated by Alan Bass. Chicago: the University of Chicago.

Domañska, Ewa

1998. *Encounters: Philosophy of History after Postmodernism*. Charlottesville and London: University Press of Virginia.

Dray, William H.

1995. *History as Re-enactment: R. G. Collingwood's Idea of History*. Oxford: Clarendon Press.

Evans, Richard

1999. *In Defense of History*. New York and London: W. W. Norton & Co.

Fay, Brian, Philip Pomper, and Richard T. Vann eds.

1998. *History and Theory*. Oxford: Blackwell Publishers.

Finley, M. I.

1975. *The Use and Abuse of History*. New York: The Viking Press.

Friedlander, Saul

1992. *Probing the Limits of Representation*. Cambridge and London: Harvard University Press.

Frye, Northrop

1963. *Fables of Identity*. San Diego, New York, and London: Harcourt

Brace Jovanovich.

    1973. *The Anatomy of Criticism*. Princeton: Princeton University Press.

Galbraith, V. H.

    1964. *An Introduction to the Study of History*. London: C. A. Watts & Co., Ltd.

Gallie, W. B.

    1964. *Philosophy and the Historical Understanding*. London: Chatto & Windus.

Gay, Peter

    1974. *Style in History*. New York: Basic Books, Inc.

Gearhart, Suzanne

    1984. *The Open Boundary of History and Fiction*. Princeton, New Jersey: Princeton University Press.

Gilman, Sander L., Carole Blair, and David J. Par eds.

    1989. *Friedrich Nietzsche on Rhetoric and Language*. New York and Oxford: Oxford University Press.

Ginzburg, Carlo

    1999. *History, Rhetoric, and Proof*. Hanover and London: University Press of New England.

Gooch, G. P.

    1968. *History and Historians in the Nineteenth Century*. Boston: Beacon Press.

Gossman, Lionel

    1990. *Between History and Literature*. Cambridge and London: Harvard University Press.

Harrison, Frederic

1896. *The Meaning of History*. New York and London: Macmillan and Co.

Hart, Jonathan

1994. *Northrop Frye: The Theoretical Imagination*. London and New York: Routledge.

Hempel, Carl G.

1966. *Aspects of Scientific Explanation*. New York: The Free Press.

Hexter, J. H.

1968. "The Rhetoric of History," in David Sills ed., *International Encyclopedia of the Social Sciences*. New York: Crowell Collier and Macmillan, Inc.

Himmelfarb, Gertrude

1987. *New History and the Old*. Cambridge and London: Harvard University Press.

Howard, Thomas Albert

2000. *Religion and the Rise of Historicism*. Cambridge: Cambridge University Press.

Iggers, Georg G.

1997. *Historiography in the Twentieth Century*. Hanover and London: Wesleyan University Press.

2000. "Historiography between Scholarship and Poetry: Reflections on Hayden White's Approach to Historiography," *Rethinking History*.

Jakobson, Roman and Halle, Morris

1956. *Fundamentals of Languages*. The Hague: Mouton & Co.

Jakobson, Roman

1987. *Language in Literature*, edited by Krystyna Pomorska and Stephen

Rudy. Cambridge and London: Harvard University Press.

Jenkins, Keith

　　1995. *On "What is History?"* London and New York: Routledge.

Kant, Immanuel

　　1974. *Logic*, translated by Robert S. Hartman and Wolfgang Schwarz. New York: Dover Publications, Inc.

　　1998. *Critique of Pure Reason*, translated and edited by Paul Guyer and Allen W. Wood. Cambridge: Cambridge University Press.

Kelley, Donald R.

　　1970. *Foundation of Modern Historical Scholarship*. New York and London: Columbia University Press.

Kellner, Hans

　　1989. *Language and Historical Representation*. Madison: The University of Wisconsin Press.

Körner, S.

　　1977. *Kant*. New York: Penguin Books.

LaCapra, Dominick

　　1994. *Representing the Holocaust*. Ithaca and London: Cornell University Press.

Levine, Joseph M.

　　1999. *The Autonomy of History*. Chicago and London: The University of Chicago.

Lévi-Strauss, Claude

　　1966. *The Savage Mind*. Chicago: The University of Chicago.

Mandelbaum, Maurice

　　1980. "The Presuppositions of Metahistory," in *History and Theory*,

Beiheft 19.

Mannheim, Karl

　　1971. *From Karl Mannheim*, ed. by Kurt H. Wolf. New York: Oxford University Press.

Marsak, Leonard Mendes

　　1970. *The Nature of Historical Inquiry*. New York: Holt, Rinehart and Winston.

McCullagh, Behan

　　1993. "Metaphor and Truth in History," *Clio* 23.1.

Momigliano, Arnaldo

　　1966. *Studies in Historiography*. London: Weidenfeld and Nicolson.

Muslow, Alun

　　1997. *Deconstructing History*. London and New York: Routledge.

Nordau, Max

　　1911. *The Interpretation of History*, translated by M. A. Hamilton. New York: Moffat, Yard and Company.

Novick, Peter

　　1988. *That Noble Dream*. Cambridge: Cambridge University Press.

Orr, Linda

　　1987. "The Revenge of Literature: A History of History," *New Literary History* 18.

Pomper, Philip

　　1980. "Typologies and Cycles in Intellectual History," in *History and Theory*, Beiheft 19.

Prescott, Orville ed.

　　1970. *History as Literature*. New York and Evanston: Harper & Row,

Publishers.

Ranke, Leopold von

　　1973. Georg G. Iggers and Konrad von Moltke eds., *The Theory and Practice of History*. Indianapolis and New York: Bobbs-Merrill Company.

Roberts, David D.

　　1987. *Benedetto Croce and the Uses of Historicism*. Berkeley, Los Angeles, and London: University of California Press.

Rorty, Richard

　　1992. *The Linguistic Turn*. Chicago and London: The University of Chicago Press.

Russell, Ford

　　1998. *Northrop Frye on Myth*. New York and London: Routledge.

Sacks, Sheldon

　　1979. *On Metaphor*. Chicago and London: The University of Chicago Press.

Scholes, Robert

　　1974. *Structuralism in Literature*. New Haven and London: Yale University Press.

Schopenhauer, Arthur

　　1969. *The World as Will and Representation*, translated by E. F.J. Payne. New York: Dover Publications, Inc.

Southgate, Beverley

　　1996. *History: What & Why?* London and New York: Routledge.

Stone, Lawrence

　　1987. *The Past and the Present Revisited*. London and New York:

Routledge & Kegan Paul.

Tarski, Alfred

1952. "The Semantic Conception of Truth," in Leonard Linsky ed., *Semantics and the Philosophy of Language*. Urbana: The University of Illinois Press.

Taylor, Hugh

1933. *History as a Science*. Port Washington, N. Y., and London: Kennikat Press.

Tigerstedt, E. N.

1973. "Poetry and Poetics from Antiquity to the Mid-Eighteenth Century," in Philip P. Wiener, *Dictionary of the History of Ideas*. New York: Charles Scribner's Sons.

Valéry, Paul

1962. *The Outlook for Intelligence*, translated by Denise Folliot and Jackson mathews. Princeton: Princeton University Press.

Voltaire

"Figure," in *Dictionnaire Philosophique* on Oeuvres complétes de Voltaire Website.

Walsh, W. H.

1967. *Philosophy of History*. Taipei: Rainbow-Bridge Book Co.

Wellek, René,

1981. *Four Critics*. Seattle and London: University of Washington Press.

White, Hayden

1963. "The Abiding Relevance of Croce's Idea of History," in *The Journal of Modern History*, vol. xxxv, no. 2.

1973. *Metahistory: The Historical Imagination in Nineteenth-Century*

Europe. Baltimore & London: The Johns Hopkins University Press.

1978. *Tropics of Discourse*. Baltimore and London: The Johns Hopkins University Press.

1987. *The Content of the Form*. Baltimore and Lodon: The Johns Hopkins University Press.

1995. "Response to Arthur Marwick," *Journal of Contemporary History*, vol. 30 233–246.

1999. *Figural Realism*. Baltimore and London: The Johns Hopkins University Press.

2000. "An Old Question Raised Again: Is Historiography Art or Science?" *Rethinking History* 4.3.

Willey, Thomas E.

1978. *Back to Kant*. Detroit: Wayne State University Press.

Windschuttle, Keith

1996. *The Killing of History*. Paddington, Australia: Macleay Press.

第四章

閱讀理論與史學理解

* Paul Ricoeur, *Time and Narrative* (Chicago and London: The University of Chicago Press, 1988), Vol. 3, p. 180. 'All forms of writing, including historiography, take their place within an extended theory of reading' In "The Inteweaving of History and Fiction". 此條資料承蒙余國藩教授示知。此處所言的「閱讀理論」廣義上泛指對文獻或文本的理解，然後方及狹義上的「閱讀理論」(reading theory)。有關後現代文學批評的「閱讀理論」，參見 Paul de Man, "Reading and History," in *The Resistance to Theory* (Minneapolis: University of Minnesota Press, 1986), pp. 54–72. 拙文則只從史學研究的角度探討相關的議題。

　　凡屬書寫，即使是史學撰述，也都源自廣義的閱讀理論。

　　　　里科 (Paul Ricoeur, 1913–2005)：《時間與敘事》*

　　西方近代史學肇始於蘭克 (Leopold von Ranke, 1795–1886)，乃是學術常識。居中最重要的原因，係蘭克建立了一套有規可循的史料批評，且以身作則在實際研究上取得豐碩的成果[1]。

　　但在知識論上，蘭克則認為史學兼具科學與藝術的雙重性格，意即：於研究的階段，史學依循科學的方法，而於寫作的過程，史學則展現藝術的技巧[2]。在蘭氏的心目中，所謂「科學的方法」，無非是嚴謹的史料批評，倚之史家考出信實可靠的事實；但輪到呈現研究成果之際，則訴諸藝術的手法。這種跳躍，對於被稱為「科學史學之父」的蘭克，的確耐人尋味。

　　依蘭克的見解，人事的認知不外兩種途徑。其一，經由個體 (the particular) 的認識，另一則是抽象思維；前者係史學，後者為哲學，兩者截然有別。可是若認為「史學僅是大量個別事實的記憶」，則同樣是謬誤的概念。要之，於蘭克而言，史學的目的並非只在搜尋個別的事實，而是瞭解事實之間的關聯與整體事實的意義，因此單靠史料批評固可以獲得個別事實，卻無法洞悉事實背後的真諦[3]。蘭克堅稱，史家迥異於哲學家，不得持有先入為主的概念 (preconceived ideas)，但必須關注個體，世界發展的過程方得顯現出來[4]。史家透過「精確的研究、逐步的瞭解、文獻的鑽

1. Lord Acton, *Lectures on Modern History* (London and Glasgow: Collins, 1970), pp. 32–33.

2. Leopold von Ranke, "On the Character of Historical Science," in *The Theory and Practice of History*, eds. by Georg G. Iggers and Konrad von Moltke (Indianapolis and New York: Bobbs-Merrill Company, 1973), pp. 33–34.

3. Ibid., p. 30.

研」，以求得整體的掌握；但樞紐繫於「直覺的測知」(Divination) [5]。鑑此，蘭克絕非如外傳，係將史學建立在科學的基礎之上；相反地，他把科學分析排除於對過去的研究之外，而於歷史解釋裡為直覺與主觀論預留了極大的空間 [6]。

蘭克語焉未詳，他所謂的測知似非理性、神秘的。可是其前輩——洪保德 (Wilhelm von Humboldt, 1767–1835) 則有較清晰的陳述：

> 於追求歷史的真理，有兩項方法需要併時進行：其一是對事件精確、公正與批判的探索；其二是銜接事件彼此的關聯，與對它們直覺的曉解 (intuitive understanding)。後項工作是首項方法無法達成的。[7]

就洪氏而言，史家徒留在事實表象，只會錯失歷史內在的真理。因為史料的考究，固可求得個別的事實，但個別的事實猶非所謂的「歷史」，其內涵的關係與意義，必須借助直覺 (intuition)，方能呈現、填補、銜接狀似片斷的事物；這點史家與詩人若合符節。唯一的歧異，史家的想像必得受經驗與事實的約制，並無法憑空捏造 [8]。

簡言之，洪保德、蘭克一脈相傳，咸認為直覺於歷史理解的過程，須與不可或缺。這就是十九世紀歷史學派的心傳。即使在該世紀末葉，各門學術林立，紛以獨門方法自珍；然而德國學界尚為直覺的認知角色，維護不遺餘力。狄爾泰 (Wilhelm Dilthey, 1833–1911) 多方闡釋「移情領會」(verstehen, sympathetic understanding) 對人文研究的重要性，即是明證 [9]。

---

4. Ibid., p. 31.

5. Ibid., p. 41.

6. Cf. Georg G. Iggers, "Introduction," in *The Theory and Practice of History*, p. xviii.

7. Wilhelm von Humboldt, "On the Historian's Task," also in *The Theory and Practice of History*, p. 7.

8. Ibid., pp. 6–7.

而韋伯 (Max Weber, 1864–1920) 尤戮力引進、擴充「移情領會」至他所初
創的闡釋社會學 (interpretative sociology) [10]。縱使降至二十世紀上半葉，英
國柯林烏 (R. G. Collingwood, 1889–1943) 之理出「歷史係對過去經驗的重
踐」，以及他對「史家想像力」的重視，皆可視作此一思想的遺緒 [11]。

　　然而於世紀之交，哲學氛圍起了甚大的變化，對傳統史學相當不利，
狄爾泰所發展的「移情領會」(verstehen) 學說，進入二十世紀驟成眾矢之
的。法國的阿宏 (Raymond Aron, 1905–1983) 率先瓦解傳統史學引以為重的
客觀事實，且申言「瞭解」絕非僅依簡單的直覺可以了事 [12]。而分析陣營
的韓培爾 (Carl G. Hempel, 1905–1997) 亦不落於人後，抨擊「同情的理解」
(empathic understanding) 根本稱不上是解釋，更毫無認識論的價值 [13]。

　　加上十九、二十世紀之際，正是歷史與社會科學此消彼長的分水嶺。
自此而下，社會科學在學術版圖上，縱橫捭闔，遠交近攻，而史學卻節節
敗退，困守一隅。甚至連蘭克史學之集大成者的伯倫漢 (Ernst Bernheim,
1850–1942)，亦不得不正視社會科學的挑戰，於其新版的《史學方法與歷史

---

9. Wilhelm Dilthey, "The Construction of the Historical World in the Human Studies," in *Dilthey: Selected Writings*, translated by H. P. Rickman (Cambridge: Cambridge University Press, 1976), pp. 170–245.

10. Max Weber, *The Theory of Social and Economic Organization*, translated by A. M. Henderson and Talcott Parsons (New York: The Free Press, 1947), pp. 87–97.

11. R. G. Collingwood, *The Idea of History* (Oxford and New York: Oxford University Press, 1994), pp. 282–302.

12. Raymond Aron, *An Introduction to the Philosophy of History*, translated by George J. Irwin (Boston: Beacon Press, 1961), pp. 93–120. 法文本原發表於 1938 年。

13. Carl G. Hempel, *Aspects of Scientific Explanation*, pp. 239–240. 此外尚有：Theodore Abel, "The Operaton Called *Verstehen*," in *American Journal of Sociology*, 54 (1948). 收入 Herbert Feigl and May Brodbeck, *Readings in the Philosophy of Science* (New York: Appleton-Century-Crofts, 1953), pp. 677–687.

哲學導論》(*Lehrbuch der Historischen Methode und der Geschichtsphilosophie*)
裡，耗費篇幅，據理以爭，亟求維護史學的自主性 [14]。

　　惟隨著實證主義 (positivism) 的流行，主觀的直覺漸受貶抑，代表理性
最新成果的社會科學，在上一世紀全然取代了「移情領會」所殘留的缺口，
變成解釋史料的指導原則 [15]。 甚至一度為史家奉作治史利器的 「史料批
評」，竟被輕蔑為「粗胚的學問」(crude scholarship)，地位懸殊，不可同日
而語 [16]。史實毋復自明，而所謂的「科學方法」已非是「史料批評」，而只
能取資社會科學外來的理論、 模型、 概念與方法了 [17]。 標榜以行為科學
(behavioral sciences) 治史的伯克豪爾 (Robert F. Berkhofer, Jr., 1931–2012)
即主張：

> 人作為分析的單元，只能透過某些概念架構去研究，一旦取得了人
> 類行為的知識，其他史學的問題自然迎刃而解。[18]

而他心目中最佳的治史秘方無非是行為主義 (behavioralism) ， 因為它融合
了諸家社會科學之長，與高度方法意識的科學哲學 (philosophy of science)。
觀此，史學遂仿若失去半壁江山，只得拱手讓出解釋權，淪為資料整理的

---

14. Ernst Bernheim, *Lehrbuch der Historischen Methode und der Geschichtsphilosophie* (Leipzig: Verlag von Duncker & Humblot, 1908), S. 92–99, 636–677. 本書初刊於 1889 年。有陳韜據新版的中文節譯本，名為《史學方法論》。

15. Robert F. Berkhofer, Jr., *A Behavioral Approach to Historical Analysis* (New York: The Free Press, 1969), pp. 41–43, 48–50.

16. Henry Berr, "About Our Program," in Fritz Stern ed., *The Varieties of History* (Taipei: Rainbow-Bridge Co., 1957), p. 252.

17. Lee Benson, *Toward the Scientific Study of History* (Philadephia: J. B. Lippincott Co., 1972).

18. Robert F. Berkhofer, Jr., *A Behavioral Approach to Historical Analysis*, p. 5.

工具罷了。

　　這種以方法，尤其挪用社會科學的方法，來解讀史料，幾乎主導了二十世紀大半葉的史學研究；直迄 1970 年代，方略有改觀。之所以有此變化，則有實質、形式的原因。

　　實質部分：正當史家趨前擁抱社會科學時，社會科學卻頻頻對本門學科發出危機的呼籲，這種危機感像瘟疫般蔓延到其它學科，令滿懷虛心、登門求救的史家，疑慮叢生 [19]。

　　其次，西方人文及社會學科彷彿時尚流行，其變遷之速令史家目眩神搖，應接不暇。例如：三十年前的史家建議我們可以借用「馬克思 (Karl Marx, 1818–1883)、韋伯、帕森思 (Talcott Parsons, 1902–1979) 的社會學、社會、文化、象徵人類學，古典、凱因斯 (John Maynard Keynes, 1883–1946)、新馬克思的經濟學，佛洛伊德 (Sigmund Freud, 1856–1939)、艾立克森 (Eric Erikson, 1902–1994)、容格 (Carl Jung, 1875–1939) 的心理學」[20]。不須時（十年之後），則鼓勵我們取資「紀茲 (Clifford Geertz, 1926–2006) 的文化人類學、傅柯 (Michel Foucault, 1926–1984) 的論述理論、德希達 (Jacques Derrida, 1930–2004) 或德曼 (Paul de Man, 1919–1983) 的解構主義、索緒爾 (Ferdinand de Saussure, 1857–1913) 的符號學、拉岡 (Jacques

---

[19] 社會學方面例如：Alvin W. Gouldner, *The Coming Crisis of Sociology* (New York: Basic Books, 1970). 心理學與人類學，參閱 G. R. Elton, *The Practice of History* (New York: Thomas Y. Crowell Co., 1967), pp. 36–56; Gertrude Himmelfarb, *The New History and the Old* (Cambridge, Massachusetts: Harvard University Press, 1987), pp. 33–46. 史東亦挺身指出：當前經濟學、社會學、心理學似乎瀕臨知識崩解的邊緣，史家必得做出對自己最有利的選擇。Lawrence Stone, *The Past and the Present Revisited* (London and New York: Routledge & Kegan Paul, 1987), p. 20.

[20] Lawrence Stone, "History and the Social Sciences in the Twentieth Century," in *The Past and the Present Revisited*, p. 20.

Lacan, 1901–1981) 的心理分析論、傑克卜森 (Roman Jakobson, 1896–1982) 的語藝學 (poetics)」[21]。面對五彩十色的西學，史家確實難以適從。

另方面，知識論的更革解消了社會科學引以為傲的「方法優先性」的概念。此一睿見並非全然源自純哲學的省察，譬如：孔恩 (Thomas Kuhn, 1922–1996) 於科學史裡的創獲，便具有劃時代的意義。孔恩認為：科學知識的進展與其說是「量」的累積，毋寧說是「質」的變化；而十七世紀「科學革命」實意味不同知識「典範」(paradigm) 的更替。此一說法打破了教科書長久以來把培根的方法運動作為「科學革命」解釋的神話。孔恩的觀點，由於論證嚴謹，而且取材豐富，很快就為學術界所推崇。而「典範」一概念不止取代了方法意識，更是跨過自然學科，及於人文與社會科學，發揮了無比地影響[22]。

此外，在科學哲學的領域裡，懷若本 (Paul Feyerabend, 1924–1994) 獨排眾議，非但無視「發現脈絡」(context of discovery) 和「辯護脈絡」(context of justification) 的區辨，且把「方法」(method) 與「方法論」(methodology) 視作阻擋科學或任何知識進步的絆腳石。他堅信最佳的研究策略係放手一搏，往各方自由探討。因為過分執著既有的理論與方法，只會蹈襲陳規，無所創新。從歷史的往例看來，構成科學的事件、程序與結果，並無共同的結構 (structure)。而知識的進展，突破既成的理論和方法乃是常態[23]。是故，「反方法」(against method) 便成了他放任式知識論

---

21. Hayden White, "New Historicism: A Comment," in H. Aram Veeser ed., *The New Historicism* (New York and London: Routledge, 1989), p. 295.

22. Thomas Kuhn, *The Structure of Scientific Revolutions*, in *Foundations of the Unity of Science*, edited by Otto Neurath, Rudolf Carnap, and Charles Morris (Chicago and London: The University of Chicago Press, 1969), vol. II, pp. 54–272. 至於「典範」進一步的研討，請參閱 Imre Lakatos and Alan Musgrave eds., *Criticism and the Growth of Knowledge* (Cambridge: Cambridge University Press, 1970).

(anarchistic theory of knowledge) 的無上箴言。

　　然而直接與史學研究相關的卻是德國的伽達瑪 (Hans-Georg Gadamer, 1900–2002)。他的《真理與方法》(*Truth and Method*) 提供了嶄新的「理解理論」(a theory of understanding)，與解讀史料或理解歷史密不可分 [24]。

　　伽達瑪企圖以本體論為論域 (discourse)，來取代方法作為「闡釋理論」的不足與缺陷。他主張讀者與作品之間的關係就像兩個本體的接觸，非方法論可以道盡。於他而言，人文學的理解係歷史性、辯證性和語言性的事件，斷非形式方法可以矩矱。文本 (text) 需要詮釋，源自時空的隔閡，而理解並非無中生有，必須發生於一定的脈絡 (context) 之中；是故「成見」(prejudice) 不可免，而且必須以「傳統」(tradition) 作為基點。雖說理解的成果，不無可能盡棄前見，或者超越傳統；惟於理解的過程之中，兩者蓋不可或缺 [25]。

　　啟蒙運動以降，實證主義抬頭，「成見」與「傳統」淪為「理性」的反面語，遂備受質疑；今日的學術界尤變本加厲、不屑一顧。衡諸實情則不然。依伽達瑪的論說，只要進行科學的研究，則無所逃於「成見」與「傳統」的作用。此一論點，他深受海德格 (Martin Heidegger, 1889–1976) 對理解的「前結構」(fore-structure) 的分析所致 [26]。

　　他援用「對話」(dialogue) 的模式，以模擬文本與讀者的互動。唯有透

---

[23]. Paul Feyerabend, *Against Method* (London: Verso, 1979), pp. 23–28.「放任式知識論」只是字譯，意謂毋受方法與既成理論的宰制，自由地探討，以發揮最大的創造力。與他 1988 年的增訂版, "Introduction to the Chinese Edition," p. 1.

[24]. Hans-Georg Gadamer, *Truth and Method*, translated by Joel Weinsheimer and Donald G. Marshall (New York: Crossroad, 1989), second revised edition. 德文原版刊於 1960 年，英譯本則刊行於 1975 年，約略與闡釋學同時流行，始漸受英語學界重視。

[25]. Ibid., pp. 277–285.

[26]. Ibid., pp. 265–271.

過不斷的提問與對話，異化 (alienated) 的文本與讀者，方能主客交融，產生詮解。此一效果，他稱之為「視域交融」(the fusion of horizons)，也就是文本世界與讀者世界的融合[27]。

　　實言之，伽達瑪的詮釋學 (hermeneutics) 在本體論的層次頗具說服力，惟於方法論上卻問題叢生，例如：吾人不止無從判別文本的優劣，詮解之間竟僅有異同，而無對錯可言[28]。簡之，伽達瑪於本體論的執著，不意竟捲入相對論 (relativism) 的漩渦，而難以自拔[29]。

　　回溯之，近代的閱讀文化顯現一個趨勢，即詮釋的重心，由作者、作品往讀者挪移。十九世紀初期的詮釋學，席萊瑪赫 (Friedrich Schleiermacher, 1786–1834) 標榜「將心比心」，以把握作者的意圖為要務[30]。這與近代史學的奠基者——蘭克的觀點若合符節。蘭克即明言：

> 我相信：從作者的意圖與工作的性質，可以獲悉每一部作品的內在邏輯 (internal logic)。[31]

又說：

---

27. Ibid., p. 306.

28. Richard E. Palmer, *Hermeneutics* (Evanston: Northwestern University Press, 1969), pp. 54–65; and E. D. Hirsch, Jr., *Validity in Interpretation* (New Haven and London: Yale University Press, 1967), pp. 245–264.

29. 伽達瑪亟想超越相對論，但究竟無法完全擺脫其糾纏。Cf. Richard J. Bernstein, *Beyond Objectivism and Relativism* (Philadelphia: University of Pennsylvania Press, 1983), pp. 165–169.

30. 席萊瑪赫的觀點參閱 Kurt Mueller-Vollmer ed., *The Hermeneutics Reader* (Oxford: Basil Blackwell, 1985), pp. 73–97. 席氏在詮釋學史的定位則參見 Richard E. Palmer, *Hermeneutics*, ch. 7. 伽達瑪的解釋則見 *Truth and Method*, pp. 184–197.

31. Leopold von Ranke, *The Theory and Practice of History*, p. 150.

　　　　每件作品的價值或重要性，以及它的生命，在某一意義皆端賴主體
　　　　與客體、作者與議題的關係。因此，任何批判研究的首起任務，便
　　　　是彰顯其中的關聯。[32]

但下迄伽達瑪，詮釋學業已物換星移，閱讀的探索不只跨過聚焦於作品的
「新批評」(New Criticism)，甚且由作品往讀者邁進。在此一進程上，伽
達瑪充其數只是過渡的環節。

　　要之，伽達瑪的弱點可由其偏愛的對話模式窺出端倪。究其實，逝者
已矣 (what is past is past)，誰與雙向對話？對話至多只能是個譬喻，因為語
言一旦凝聚成文本，即不再回應作者的意圖，其諸多符號即投向未知的不
確世界，成為讀者探索意義的場域。再者，伽達瑪所謂的「傳統」，絕大部
分存於文本；照理說，詮釋學應建立在文本傳統，而非口語對話之上才對。
二者的分際正是對話之結束方是文本的開始；而文本也唯有透過閱讀的過
程，方能產生意義。易言之，文本藉著讀者，才能重拾其生命，而與經驗
世界發生關聯。這不啻說明了詮釋學必須邁向閱讀理論的理由[33]。

　　另方面，法蘭克福學派 (The Frankfurt School) 的哈伯瑪斯 (Jürgen
Habermas, 1929–) 繼續闡揚伽達瑪的論點，他指出實證論以「科學哲學」
(philosophy of science) 來替代「知識論」(epistemology)，然而卻局限於研
究既成科學知識的性質和成果，致使傳統知識論裡的「認知者」(knowing

---

32. 參見 Felix Gilbert, *History: Politics or Culture* (Princeton: Princeton University Press, 1990), p. 17.

33. 批評「對話模式」最力的便是里科。Cf. Paul Ricoeur, *Hermeneutics & the Human Sciences*, edited and translated by John B. Thompson (Cambridge: Cambridge University Press, 1981), "What is a Text? Explanation and Understanding," pp. 146–147. 另參閱李耀宗，〈詮釋的隱喻：評利科的「時間與敘事」〉，《九州學刊》(1988)，第二卷第三期，頁 56。

subject) 失去應有的指涉立足點，從而亦消除了對「知識本有利益」(knowledge-constitutive interests) 應具的認識[34]。值得注意的是，哈伯瑪斯基本的動機在建立批判社會的理論，而非知識論；他對伽達瑪學說的過分推廣，受到後者嚴厲的指責[35]。

可是伽達瑪似只是歷史主義的借屍還魂，對史學的衝擊仍然有限。基本上，他並未全然背離近代史學的治史原則。洪保德即認為理解係「智力與探討對象的交融」[36]。因此真正顛覆近代史學的治史原則，則來自後現代主義，特別是巴特 (Roland Barthes, 1915–1980) 與德希達兩位。

作為後現代主義的先行者，巴特與「結構主義」(structuralism) 過從甚深，晚期的思慮卻透顯出「後結構主義」(post-structuralism) 的徵象[37]。由於本文議題所限，只能鎖定他後期著墨頗深的閱讀理論，特別是「作者」(author) 與「閱讀」(reading) 的概念。正是此二概念令巴特得開風氣之先，不止扭轉了一般的解讀方式，且旁及史學的理解。

首先，從現代西方史學的動向，巴特觀察到敘事逐趨式微，而結構分

---

34. Jürgen Habermas, *Knowledge and Human Interests*, trans. by Jeremy J. Shapiro (Boston: Beacon Press, 1971), pp. 67–69.

35. Hans-Georg Gadamer, "On the Scope and Function of Hermeneutical Reflection," in his *Philosophical Hermeneutics*, ed. and trans. by David E. Linge (University of California Press, 1977), pp. 18–43.

36. Wilhelm von Humboldt, "On the Historian's Task," in *The Theory and Practice of History*, p. 8.

37. Cf. Jonathan Culler, *Barthes* (Glasgow: William Collins Sons & Co., 1983), pp. 78–79. 羅吉 (Darid Lodge, 1935–) 以為巴特可能部分受了德希達與拉岡的影響，方從探求敘事的通則與規範，轉向理解閱讀過程裡意義的產生，亦即從「結構主義」轉向「後結構主義」。試比較其前期的代表作："Introduction to the Structural Analysis of Narrative," in Susan Sontag ed., *A Barthes Reader* (New York: Hill and Wang, 1982), pp. 251–295.

析漸受歡迎。此一現象反映的不單是學派之間的更替，並且牽延至意識型態的轉化；因為人們發覺歷史的符號與其說是「真實」(the real) 的，無寧說是「可理解」(the intelligible) 的。巴特於其名文〈歷史的論述〉(The Discourse of History, 1967) 中，闡述了一個嶄新的後現代觀點，他主張：「（歷史的）事實無它，僅是語言性的存在 (linguistic existence)。」或者得以「論述」(discourse) 一辭名之[38]。他對實證史學諸多不滿；舉凡法國史家古朗士 (N. D. Fustel de Coulanges, 1830–1889) 所標榜客觀史學 (objective history)，狄利 (Augustin Thierry, 1795–1856) 自詡完整的敘事，均淪為他挪揄的對象。套用索緒爾語言學的術語，巴特認為客觀史學係將未經明確陳述的「意旨」(signified) 躲在表面萬能的「指涉」(referent) 底下，造成「指涉錯覺」(referential illusion)，此一作用他特名之為「現實效果」(reality effect)[39]。

其實，歷史論述的「現實效果」，只不過是今日整體文明的縮影[40]。就如同寫實論述的障眼法，歷史論述係把語意原本的三元圖式（包括：「意符」(signifier)、「意旨」與「指涉」），壓縮成僅存「意符」與「指涉」的二元圖式。這種自我指涉將歷史論述偽裝成「操作性的論述」(performative discourse)[41]，放縱「意符」在歷史敘述中妄自尊大。誠如狄利所自豪的：

---

38. Roland Barthes, "The Discourse of History," *The Rustle of Language*, translated by Richard Howard (New York: Hill and Wang, 1986) p. 138.

39. Ibid., pp. 132–139.

40. Ibid., pp. 139–140. 巴特認為當今的文明浸淫在「現實效果」的氛圍，舉凡藝術、文學無所不包。他復舉 1967 年 1 月紅衛兵褻瀆曲阜孔廟為例，破壞遺跡，方能泯除實體所依附的意義，封建遂不得復辟；故「文化大革命」名實不符，其實意在「文明根基的剷除」。

41. 巴特所謂的「操作性論述」，實啟發自英國語言分析學家奧斯丁 (J. L. Austin, 1911–1960)。奧氏發覺有一類述句具有操作性的功能，例如婚禮中新人的答詞：「我願意。」參見 J. L. Austin, *How to Do Things with Words* (Cambridge, Massachusetts: Harvard

「正如其事，純然屬實，不多也不少。」[42] 也因為如此，實證史學表面上「意旨」的缺席，卻慫恿了各形各色的意識型態趁虛而入[43]。

有鑑於此，他對尼采 (Friedrich Nietzsche, 1844–1900)「只有解釋，而無事實」的論旨推崇備至；正由於歷史敘事必得仰賴語言，而語言的介入，令敘事無法中立；推言之，事實之成立繫乎意義 (meaning) 的引進，故無所謂純粹的事實[44]。

而巴特與後現代史學的關聯，猶有溢於此；例如，他極早即察覺橫跨十九世紀，縱使小說歸屬文學，歷史偏重解析，卻無損於二者享有共同的敘事形式[45]。他又注意到歷史論述中，緣「指標」 (indices) 和「功能」 (functions) 的不同強度，導致敘事擺盪於「隱喻形式」 (metaphorical form) 和「轉喻形式」 (metonymic form) 的兩極之間[46]。這些未嘗不可說是後現代敘事史學 (舉其例：海頓・懷特 [Hayden White, 1928–2018]) 的先聲[47]。

尤有進之，巴特復拋出「作者之死」(the death of author) 的觀點，聳人

University Press, 1977), pp. 4–6. 此書原係應 1955 年哈佛大學威廉・詹姆士 (William James) 講座之邀，所作的演講系列。不同的是巴特將「語句」提升為「論述」。

42. 參見 Barthes, "The Reality Effect," in *The Rustle of Language*, p. 148.

43. Roland Barthes, "The Discourse of History," in *The Rustle of Language*, p. 138.

44. Ibid., p. 138. 另外，他所精研且推崇的米希列，亦持同樣的觀點，見他所著 "Michelet, Today," in *The Rustle of Language*, p. 197.

45. Roland Barthes, *Writing Degree Zero and Elements of Semiology*, translated by Annette Lavers and Colin Smith (Boston: Beacon Press, 1970), *Writing Degree Zero*, p. 29. 《寫作的零度》法文本原發表於 1953 年。

46. Roland Barthes, "The Discourse of History," in *The Rustle of Language*, pp. 136–137.

47. See Hayden White, *Metahistory: The Historical Imagination in Nineteenth Century Europe* (Baltimore & London: The Johns Hopkins University Press, 1973). 詳見拙著，〈「歷史與文學」的再思考：海頓・懷特與歷史的語藝論〉，《新史學》(2003. 9)，第 14 卷第 3 期，頁 81–121。

聽聞，一時擄獲不少人心 [48]。他又與德希達的「書寫科學」(grammatology) 相互唱和，將史料或文本的詮釋，推向無底的不確深淵 [49]。追隨者至譽為讀者的完全解放，傳統史家則斥為離經叛道，荒誕虛無。以下擬以巴特為主，德希達為輔，闡述此一論點及其得失。

巴特在史學定調之後，繼而闡發他的文本觀。這些都充分「表達」（非常不後現代的辭彙？）在他〈作者之死〉(1968) 及攸關「書寫」(writing) 的文字裡；其中〈作者之死〉允為「後結構主義」的分水嶺。他大力抨擊古典文評只關注作者，而全然漠視讀者的角色；彷彿一朝掌握了作者的意旨，文本就為解碼了。這種觀點染有濃郁的神學意味，係把文本的作者與《聖經》中的上帝作比附，他於是塑造了「作者一神」(the Author-God) 一詞以狀態這種偏見。

必須稍予保留的，從文學批評史看來，邁入二十世紀，質疑作者的論說即層出不窮。時距巴特甚近，且一度風行西方的「新批評」便主張作者的設計或意圖並非評斷作品成功與否的標準 [50]。關於「作者」的生平事略，巴特自有交代。他直言「作者」係近代社會的產物。始自中世紀，下迄英國經驗主義、法國理性主義以及宗教改革對個人信仰的重視，迂迴地發現個體的重要性，加上實證主義的助長，「作者」在資本主義的文化裡變得睥睨不可一世。但巴特更趨極端，他乾脆以作者為芻狗，遂稱：

讀者之生，必須以作者之死為代價。[51]

---

[48]. Roland Barthes, "The Death of the Author," in his *The Rustle of Language*, pp. 49–55.

[49]. Jacques Derrida, *Of Grammatology*, translated by Gayatri Chakravorty Spivak (Baltimore and London: The Johns Hopkins University Press, 1997).

[50]. 最具代表性的文章：W. K. Wimsatt and Monroe C. Beardsley, "The Intentional Fallacy," in David Lodge ed., *20th Century Literary Criticism* (London: Longman, 1972), pp. 334–344. 該文發表於 1946 年。

　　要知傳統的文評係以尋繹作者的原意為依歸,這不啻宣稱「讀者時代」(age for readers) 的來臨。既然宣判作者之死,那麼文本即不再受作者的約制,昔日所謂「解碼」文本遂成無稽之談。而遺留下來的意義追尋與閱讀空間,則由讀者概括承受。

　　巴特復強調:

　　　文本的統合 (unity) 不在起源 (origin),而在終點 (destination)。[52]

巴特此處的「終點」無非意指「讀者」。這和傳統的理解大相逕庭。依巴特之見,讀者而非作者,方為書寫實體的匯聚之所。但此一讀者超越個體,無有歷史、無有傳略、無有心理,卻是書寫最終的承載者。但他對人文主義 (humanism) 假讀者之權,以行衛道之實,嗤之以鼻。這和他對「文本」與「書寫」的認識密不可分。

　　「書寫」於他而言,不再是實物的記錄或再現,卻意謂著行為的操作或執行 (performance);它的作用係當下即止。因此,書寫所成的文本得以截斷源流,只與語言界面發生關聯。而文本遂變成多維的空間 (multi-dimensional space),於間各種書寫相互滲透、碰撞,成為無數文化來源之引言的網狀物。巴特聲稱此一概念啟發自牛津學派的語言哲學[53]。姑不論其適切性[54],他的書寫觀與結構主義已有顯著的分歧。結構主義的重心

---

51. Roland Barthes, "The Death of the Author," in *The Rustle of Language*, p. 55.

52. Ibid., p. 54.

53. 巴特說這是牛津學派的哲學,此處應是轉借奧斯丁的語言哲學的概念。見 41.。

54. 巴特對奧斯丁語言哲學的轉借,預伏後現代學者和分析語言學家的爭辯。參閱 Stanley Fish, in "How to Do Things with Austin and Searle: Speech-Act Theory and Literacy Criticism," *Is There a Text in This Class?* (Cambridge, Massachusetts: Harvard University Press, 1980), pp. 197–245; John Searle, "Literary Theory and Its Discontents," in Wendell V. Harris, *Beyond Poststructuralism* (University Park,

係符號系統，書寫只不過是被動的活動，但在巴特的心目中，書寫轉向主動，然而卻是「非及物的」(intransitive) [55]。

　　析言之，巴特的文本觀與書寫實踐是互通聲息的。文本由書寫的符號所構成，而文本恰似語言，擁有結構，卻無中心、無範圍。書寫既是不及物，復非表意；書寫者則不當稱之為「作者」，而只能是「述者」（scriptor，腳本的撰述者）。必須點出的，巴特的文本概念，頗類樂譜或劇本，必須仰賴演奏者或演員的參與，方能成局。讀者與文本的關係，由此，可以類推 [56]。循此理路，讀者取得文本的詮釋權自然是順理成章的。

　　總之，巴特經由文本與書寫概念的調整，成功地建構了一套「閱讀語藝學」(a poetics of reading)，在此「讀者」以嶄新的面目凌駕於傳統的「作者」與「作品」之上，全盤掌握了詮釋的主導權。一反舊解，讀者不再是文本（或更確切地說「意義」）的消費者 (consumer)，而是製造者 (producer) [57]。

　　倘若說，巴特係謀殺了「作者」，那麼他並不缺乏同謀的共犯。他的思想伙伴德希達即參與了對「作者」的除名工作。德希達就曾明言：

> 作者或學說之名，並無實質的價值。它們既不能確指，亦無法說出原委。視笛卡爾 (René Descartes, 1596–1650)、萊布尼茲 (Gottfried Wilhelm Leibniz, 1646–1716)、盧梭 (Jean Jacques Rousseau, 1712–1778) 和黑格爾 (G. W. F. Hegel, 1770–1831) 為作者或思潮更替之名，皆是輕浮之議。[58]

Pennsylvania: The Pennsylvania State University Press, 1996), pp. 101–135.

[55]. Roland Barthes, "To Write: An Intransitive Verb? ," *The Rustle of Language*, pp. 11–21.

[56]. Roland Barthes, "From Work to Text," in *The Rustle of Language*, pp. 56–64.

[57]. Roland Barthes, *S/Z*, translated by Richard Miller (Oxford: Blackwell Publishers, 2000), p. 4.

[58]. Jacques Derrida, *Of Grammatology*, translated by Gayatri Chakravorty Spivak

　　實言之，作者的除名化繫乎閱讀觀點。德希達和巴特一樣，其書寫理論 (a theory of writing) 和閱讀理論 (a theory of reading) 蓋一體兩面。德希達認為「文本」(text) 即由符號 (signs) 編織成的[59]，所以符號的製造與解釋同樣適用於文本。文本的閱讀和書寫，亦經由「延異」(différance) 與「增補」(supplement) 的作用，而呈現無止境而多解的。換句話說，文本若有意義的話，則必源自互異的區隔關係，而非實質的。這種假說應用在探討已逝的過去，尤具說服力。舉其例，盧梭所製造的文本，即是他實際生活的「增補」；於讀者而言，除了增補的文本，已無其它途徑可以接觸盧梭真實的生活。因此，增補有取代與繼續衍異的功能，這個現象在書寫與閱讀兩個層面都並時在進行。而這就涉及德希達所標榜的「解構」(deconstruction) 策略。

　　於德希達而言，「解構」乃是針對文本遂行「批判性的閱讀」(critical reading)。依他所見，批判的閱讀與傳統經傳注疏 (commentary) 自有分辨；後者在前者固起了防範的作用，令閱讀活動在安全的軌道上運行無阻，且不致出軌。也就是說，批判性閱讀並非漫無邊際，師心自用。但基本上，批判性的閱讀係開放式的閱讀，用以察覺文本字裡行間的留白、矛盾與壓抑的層面，從而創造意想不到的新解，其結果可能遠逾作者的本意或想像所及[60]。

　　里科原先預測「書寫理論」(a theory of writing) 輔之以「閱讀理論」將是踏入模擬摹實 (mimesis) 的頭一步[61]。試諸巴特與德希達，此一擬測全然落空了。

(Baltimore and London: The Johns Hopkins University Press, 1997), p. 99.

[59]. Ibid., p. 14.

[60]. Jacques Derrida, *Of Grammatology*, pp. 158–159.

[61]. Paul Ricoeur, *Time and Narrative*, translated by Kathleen McLaughlin and David Pellauer (Chicago and London: The University of Chicago, 1984), vol. 1, p. 77.

　　令人訝異的是，同為後現代的革命伙伴——傅柯卻出現步調參差的現象。傅柯敏銳地覺察到：晚近的文本觀與書寫理論，蓋互為表裡。當今的書寫概念既不關心書寫行為，亦不著重表意。換言之，書寫已由表達的層次解放出來，自我指涉，復又向外無限的伸展。而由書寫所構成的文本，因僅係符號的互動，所以與其說是意旨的抒發，毋寧說是意符的安置[62]。

　　在這種觀點的籠罩之下，作者的消失或死亡本不足為奇。但其後果卻令人堪憂。首先，作者的名字仿似專有名詞 (proper name)，並非單純的指名，而是涵攝了一組的描述 (description)[63]。抹去了作者之名，即等同抹滅了一組訊息。更重要的是，祛除作者之名，則「作品」驟失依傍，疑義叢生。例如：著作之間的統合與分隔？甚或片紙隻語算否為著作？諸如此類問題不勝枚舉；究竟「作者之死」，是得？是失？尚難論定。其次，「換湯不換藥」，後現代者只不過把作者的經驗特徵，改裝成超驗的匿名 (transcendental anonymity) 罷了；關鍵在於，「作者的功能」 (author-function) 並無法消除。是故，傅柯極力推銷他所闡揚的 「論述」 (discourses) 概念，以彌補「作者」所殘留的缺口[64]。傅柯的替代之議，蓋見仁見智，至少他道出了作者即使死亡了，卻依舊陰魂未散。

　　再者，若遵循巴特的閱讀策略，罔顧文本的內容，就形式而言，以倡言 「作者之死」 的巴特， 竟然在其 《巴特論巴特》 (*Roland Barthes by Roland Barthes*) 的自傳中大談其著作，則頗有出爾反爾之嫌[65]。毋怪老牌

---

62. Michel Foucault, "What is an Author?" in David Lodge ed., *Modern Criticism and Theory* (London and New York: Longman, 1991), p. 198.

63. Ibid., p. 200. 傅柯此處借用美國語言哲學家瑟爾 (John Searle, 1932–) 的理論。參閱 John R. Searle, "Proper Name," in *Speech Acts: An Essay in the Philosophy of Language* (London: Cambridge University Press, 1969) pp. 162–174. 傅柯認為「作者之名」實比 「專有名詞」，情形更為複雜。

64. Ibid., pp. 197–198.

文評家亞布倫 (M. H. Abrams, 1912–2015) 取笑後現代學者經常陷入「律人甚嚴，律己甚寬」 的雙重標準[66]。而後現代學者，動輒以 「批評者」(critic) 自尊自貴，而抹殺「作者」；殊不知「批評者」一旦行諸於文，亦得側身「作者」之林，無有分辨。因此何來優劣高下之分[67]？

此外，德希達斷言「文本之外，別無它物」(There is nothing outside of the text)[68]，實與巴特的箴言：「事實無它，僅是語言性的存在。」相互輝映。他們咸取消文本對外的指涉功能 (referentiality)，此不啻將時間化的文本（史料或史著）作為語言符號無限的戲耍，而無確解。試諸史學，則歷史均成虛構之物，無有實指。這是現代史家難以承受之輕[69]。

史學上，「作者之死」的觀點直接挑戰的便是當時頗具聲勢的思想史研究。以史基納 (Quentin Skinner, 1940–) 為首的史家素主張「尋繹作者的用意方為詮解文本意義」的不二法門；他對「新批評」於「動機謬誤」(the intentional fallacy) 的看法，深不以為然[70]。有趣的是，史基納與巴特咸聲

---

65. 舉其例 Roland Barthes, *Roland Barthes by Roland Barthes*, translated by Richard Howard (Berkeley: University of California Press, 1994), pp. 55, 92.

66. M. H. Abrams, *Doing Things with Texts: Essays in Criticism and Critical Theory* (New York, 1989), pp. 250–252, 277–278. 確切地說，後現代學者係以自己的理論去解析別人，輪到向讀者傳播自己的理論時，復回歸傳統的閱讀陳觀。

67. Seán Burke, *The Death and Return of the Author* (Edinburgh: Edinburgh University Press, 1998), pp. 172–180.

68. Jacques Derrida, *Of Grammatology*, p. 158.

69. 請參閱拙著，〈「文本」與「真實」的概念——試論德希達對傳統史學的衝擊〉，《新史學》，第十三卷第三期 (2002. 9)，頁 43–77。

70. Quentin Skinner, "Meaning and Understanding in the History of Ideas" and "Motives, Intentions and the Interpretation of Texts," in James Tully ed., *Meaning & Context: Quentin Skinner and His Critics* (Princeton: Princeton University Press, 1988), chs. 2–3. 同一陣營還有鄧恩 (John Dunn, 1940–)、波寇客 (John Pocock, 1924–) 等。

稱其論點啟發自奧斯丁的語言哲學，可是立論卻若此懸殊，足見兩者只不過各取所需，證成己見罷了。

　　如同拉卡布拉 (Dominick LaCapra, 1939–) 所言，無論就字義或隱喻而言，「閱讀」均係語言衍生詞的要素，而與「書寫」(writing) 互不可分。閱讀模式涵蘊著書寫的模式，反之亦然。是故，閱讀模式的改變必然隱含歷史寫作會有所變遷，歷史著作遂可能呈現不同的形式[71]。

　　整體而言，「作者之死」的觀點落實至史學操作，便是測試史料，甚至歷史解釋的限度。果依循讀者觀點，師心自用似乎難以避免。試舉晚近中、西史學中喧騰一時的爭論，環繞《威瑪共和國的崩潰》(*The Collapse of the Weimar Republic*, 1981)[72] 和《懷柔遠人》(*Cherishing Men From Afar*, 1995)[73]

---

71. Dominick LaCapra, *History and Reading* (Toronto, Buffalo, and London: University of Toronto Press, c. 2000), p. 27. 拉卡布拉更列舉五種閱讀策略與歷史研究的關聯。

72. 《威瑪共和國的崩潰》係亞布拉罕 (David Abraham, 1946–) 所著。書中運用資料，由於不同於傳統的觀點，疑竇甚多，引起正統派史家的撻伐，遂成現代史學與後現代史學的交鋒之地。論戰之熾烈甚至上了《紐約時報》(*New York Times*, December 23, 1984)。Richard J. Evans, *In Defense of History* (New York and London: W. W. Norton & Co., 1999), pp. 96–106; Keith Stimely, "Uproar in Clio's Library: The Case of Dr. David Abraham and *The Collapse of the Weimar Republic*," *Journal of Historical Review*, 5 (1984), pp. 440–443.

73. 《懷柔遠人》係何偉亞 (James L. Hevia, 1947–) 攸關馬嘎爾尼使團的研究，在史料運用甚受傳統史家質疑。參閱周錫瑞 (Joseph W. Esherick)，〈後現代主義：望文生義，方為妥善〉，《二十一世紀》44 (1997. 12)，頁 105–117；艾爾曼 (Benjamin Elman) 和胡志德 (Theodore Huters)，〈馬嘎爾尼使團、後現代主義與近代中國史〉，《二十一世紀》44 (1997. 12)，頁 118–130；張隆溪，〈什麼是「懷柔遠人」？正名、考證與後現代史學〉，《二十一世紀》45 (1998. 2)，頁 56–63；羅志田，〈夷夏之辨與「懷柔遠人」的字義〉，《二十一世紀》49 (1998. 10)，頁 138–145；范廣欣，〈「懷柔遠人」的另一種詮釋傳統〉，《當代》，59 卷 177 期 (2002. 5)，頁 64–83。

兩部著作的論辯，便代表「現代」與「後現代」史學兩種截然不同的解讀策略。而後現代的解讀似逃脫不了望文生義的指控。

「望文生義」，析言之，即是符號學家艾柯 (Umberto Eco, 1932–2016) 所謂的「過度詮釋」(overinterpretation)[74]。「過度詮釋」肇自解釋漫無準則，以致言人人殊，背離了語言「溝通」(communication) 的基本宗旨。歸根究柢，後現代的閱讀觀點只關注符號或文本的「示意作用」(signification)，而鮮少措意「溝通」與「效度」(validity) 的問題。究其極，「作者之死」只不過是「私自語言」(private language) 的流行翻版[75]。語言倘若只有言說者或作者方能理解，則人與人之間的溝通大成問題，社會遂不免陷入「巴別塔」(Babel) 崩塌之後的困境。

職是之故，為了讓詮釋有所依歸，遂產生了下列兩條解決途徑：

其一，謀求文本分類。巴特本人將文本二分：以「寫者文本」(writerly text) 為開放、多元的書寫，而「讀者文本」(readerly text) 則似「古典文本」(classic text)，其閱讀受到規矩。矛盾的是，假若閱讀理論係普遍的理論 (general theory)，而後巴特的分辨「寫者文本」與「讀者文本」之舉，則未免畫蛇添足，因為後現代的閱讀理應一視文本，不分彼此[76]。此證諸一位追隨他的女性學者凱薩琳‧貝爾西 (Catherine Belsey, 1940–) 亦非假。她一度將文本細分作「宣示性」(declarative)、「強制性」(imperative) 與「質

---

74. 艾柯 (Umberto Eco) 等，《詮釋與過度詮釋》(香港：牛津大學出版社，1995)，第二章，〈過度詮釋文本〉。

75. 「作者之死」預設了讀者無由重建或知悉作者的原意，是故視文本如私自語言。而維根斯坦恰已證明「私自語言」是不可能的。見 Ludwig Wittgenstein, *Philosophical Investigations*, translated by G. E. M. Anscombe (New York: Macmillan Publishing Co., 1968), pp. 243, 269, 275. 又參閱 Anthony Kenny, "Private Languages," in *Wittgenstein* (Cambridge, Massachusetts: Harvard University Press, 1977), ch. 10.

76. Roland Barthes, S/Z, pp. 4–6. 這一分辨的概念價值，實與其閱讀理論不符。

詢性」(interrogative) 三類。後來自覺由文本片面決定讀者的感受，過度流於形式，不切閱讀實情，遂得修正[77]。

另外，則以區辨閱讀的方式，範圍亂無章法的誤讀。譬如，原先赫許為了克服詮釋學在方法論上的混沌，建議分辨「本意」(meaning) 和「涵義」(significance) 的異同。「本意」旨在重建作者的原義，「涵義」則緣不同時空，因人因事所生的殊義[78]。這種觀點與史家十分相契，包括後現代的盟友，史家拉卡布拉之致力疏通「文獻進路」(documentary approach) 和「對話進路」(dialogical approach)，亦無非本諸同樣的精神[79]。

上述的背景，令符號學家艾柯的對策顯得順理成當。他根據閱讀方式，區分「經驗讀者」(the Empirical Reader)、「隱含讀者」(the Implied Reader) 和「標準讀者」(the Model Reader)。他擬借「標準讀者」以探討「作品意圖」(intentio operis)，如是既不受制於文本產生之前的作者意圖，復不會對讀者意圖的發揮造成阻礙[80]。他的解決方案似乎印證了維根斯坦 (Ludwig Wittgenstein, 1889–1951) 的名言：

> 要是語言成為溝通的工具，則不只在定義 (definitions)，而且在判斷 (judgments) 上必須要有共識 (agreement)。[81]

---

77. Catherine Belsey, "Literature, History, Politics," in David Lodge, *Modern Criticism* and *Theory*, p. 407.

78. E. D. Hirsch, Jr., *Validity in Interpretation*, pp. 255–256.

79. Dominick LaCapra, *Rethinking Intellectual History* (Ithaca and London: Cornell University Press, 1983), pp. 34–40. 歷史理論家馬告 (C. Behan McCullagh, 1937–) 之區分文本的「基本意義」(basic meaning) 與隨之而至的「詮釋」(interpretation)，輕重雖然有別，但精神上仍一脈相傳。參閱 C. Behan McCullagh, "The Meaning of Texts", *in The Truth of History* (London; New York: Routledge, 1998), ch. 5.

80. 艾柯等，《詮釋與過度詮釋》，頁 9–10, 64–66。

81. Ludwig Wittgenstein, *Philosophical Investigations*, p. 242.

然而必須注意的，「標準讀者」並非最終、唯一的詮釋權威，他的閱讀甚至可能是多義與開放的 ； 至少在詮釋的社群 (community) 中 ， 他可以否證 (falsify) 不適切的詮釋 。 此點艾柯受頗普 (Karl Popper, 1902–1994) 否證程序的影響，意即吾人雖無法確定合法的詮釋，但卻可否決不合時宜的詮釋。職是之故，他拒絕接受德希達式的「無限衍義」(unlimited semiosis) [82] 。

後現代的學者百般欲將作者及其意圖，從詮釋之域掃地出門；無奈治絲益棼。他們的同道——德曼坦承：

> 縱使我們能讓自己躲開所有意圖的假問題，並將敘述者適當地化約成語法上的代名詞；若沒有了它，則敘事無由發生。可是主體（主詞）仍舊承擔著非語法，而是修辭的功能；如是，此一語法元素方能發聲。「聲音」(voice) 一詞……誠然是個隱喻，喻示述詞結構中的主體意圖。[83]

可見作者的意圖依然「剪不斷，理還亂」。此正應驗佛洛伊德的讖語：

> 當受壓抑者返回時，它源自壓抑力量自身。[84]

因此巴特晚期雖尚執著：作者在制度上是死了；他的法定地位與個人生平也消失了，作者不再對作品擁有解釋的權威。但最終巴特猶得承認：

> 在文本中的某一形式，我渴望 (desire) 作者：我需要他的身影（非

---

82. Umberto Eco "Unlimited Semiosis and Drift" and " Intentio Lectoris," in *The Limits of Interpretation* (Bloomington and Indianapolis: Indiana University Press, 1990), pp. 23–43, 44–63.

83. Paul de Man, *Allegories of Reading* (New Haven and London: Yale University Press, 1979), p. 18.

84. 參見 *The Death and Return of the Author*, p. 172.

他的再現或投射），如同他需要我的一樣（除了喋喋不休之外）。[85]

這不就預示了作者註定要重返文本 (the return of author) 嗎？

　　總之，以本體論的觀點，作者不可能真正地泯滅，套句伽達瑪的概念，讀者只能溫故知新，做到「作品」與「讀者」的「視域的交融」(fusion of horizon)，也就是意義的分享[86]。究其實，後現代的解讀之所以目中無人（作者），適如里科所偵測到的：

> 於書寫之際，讀者是缺席的；於閱讀之際，作者是缺席的。文本卻造成讀者與作者的雙重隱晦。[87]

此一疏漏，使得巴特等人沈溺於文本而不可自拔。例如巴特從不諱言：

> 文本係崇拜的對象 (a fetish object)，而此一崇拜對我有所期待。[88]

關於此點，史家懷特說得肯綮：

> 文本的神秘化源自對書寫的崇拜 (fetishism) 和讀者的自戀 (narcissism)。妄自尊大的讀者舉目環顧，卻只見到文本，而且在文本中只看到自己。[89]

---

85. Roland Barthes, *The Pleasure of the Text*, translated by Richard Miller (New York: Hill and Wang, 1975), p. 27.

86. 當然以伽達瑪的觀點，詮釋學只在分享共通的意義，而非回到作者的主體性（尤其心理方面），更不是神秘性靈魂的交通。見 Hans-Georg Gadamer, *Truth and Method*, pp. 292, 463.

87. Paul Ricoeur, *Hermeneutics and the Human Sciences*, p. 147.

88. Roland Barthes, *The Pleasure of the Text*, p. 27.

89. Hayden White "The Absurdist Moment in Contemporary Literary Theory," in *Tropics of Discourse* (Baltimore and London: The Johns Hopkins University Press, 1992) p. 265.

為了抒解這股過度的文本熱，維根斯坦預先提供了一帖清涼處方，他說過：

> 語言的講說係活動的部分，或生活的形式[90]。

這句話理應同時適用於作者與讀者的言說行為，而非獨厚後者而已。歸結地說，語言或文本終究必須掛搭到人的世界，方得產生意義。而歷史的文本自然不得例外。

---

[90]. Ludwig Wittgenstein, *Philosophical Investigations*, p. 23.

中文書目

艾爾曼 (Benjamin Elman) 和胡志德 (Theodore Huters)

　　1997 〈馬嘎爾尼使團、後現代主義與近代中國史〉,《二十一世紀》44。

李耀宗

　　1988 〈詮釋的隱喻：評利科的「時間與敘事」〉,《九州學刊》2: 3。

周錫瑞 (Joseph W. Esherick)

　　1997 〈後現代主義：望文生義,方為妥善〉,《二十一世紀》44。

范廣欣

　　2002 〈「懷柔遠人」的另一種詮釋傳統〉,《當代》59: 177。

張隆溪

　　1998 〈什麼是「懷柔遠人」？正名、考證與後現代史學〉,《二十一世紀》45。

黃進興

　　2002 〈「文本」與「真實」的概念——試論德希達對傳統史學的衝擊〉,《新史學》13: 3。

　　2003 〈「歷史與文學」的再思考：海頓・懷特與歷史的語藝論〉,《新史學》14: 3。

羅志田

　　1998 〈夷夏之辨與「懷柔遠人」的字義〉,《二十一世紀》49。

西文書目

Abel, Theodore

　　1948. "The Operaton Called Verstehen," *American Journal of Sociology*

54.

Abrams, M. H.

　　1989. *Doing Things with Texts: Essays in Criticism and Critical Theory*. New York.

Acton, Lord

　　1970. *Lectures on Modern History*. London and Glasgow: Collins.

Aron, Raymond

　　1961. *An Introduction to the Philosophy of History*, translated by George J. Irwin. Boston: Beacon Press.

Austin, J. L.

　　1977. *How to Do Things with Words*. Cambridge, Massachusetts: Harvard University Press.

Barthes, Roland

　　1970. *Writing Degree Zero and Elements of Semiology*, translated by Annette Lavers and Colin Smith. Boston: Beacon Press.

　　1975. *The Pleasure of the Text*, translated by Richard Miller. New York: Hill and Wang.

　　1986. *The Rustle of Language*, translated by Richard Howard. New York: Hill and Wang.

　　1994. *Roland Barthes by Roland Barthes*, translated by Richard Howard. Berkeley: University of California Press.

　　2000. *S/Z*, translated by Richard Miller. Oxford: Blackwell Publishers.

Benson, Lee

　　1972. *Toward the Scientific Study of History*. Philadephia: J. B. Lippincott Co.

Berkhofer, Fritz ed.

1957. *The Varieties of History*. Taipei: Rainbow-Bridge Co.

Berkhofer, Robert F., Jr.

　　1969. *A Behavioral Approach to Historical Analysis*. New York: The Free
　　　　Press.

Bernheim, Ernst

　　1908. *Lehrbuch der Historischen Methode und der Geschichtsphilosophie*.
　　　　Leipzig: Verlag von Duncker and Humblot.

Bernstein, Richard J.

　　1983. *Beyond Objectivism and Relativism*. Philadelphia: University of
　　　　Pennsylvania Press.

Burke, Seán

　　1998. *The Death and Return of the Author*. Edinburgh: Edinburgh
　　　　University Press.

Collingwood, R. G.

　　1994. *The Idea of History*. Oxford and New York: Oxford University
　　　　Press.

Culler, Jonathan

　　1983. *Barthes*. Glasgow: William Collins Sons & Co.

de Man, Paul

　　1979. *Allegories of Reading*. New Haven and London: Yale University
　　　　Press.

　　1986. *The Resistance to Theory*. Minneapolis: University of Minnesota
　　　　Press.

Dilthey, Wilhelm

　　1976. *Dilthey: Selected Writings*, translated by H. P. Rickman.
　　　　Cambridge: Cambridge University Press.

Derrida, Jacques

    1997. *Of Grammatology*, translated by Gayatri Chakravorty Spivak. Baltimore and London: The Johns Hopkins University Press.

Eco, Umberto

    1990. *The Limits of Interpretation*. Bloomington and Indianapolis: Indiana University Press.

Elton, G. R.

    1967. *The Practice of History*. New York: Thomas Y. Crowell Co.

Evans, Richard J.

    1999. *In Defense of History*. New York and London: W. W. Norton and Co.

Feigl, Herbert and May Brodbeck

    1953. *Readings in the Philosophy of Science*. New York: Appleton-Century-Crofts.

Feyerabend, Paul

    1979. *Against Method*. London: Verso.

Fish, Stanley

    1980. *Is There a Text in This Class?* Cambridge, Massachusetts: Harvard University Press.

Gadamer, Hans-Georg

    1977. *Philosophical Hermeneutics*, ed. and trans. by David E. Linge. University of California Press.

    1989. *Truth and Method,* translated by Joel Weinsheimer and Donald G. Marshall. New York: Crossroad.

Gilbert, Felix

    1990. *History: Politics on Culture*. Princeton: Princeton University Press.

Gouldner, Alvin W.

　　1970. *The Coming Crisis of Sociology*. New York: Basic Books.

Habermas, Jürgen

　　1971. *Knowledge and Human Interests*, trans. by Jeremy J. Shapiro. Boston: Beacon Press.

Hempel, Carl G.

　　1966. *Aspects of Scientific Explanation*. New York: Free Press.

Himmelfarb, Gertrude

　　1987. *The New History and the Old*. Cambridge, Massachusetts: Harvard University Press.

Hirsch, E. D.

　　1967. *Validity in Interpretation*. New Haven and London: Yale University Press.

Kenny, Anthony

　　1977. *Wittgenstein*. Cambridge, Massachusetts: Harvard University Press.

Kuhn, Thomas

　　1969. *The Structure of Scientific Revolutions*, in Otto Neurath, Rudolf Carnap, and Charles Morris eds., *Foundations of the Unity of Science*. Chicago and London: The University of Chicago Press.

LaCapra, Dominick

　　2000. *History and Reading*. Toronto, Buffalo, and London: University of Toronto Press.

　　1983. *Rethinking Intellectual History*. Ithaca and London: Cornell University Press.

Lakatos, Imre and Alan Musgrave eds

　　1970. *Criticism and the Growth of Knowledge*. Cambridge: Cambridge

University Press.

Lodge, David ed.

1972. *20th Century Literary Criticism*. London: Longman.

1991. *Modern Criticism and Theory*. London and New York: Longman.

McCullagh, C. Behan

1998. *The Truth of History*. London; New York: Routledge.

Mueller-Vollmer, Kurt ed.

1985. *The Hermeneutics Reader*. Oxford: Basil Blackwell.

Palmer, Richard E.

1969. *Hermeneutics*. Evanston: Northwestern University Press.

Ranke, Leopold von

1973. Georg G. Iggers and Konrad von Moltke eds., *The Theory and Practice of History*. Indianapolis and New York: Bobbs-Merrill Company.

Ricoeur, Paul

1981. *Hermeneutics & the Human Sciences*, edited and translated by John B. Thompson. Cambridge: Cambridge University Press.

1984. *Time and Narrative*, vol. I, translated by Kathleen McLaughlin and David Pellauer. Chicago and London: The University of Chicago .

Searle, John R.

1969. *Speech Acts: An essay in the Philosophy of Language*. London: Cambridge University Press.

Stimely, Keith

1984. "Uproar in Clio's Library: The Case of Dr. David Abraham and *The Collapse of the Weimar Republic*," *Journal of Historical Review*, 5.

Stone, Lawrence

1987. *The Past and the Present Revisited*. London and New York: Routledge & Kegan Paul.

Sontag, Susan ed.

1982. *A Barthes Reader.* New York: Hill and Wang.

Tully, James ed.

1988. *Meaning & Context: Quentin Skinner and His Critics*. Princeton: Princeton University Press.

Veeser, H. Aram ed.

1989. *The New Historicism*. New York and London: Routledge.

Weber, Max

1947. *The Theory of Social and Economic Organization*, translated by A. M. Henderson and Talcott Parsons. New York: The Free Press.

Wittgenstein, Ludwig

1968. *Philosophical Investigations*, translated by G. E. M. Anscombe. New York: Macmillan Publishing Co.

White, Hayden

1973. *Metahistory: The Historical Imagination in Nineteenth Century Europe*. Baltimore & London: The Johns Hopkins University Press.

1992. *Tropics of Discourse*. Baltimore and London: The Johns Hopkins University Press.

第五章

「文本」與「真實」的概念：
試論德希達對傳統史學的衝擊

後現代理論對傳統史學最大的挑釁，莫過於解消史料或史著的指涉作用，以及泯滅了原始資料 (original sources) 與間接資料 (secondary sources) 的界限。之所以致此，德希達 (Jacques Derrida, 1930–2004) 的解構理論 (deconstruction) 最為關鍵。本文則擬從史學史的脈絡，以探索德希達的學術涵蘊。

一、近代史學的確立

倘要確切評估德希達的衝擊，首先必得明瞭「傳統史學」的內涵與定位。此處所謂的傳統史學指的正是依據蘭克 (Leopold von Ranke, 1795–1886) 的治史原則所建立的近代史學。十九世紀下半葉以降，蘭克學派一度獨擅史壇，睥睨西方學界。它在英國的代言人——艾克頓 (Lord Acton, 1834–1902) 就曾自信滿滿地宣稱：

> 歷史不僅是門特殊的學問，並且是其他學問的一種獨特的求知模式與方法。[1]

所以後世稱同一時期為「歷史的時代」(historical age) 或「歷史主義的時代」(age of historicism)，絕非無故[2]。

惟邁入二十世紀，學風丕變，蘭克學派驟然陷入內外交攻的窘境。史家在自家園地，必須面對求新求變、拓展領域的壓力；對外則前為附庸，

---

1. Leopold von Ranke, *History of the Reformation in Germany*, translated by Sarah Austin (London: George Routledge and Sons, Limited, 1905), p. xi.
2. Geoffrey Barraclough, *History in a Changing World* (Norman: University of Oklahoma Press, 1955), p. 2; and Maurice Mandelbaum, *History, Man, and Reason* (Baltimore: The Johns Hopkins Press, 1971), p. 41.

今為勁敵的社會科學，以其嶄新的方法與理論，咄咄逼人。形勢雖說險峻，但作為現代史學的奠基者，蘭克史學始終有兩項堅持難以撼動：其一是治史的目標，另一則為原始資料（或言「直接史料」）的訴求 3 。

關於前者，蘭克於《拉丁與日耳曼民族史 (1494–1514)》(*Histories of the Latin and Germanic Nations [1494–1514]*) 一書的序言中提綱挈領地說道：

> 歷史曾經賦予判斷過去，指導現在，以為未來謀福的職責。本書不
> 冀望有如許高超的期待，它僅是陳述事實的真況而已。 4

蘭克揭示歷史僅是「陳述事實的真況」(wie es eigentlich gewesen)，此舉不啻史學的獨立宣言；史學從此毋復是神學、哲學的奴婢，亦非文學與藝術的附庸。這句話扼要地道出近代史學的真精神。

依蘭克之見，欲達成上述的目標，歷史則必得植基於原始資料，而非如傳統史家以文采為高，輾轉抄襲，以訛傳訛。他藉自己的作品：《宗教改

---

3. 思想史大家克律格綜結蘭克為「科學式史學」(scientific history) 立下四條準則：歷史真相的客觀性、事實的優先性、歷史事實的獨特性以及政治的核心位置。就史學史言之，以「西方近代史學」取代「科學式史學」，語意反較適恰。「科學式史學」的發展褒貶不一，容或包括追求律則 (historical laws) 的史學，此非蘭克所企求。克律格四點中的末兩條在後繼的史學發展，不久即式微了。布克哈特 (Jocob Burckhardt, 1818–1897) 的文化史學以及蘭布希特 (Karl Lamprecht, 1856–1915) 的社會科學史學。參見 Woodruff D. Smith, *Politics and the Sciences of Culture in Germany, 1840–1920* (New York and Oxford: Oxford University Press, 1991), pp. 183–192; Georg G. Iggers, *Historiography in the Twentieth Century* (Hanover and London: Wesleyan University Press, 1997), chs. 3–5. Cf. Leonard Krieger, *Ranke: The Meaning of History* (Chicago: The University of Chicago, 1977), pp. 4–7.

4. Leopold von Ranke, "Preface to Histories of the Latin and Germanic Nations," in *The Theory and Practice of History*, ed. by Georg G. Iggers and Konrad von Moltke (Indianapolis and New York: The Bobbs-Merrill Co., 1973), p. 137.

革時期的日爾曼史》(*Deutsche Geschichte im Zeitalter der Reformation*) 現身
說法道：

> 我見到這個時代的來臨，吾人不復將近代史 (modern history) 建立在
> 間接的報導之上，甚而同時代的史家除非擁有一手的知識，亦不予
> 採信。我們寧可把史學從目擊的敘述與最真實及直接的史源中建立
> 起來。[5]

要之，蘭克並非首創應用原始資料的史家，但是他卻是第一個將此一原則
引領至近代史研究的領域。因此，蘭克心目中的「近代史」必須稍行註解，
方能識其大義。蓋十五、十六世紀以降，歐洲各國所積存的外交檔案，於
十九世紀漸次開放，蘭克適逢其會，善加運用，遂成果斐然；這段歷史材
料的優勢，實上古史與中古史的研究難以匹敵，以致蘭克的成就以政治外
交史最為耀眼。

終其一生，蘭克風塵僕僕地至歐洲各處，辛勤尋找、爬梳原始的檔案，
他所構作的史著無非是己身治史理念最佳的實踐[6]。他的治學風格誠如下
一世紀中國的信徒——傅斯年 (1896–1950) 所自勉的：

> 我們不是讀書人，我們只是上窮碧落下黃泉，動手動腳找東西！[7]

---

5. Leopold von Ranke, *History of the Reformation in Germany*, translated by Sarah Austin
   (London: George Routledge and Sons, Limited, 1905), p. xi.

6. 請參閱 Gino Benzoni, "Ranke's Favorite Source" 與 Ugo Tucci, "Ranke and the
   Venetian Document Market," 均收入 Georg G. Iggers and James M. Powell, *Leopold
   von Ranke and the Shaping of the Historical Discipline* (Syracuse: Syracuse University
   Press, 1990), chs. 4, 9.

7. 傅斯年，〈歷史語言研究所工作旨趣〉，《傅斯年全集》，第四冊（臺北：聯經出版公
   司，1980），頁 264。雖然我揣測傅斯年所樹立的新史家形象取自蘭克的治學特徵，

傅氏亟於找尋的「東西」就是「新材料」，居中特以直接史料為高。傅氏為中國史家所塑模的新形象，無非遠紹西方的蘭克。

蘭克要求自己的著作需得自原始資料，果非萬不得已絕不假手間接史料。得以符合如此嚴苛的史料紀律，他感到萬分的自豪[8]。他復創設「研討課」(seminar)，專責史料分辨，以培育出新世代的史家。正是憑藉此一教育機制及其自身作品廣受歡迎的程度，令他躍身為近代史學首屈一指的人物[9]。

由史學史觀之，蘭克與後世「科學式史學」(scientific history) 的關係相當錯綜複雜，蘭克是否為始作俑者，猶有商榷的餘地[10]。但是他對「事實」(facts) 的重視與對史料的考究，毫無疑義立下近代史學的典範。創刊於該時的西方歷史專業學報，更直接反映蘭克的觀點，法國《歷史評論》

但此一句話似由英國史家崔威廉轉手而來。崔威廉於 1903 年發表〈重新發現克里歐〉（註：克里歐〔Clio〕為歷史女神），旨在駁斥另位史家伯雷科學史學之說。1913 年崔氏修訂後復收入《克里歐：一位女神》。該文形容敵對的學派 "Collect the 'facts'——you must go down to Hell and up to Heaven to fetch them"。參較 G. M. Trevelyan, "Clio Rediscovered" in *The Varieties of History*, ed. by Fritz Stern (Cleveland, 1957), p. 232. 傅斯年所形塑的史家具有搜尋資料的動態觀念，此與囿於飽讀經史的傳統學者有所區別。

8. Leopold von Ranke, *The Theory and Practice of History*, p. 137.

9. 蘭克的信徒艾克頓認為蘭克本身的作品影響極廣泛，但史學史名家顧曲則認為「研討課」提高了當時歷史研究的水準，且造就不少名家，其影響不遜蘭氏的作品。參較 Lord Acton, *Lectures on Modern History* (Collins, 1970), pp. 32–33; and his *Essays in the Study and Writing of History* (Indianapolis: Liberty Press, 1985), pp. 331–332; G. P. Gooch, *History and Historians in the Nineteenth Century* (Boston: Beacon Press, 1956), p. 107.

10. Georg G. Iggers, "The Image of Ranke in American and German Historical Thought," in *History and Theory*, II(1962): 17–40.

(*Revue Historique*) 的發刊詞即聲言:「本刊只接受立基於原始資料的原創研究。」[11]

而該時西方史學方法的鉅著,亦將上述的觀點融入其中[12]。例如:法人朗格諾瓦 (Charles V. Langlois, 1863–1929) 在其合著的 《史學原論》(*Introduction aux Études historiques*) 裡開宗明義便點出:「史家處理的是文獻 (documents)。」[13] 緊接著便不憚其煩闡述史料的徵辨,直作到鉅細靡遺的地步,方才歇筆。他的業師——古朗士 (N. D. Fustel de Coulanges, 1830–1889) 對原始資料有近似潔癖的要求 ,因為他相信可靠的史料自會忠實地反映歷史的真況。對「史實自明」的信心,令他在某個場合面對喝采的學生,發下如許的豪語:

請勿為我鼓掌!在這裡講演的並非我自己,而是歷史透過我在講話。[14]

凡稍涉獵蘭克史學者,初聞古朗士之語,立可知曉古朗士於此無非重申蘭克的信念。蘭氏於其《英國史》(*English Geschichte*) 的結論中, 曾寫道:

我所盼望做到的是把自我祛除掉,僅由事情現身說法,讓強大的力

11. Fritz Stern ed., "Preface: *Reveu Historique*," in *The Varieties of History*, p. 173. 該刊創辦於 1876 年。

12. 十九、二十世紀之交,西方廣受歡迎且最具分量的兩本史學方法鉅著,其一為德國史家伯倫漢於 1889 年發表的《歷史方法論與歷史哲學》(*Lehrbuch der Historischen Methode und der Geschichtsphilosophie*),及法國史家朗格諾瓦與瑟諾博司於 1897 年合著刊行的《史學原論》(*Introduction aux Études historiques*)。二書紹述蘭克史學,並予以發揚光大,另方面有所訂補,但於此二原則仍深信不疑。這只要稍稍檢視它們在「史料徵辨」所費的鉅大篇幅即可得知。

13. Charles V. Langlois and Charles Seignobos, *Introduction to the Study History*, translated by G. G. Berry (New York: Henry Holt and Company, 1898), p. 17.

14. 參見 Emery Neff in *The Poetry of History* (New York, 1947), p. 192.

量顯現出來。[15]

這段話曾經傳誦一時，且廣為學圈所徵引。對蘭克與古朗士而言，史家旨在「揭露」(reveal) 歷史，而非「解釋」(interpret) 歷史[16]。

英國史家艾克頓亦隔海唱和道：

> 歷史倘要免於遁詞或爭議，則必得站在文獻上，而非徒逞意見。[17]

在一封發給《劍橋近代史》撰稿者的公開函裡，他更表示由於檔案的開發與應用，史學研究已臻最終的境界。他相信今後所寫的「滑鐵盧戰役」(Waterloo) 定令法、英、德、荷敵對雙方均能接受[18]。他在劍橋 (Cambridge University) 的繼承者——伯雷 (John Bagnell Bury, 1861–1927) 尚以為：只要聚集全部人類歷史最細微的事實，歷史的真相終會明白[19]。

這種「史實自明」的樂觀情懷，於 1900 年舉辦的「首屆世界史家會議」(the First International Congress of Historians) 再次表現無遺。有位史家在揭幕辭中就信誓旦旦地宣稱：

> 事實、事實、事實 (facts) 本身即帶有教訓與哲學，真相（truth，或譯「真實」），所有的真相，除此無它。[20]

---

15. 參見 Helmut Berding in "Leopold v. Ranke," in Hans-Ulrich Wehler ed., *Deutsche Historiker* (Göttingen: Vandenhoeck & Ruprecht, 1973), p. 13.

16. James Westfall Thompson, *A History of Historical Writing* (New York: The Macmillan Company, 1942), vol. II, p. 456.

17. Lord Acton, "Inaugural Lecture on the Study of History," in his *Essays in the Liberal Interpretation of History* (Chicago: Chicago University Press, 1967), p. 332.

18. Ibid., "Letter to Contributors to the Cambridge Modern History," pp. 396, 399.

19. 參見 Geoffrey Barraclough in *Main Trends in History* (New York and London: Holmes & Meier, 1991), p. 7.

值得注意，同一時期的史學論著，便出現言必有據，步步為營的腳註格式，互為輝映[21]。而史料批評更成為史家的必備條件，經由共同方法的操作，史學加速專業化。而職業史家的登場自然成為近代史學的特色[22]。

以上僅就蘭克與西方近代史學的關係略作分疏，而蘭克本身獨特的觀念論或宗教觀，因非為近代史學所承繼，則不在論述之列[23]。

簡之，蘭克為史學爭取到獨立自主的園地，毋復受哲學與文學的羈絆。誠如思想史名家克律格 (Leonard Krieger, 1918–1990) 所評估的，蘭克劃時代的地位宛如天文學的哥白尼 (Nicolaus Copernicus, 1473–1543) 或哲學上的康德 (Immanuel Kant, 1724–1804)[24]，核諸西方史學史，此一論斷甚有見地。

---

20. 參見 Peter Novick in *That Noble Dream* (Cambridge: Cambridge University Press, 1993), p. 38.

21. 「註腳」(footnotes) 在不同時期的史家，自有不同的功能。近代史學論著的書寫形式則從蘭克方才定型。見 Anthony Grafton, *The Footnote: A Curious History* (Cambridge, Massachusetts: Harvard University Press), chs. 2–3.

22. 在西方，史學的專業化各有不同的國情，但眾口一詞的是「史料批評方法」的盛行起了關鍵的作用。參見 Felix Gilbert, "The Professionalization of History in the Nineteenth Century," in John Higham, *History* (Englewood Cliffs, New Jersey: Prentice-Hall, Inc., 1965), pp. 320–339. 晚近有美國史家專就美國史學初起的專業狀況，援「歷史政治研究」(historico-politics) 的分合以修正蘭克史學的影響，但整體而言並不足以動搖前述的論點。比較 Dorothy Ross, "On the Misunderstanding of Ranke and the Origin of the Historical Profession in America," in *Leopold von Ranke and the Shaping of the Historical Discipline,* pp. 154–169. 此外，必須一提的，蘭克及其門徒所創立的史學雜誌對歷史研究的專業化亦不容忽視。參見 Margaret F. Stieg, *The Origin and Development of Scholarly Historical Periodicals* (Alabama: The University of Alabama Press, 1986), pp. 3–38.

23. 有關蘭克史學觀念扼要的介紹，中文部分容或參閱拙著，《歷史主義與歷史理論》(臺北：允晨文化公司，1992)，頁 56–65。

　　若說蘭克受推崇為「科學史學之父」是不虞之譽，那後世質疑他「史實自明」的概念則屬求全之毀。年鑑學派 (the Annales school) 的始祖——布洛赫 (Marc Bloch, 1886–1944) 曾一語道破：蘭克的箴言——「歷史僅是陳述事實的真況」 之所以能風雲際會， 在於語意本身的 「模糊性」(ambiguity) [25]。這個概念曾經為傳統史學的轉化扛起了階段性的重擔，惟蘭克身後，卻陷入四方撻伐的困境；因為時過境遷，人們不再通融「史實自明」含混其詞 [26]。

　　在史學圈內，首先揭竿而起便是美國職業史家——比爾德 (Charles A. Beard, 1874–1948) 與貝克 (Carl L. Becker, 1873–1945)。他們標榜「歷史相對論」 (historical relativism)，攻訐以蘭克為首的科學史學 [27]。他們的控訴約略可分作兩部分。史實部分：他們質疑史料的形成過程中參雜許多偶然的因素；例如史料倖存的程度與真實的過去殊不成比例，復加上記錄者的成見、階級、性別與利益往往令史料染上有色的薄膜，致史家難以透視歷史的真相。

　　其次， 價值判斷的部分： 毋論比氏所提的 「參照架構」 (frame of

---

24. Leonard Krieger, *Ranke*, p. 3.

25. Marc Bloch, *The Historian's Craft*, translated by Peter Putnam (Taipei: Rainbow-Bridge Book Co., 1971), p. 138.

26. 蘭克史學最主要的遺產為史料批評方法， 其史觀隨著其個人宗教與哲學觀點的消逝，難為近代史學所承繼。若「每一個時代均直接面對著上帝」，或直覺掌握史事的 「理念」 (idea)，在後世皆受左、右陣營的抨擊。參閱 G. P. Gooch, *History and Historians in the Nineteenth Century*, ch. VII; and Ferdinand Schevill, *Six Historians* (Chicago: the University of Chicago Press, 1956), pp. 125–155. Also Ernst Breisach, *Historiography* (Chicago: The University of Chicago Press, 1983), pp. 232–234, 269.

27. 攸關比爾德與貝克的歷史相對論的論述， 請參閱拙作，〈歷史相對論的回顧與檢討〉，收入拙著，《歷史主義與歷史理論》，頁 159–191。

reference) 或貝氏的 「意見情境」 (climate of opinion) 均涵蘊著史家不免受制於自身所處的時代或個人主觀的際遇，以致無法客觀地瞭解與評估史實。職是之故，比爾德譏諷科學史學為遙不可及的 「高貴夢想」 (That Noble Dream) [28]，而貝克尤期許「人人皆是史家」(Everyman His Own Historian) [29]，此不啻鼓吹百家爭鳴，各尊所聞。

比爾德與貝克所持的懷疑論，極易喚起人們對大西洋彼岸數位哲學家的記憶：德國的辛末爾 (Georg Simmel, 1858–1918) 指證蘭克擬消除自我，無異是 「自毀長城」 (self-defeating) 之舉 [30]。義大利的克羅齊 (Benedetto Croce, 1866–1952) 鎖定蘭克史學 ，早已撥彈 「任何真正的歷史均是當代史」(Every true history is contemporary history) 的論調 [31]，並且質疑有所謂純粹的 「事實」 [32]；而他的英國信徒柯林烏 (R. G. Collingwood, 1889–1943) 尤進一步闡發：

> 每一個現在都擁有它自己的過去，任何想像地重建過去，都是以重建現在的過去為旨歸。[33]

---

28. Charles A. Beard, "That Noble Dream," first published in *American Historical Review*, XXXXI (1935), reprinted in *The Varieties of History*, p. 317.

29. Carl L. Becker, "Everyman His Own Historian," presidential address delivered before the American Historical Association in 1931, reprinted in his *Everyman His Own Historian* (New York: Appleton-Century-Crofts, 1935), pp. 241–253.

30. 詳見 Georg Simmel, *The Problem of the Philosophy of History*, tran. by Guy Oakes (New York: The Free Press, 1977), pp. 87–93.

31. Benedetto Croce, *History: Its Theory and Practice* (New York: Russell & Russell, 1960), p. 12.

32. Ibid., p. 110.

33. R. G. Collingwood, *The Idea of History* (Oxford and New York: Oxford University Press, 1994), revised edition, p. 247. 其實柯林烏與克羅齊既是哲學家，又是歷史家。

這類現世的「當下意識」(presentism) 與蘭克史學所標榜超脫的客觀性遙相對壘。

即使下迄 1960 年代，狀似喧嘩的「卡耳與艾爾頓的論戰」無非重述懷疑論與現代史學的折衝。於其風行多年的名著《何謂歷史》(*What is History?*) 裡，卡耳 (E. H. Carr, 1892–1982) 刻意突顯史家的主體性，而抨擊「呈現史料，史實自明」的看法[34]。另一方，艾爾頓 (G. R. Elton, 1921–1994) 則秉持蘭克史學以維護史學的客觀性自任[35]。在學界，由於卡耳與艾爾頓皆是聲譽卓著的大家，二者旗鼓相當，各代表了截然有異的立場，並擁有眾多的追隨者[36]。惟在後現代理論降臨之後，其區別顯得微不足道了[37]。

析言之，之前的歷史懷疑論總環繞史家而發，但後現代理論則追根究底，直接質疑記述史實的語言 (languages) 與符號 (signs)，在此一方面，德

柯氏以研究羅馬時期的不列顛聞名，克氏則專長近代義大利史。

34. E. H. Carr, *What is History?* (London: The Macmillan Co., 1986), second edition, pp. 1–24. 本書初版刊於 1961 年。迄今全球銷售達二十五萬冊，以專業的學術書籍而言，委實驚人。(本書有王任光教授極佳的中文譯本)

35. G. R. Elton, *The Practice of History* (New York: Thomas Y. Crowell Co., 1967).

36. 例如，拉卡布拉與托許 (John Tosh, 1945–) 都承認卡氏與艾氏的著作為當時最受歡迎的史學導論，時常作為討論的起始點。Dominick LaCapra, *History and Criticism* (London and Cornell: Cornell University Press, 1985), p. 137; John Tosh, *The Pursuit of History* (London and New York: Longman, 1996), pp. 29, 234.

37. Keith Jenkins, On *"What is History?"* (London and New York: Routledge, 1995), ch.1. 詹京斯站在後現代主義的立場極力泯滅卡耳與艾爾頓之異同。(本書有江政寬的中文譯本) 詹氏並宣稱二氏的史觀在後現代的世界已失去意義，未免有以偏概全、失之唐突之嫌；其看法另見 Keith Jenkins, "An English Myth? Rethinking the Contemporary Value of E. H. Carr's *What is History?*" in Michael Cox ed., *E. H. Carr: A Critical Appraisal* (New York: Palgrave, 2000), pp. 304–321. 訂正的意見，參閱 Anders Stephanson, "The Lessons of *What is History?*" also in *E. H. Carr*, pp. 283–303.

希達尤為個中翹楚。

二、德希達的解構策略與文本觀

於進入檢討德氏理論之前，有兩項聲明必須先行陳述。德希達的行文迴異於傳統哲學，常以迂迴的隱喻方式進行，意旨難以捉摸[38]；果循其「延異」(différance) 的理路[39]，其文字定乏確解，推其極致不啻「所有的閱讀皆是誤讀」(All readings are misreadings)，而其本人亦坦承自身的文字書寫時患意義失聯之虞[40]。所以拙文至多僅能梳理與史學相關的論點，而無意苛求其本義。

其次，德希達原以批判西方的形上學為下手處，史學初非其關切所在。但這並不排除其理論構作（或過程）具有歷史或史學的涵蘊。而這正是下文亟欲進行的工作。

要之，德希達學說顛覆傳統史學（近、現代）莫過於「文本」(text) 一詞的概念。他逕稱：

> 文本之外，別無它物。(il n'y a pas de hors-texte，英譯：There is nothing outside of the text.)[41]

---

[38]. 例如梅吉爾即承認德希達著作的難解與不可解。見 Allan Megill, *Prophets of Extremity* (Berkeley, Los Angeles, and London, 1985), pp. 259–260.

[39]. "différance" 是德希達自創的名詞，兼有 "differ"（歧異）與 "defer"（延宕）之義，描述變動不居且衍生差異的書寫與閱讀活動。詳見 Jacques Derrida, "Différance," in *Margins of Philosophy* (Chicago: The University of Chicago, 1986), , pp. 1–27. 另參閱 Jacques Derrida, *Positions*, translated by Alan Bass (Chicago: The University of Chicago, 1981), pp. 26–29.

[40]. Jacques Derrida, *Position*, p. 14.

若是，則依文獻所建立的歷史，必將化為子虛烏有的符號遊戲，而別無實指。此一驚世駭俗之論，傳統史家礙難接受。可是德希達並非故作危言以聳聽，他自有一套理據。

乍聞之下，「文本」為晚近流行的辭彙，與昔日的慣用語「文獻」(documents) 或「作品」(works) 似無兩樣，惟其概念則全然有異。概略地說，「文本」意謂符碼允許開放且多元的闡釋進路，而「文獻」或「作品」則代表作者與實體 (reality，就史學而言則是史實) 之間封閉或自足的實錄，其解釋系統即非固定，亦是有限的。「文本」與「文獻」所以有如是的歧異，無非德希達於「書寫」(writing) 另有新解。

在引介德氏的「書寫」概念之前，我們必得先行明瞭德氏引以為豪的研究策略，這便涉及「解構」(deconstruction) 的運作。建築學上，「解構」恰是「建構」(construct) 的反義詞，意謂：拆散與分解。但哲學上，德氏的「解構」係由海德格 (Martin Heidegger, 1889–1976) 轉手而致。海氏循此進路檢視西方「存有的形上學」(metaphysics of Being)，且亟思予以改造 [42]。德希達本人固然對海氏重建形上學的計畫不表苟同，但他的「解構」同樣含有積極的作用，即從舊址（已有文本）重塑新解和異解的無窮可能 [43]。

[41.] Jacques Derrida, *Of Grammatology*, translated by Gayatri Chakravorty Spivak (Baltimore and London: Johns Hopkins University Press, 1997), p. 158.

[42.] 德希達所用的 "déconstruction" 出自德文 "Destruktion" 或 "Abbau"，原為德國哲學家海德格用以檢視西方形上學的進路。海氏此一用語兼消極與積極的雙重意涵。消極的是拆毀傳統的形上學，積極的是重建嶄新的形上學。見 Martin Heidegger, *Being and Time*, translated by John Macquarrie and Edward Robinson (New York: Harper & Row, 1962), p. 44. 另參閱 Charles R. Bambach, *Heidegger, Dilthey, and the Crisis of Historicism* (Ithaca and London: Cornell University Press, 1995), pp. 197–199.

[43.] Jacques Derrida, "Ousia and Grammē: Note on a Note from *Being and Time*," in *Margins of Philosophy*, pp. 29–67.

　　於德希達而言，「解構」乃是針對文本遂行「批判性的閱讀」(critical reading)。此處德氏揭示的「批判性閱讀」必須稍加闡釋，方得領略其用心所在。依他所見，批判的閱讀與傳統經傳注疏 (commentary) 自有分辨；後者在前者固起了防範的作用，令閱讀活動在安全的軌道上運行無阻，且不致出軌。也就是說，批判性閱讀並非漫無邊際，師心自用。但基本上，批判性的閱讀係開放式的閱讀，用以察覺文本字裡行間的留白、矛盾與壓抑的層面，從而創造意想不到的新解，其結果可能遠逾作者的本意或想像所及[44]。尤有甚者，德氏強調：

> （批判性）閱讀至少在軸心應該從歷史的古典範疇解放出來——掙脫的不止是觀念史的，同時是文學史的範疇，或許至為緊要的是哲學史的範疇。[45]

惟需注意的，「解構」誠如德希達所言的是策略性的語言戲耍，而非一種「新方法」(new method) 的提出，就如同「延異」不是「概念」(concepts) 一般；因為只要落入「方法」的窠臼，一切將一成不變，也就無法因事制宜[46]。關於此點，德氏與晚近反方法 (anti-method) 的思潮毋寧是一致的[47]。他倚此別出心裁的利器，徹底瓦解了西方的形上學。

　　經由搜尋 （批判性閱讀） 西方的思想經典，德希達偵測出柏拉圖 (Plato, 427–347 B. C.) 以降，近三千年的哲學都瀰漫了「在場」(presence)

---

44. Jacques Derrida, *Of Grammatology*, pp. 158–159.

45. Ibid., p. 1xxxix.

46. Jacques Derrida, *Of Grammatology*, p. 1xxxix; *Margins of Philosophy*, p. 11.

47. Cf. Christopher Norris, *Derrida* (Cambridge, Massachusetts: Harvard University Press, 1987), pp. 18–20.「反方法」的論點，請參閱拙著，〈論「方法」與「方法論」：以近代中國史學意識為系絡〉，收入黃進興，《歷史主義與歷史理論》（臺北：允晨文化公司，1992），頁 261–285。

的概念。他們臆想哲學大業旨在追求亙古未變，接近本源且時時呈現的真理。德氏嗤此一偏執為「邏各斯中心主義」(logocentrism，希臘語 "logos" 意謂：語言 [word] 或真理 [truth])，這種由來已久的成見在西方的語言文化中凝塑成「語音中心論」(phonocentrism)，以為話語 (speech) 係說者的直接表現，而文字在描述或表達真理僅屬間接的次級品。作為「媒介者（話語）的媒介」，文字的價值故低於言語（語音）一等。

此類偏見，於西哲論著之中俯拾即是，亞理斯多德 (Aristotle, 384–322 B. C.) 不就主張：「口說語言 (spoken words) 乃心靈經驗的符號，而書寫語言卻是口說語言的符號。」[48] 其故則是聲音作為原初的符號，和心靈具有實質與立即的貼切性，所以話語才是心靈對世界的自然反應與最接近真實的本源。下迄啟蒙時期的盧梭 (Jean Jacques Rousseau, 1712–1778)，仍不時同聲貶抑書寫文字充其量僅是「話語的再現」(the representation of speech)、僅是話語的墮落形式，等而下之則是語者與言談之間「在場」的摧毀者[49]。

面對上述根深柢固的成見，德希達首要的任務即釐清問題的來龍去脈，並診斷出癥結所在。於完成哲學史的爬梳工作之後，德氏便迎面痛擊「邏各斯中心主義」倚以為生的「意義理論」(theory of meaning)，後者實是前者命脈所繫。

說來反諷，兩位影響德希達至深的思想家，海德格與索緒爾 (Ferdinand de Saussure, 1857–1913) 卻通是「語音中心論」的支持者；然而前者提供了「解構」策略，後者復啟示德氏如何去顛覆「意義理論」的基礎。

原來作為現代語言學之父的索緒爾，曾宣示：共時 (synchronic) 的言說語言系統方為語言學主要的處理對象[50]；他在 《普通語言學教程》

---

48. 轉引自 *Of Grammatology*, p. 11.

49. Ibid., pp. 27, 142–144.

50. 索緒爾在講稿中常批評以研究貫時 (diachronic) 語言現象的歷史語言學和比較語言

(*Course in General Linguistics*) 開宗明義即說道：

> 語言與它的書寫形式構成兩種涇渭分明的符號系統 (systems of
> signs)，後者存在的唯一目的即是為了再現 (represent) 前者。語言學
> 研究的對象並不兼顧書寫和口說的字詞 (words)，獨有口說的字詞方
> 列為考慮項目。[51]

由於文字和話語關係如此密切，索緒爾遂謂，人們經常誤以文字僭越話語的主要角色，視發音符號的再現重於發音符號，如同欲親睹人之本貌，卻僅以照片充行之[52]。索氏類此的意見，就足使德希達將其羅織為「語音中心論」的共犯[53]。而且索氏既把「話語／文字」二元對立，背後甚可牽引出一系列形上的偏見，諸如：「在場／缺席」(presence/absence)、「自然／文化」 (nature/culture)、「形式／實質」 (form/content)、「精神／物質」(spirit/material)、「心／物」(mind/body) 等等高低有別的價值預設[54]。

　　首先，德希達於「話語／文字」二元對立的模式深表懷疑。他採納維科 (Giambattista Vico, 1668–1744) 的觀點，以為歷史上從無證據顯示口說話語必然早於書寫文字，所以話語並無與生俱來的優越性，而文字亦非劣等的「意符的意符」(signifier of signifier)[55]。此外，從文化的觀點，書寫

學。另可參閱 David Holdcroft, *Saussure: Signs, System, and Arbitrariness* (Cambridge: Cambridge University, 1991), pp. 134–135.

51. Ferdinand de Saussure, *Course in General Linguistics*, translated by Roy Harris (La Salle, Illinois: Open Court, 1986), pp. 24–25.

52. Ibid., p. 25.

53. 德希達視索氏為盧梭一脈相傳的 「語音中心論」 者。 見 Jacques Derrida, "The Linguistic Circle of Geneva," in *Margins of Philosophy*, pp. 137–153.

54. Jacques Derrida, *Of Grammatology*, pp. 33–35.

55. Ibid., pp. 7, 335. 除了維科之外，羅素 (Bertrand Russell, 1872–1970) 亦是德希達引以

文字更能體現符號完整的運作；是故，德希達反其道刻意突顯文字作為符號特性，甚而可以包容話語，成為「大書寫」(arch-writing)。基調既定，太阿倒持，德希達自可遂行文本理論。

德希達既然疵議索氏上述的論點，那麼他借重索氏之處勢必是符號論 (semiology) 了。

眾所周知，索氏對語言符號曾提出一套精闢且開創性的見解。他認為符號 (sign) 係由「意旨」(signified) 和「意符」(signifier) 二元素所構成。「意旨」謂心中的概念 (concept)，「意符」則是「聲音的意象」(sound-image；就文字而言，則是書寫形狀)。「意旨」與「意符」乃「符號」的一體兩面，只有二者合而為一的情況之下，方能產生示意作用[56]。

索緒爾發覺語言並非是思想的工具，卻是不可或缺的媒介。特為重要的，他看出符號的任意性 (arbitrariness)，更精確地說，「意旨」與「意符」的連結乃是約定俗成，而乏內在的聯繫。符號的意義實源自語言系統中的相互關係，因此是「形式的」(formal)，而非「實質的」(substantive)。另方面，符號的演化是持續不斷的區隔與分化，所以追求同一性 (identity)，或永恆的意義，均屬無稽之談[57]。

為助的奧援。Ibid., p. 58.

[56]. "signified" 與 "signifier" 取自舊有的英譯：Ferdinand de Saussure, *Course in General Linguistics*, translated by Wade Baskin (New York, Toronto, and London: McGraw-Hill Book Co., 1966), pp. 65–67; 另參閱新英譯本：*Saussure's Third Course of Lectures on General Linguistics* (1910–1911), translated by Eisuke Komatsu & Roy Harris (Oxford: Pergamon Press, 1993), pp. 92–94. 但德希達警告，若在本質上嚴格區分「意旨」和「意符」，將代表概念 (concept) 得以自立自足，且變成「超越的意旨」(transcendental signified)，而與西方傳統形上學接頭。見 Derrida, *Positions*, pp. 19–20.

[57]. Ferdinand de Saussure, *Course in General Linguistics*, translated by Wade Baskin, pp. 67–68, 111–119.

　　得此概念的奧援，德希達的文本理論遂順理成章[58]。但德氏首要的工程，則是以文字書寫取代口說話語的地位，於是他以「大書寫」(arch-writing) 來涵蓋話語，且將「字詞」(words) 提升至「文本」(text) 的層面；其餘，僅是概念移植的工作。

　　德希達認為「文本」(text) 即由符號 (signs) 編織成的[59]，所以符號的製造與解釋同樣適用於文本。文本的閱讀和書寫，亦經由「延異」與「增補」(supplement) 的作用，而呈現無止境而多解的。換句話說，文本若有意義的話，則必源自互異的區隔關係，而非實質的。這種假說應用在探討已逝的過去，尤具說服力。德希達舉歷史上盧梭為例，今人倘欲瞭解盧氏，除了他本人所遺留的文本（即「文本化」的生活），別無它物可以諮詢，因此只有在文本內部尋尋覓覓，絕非別有實在的世界得以參照[60]。

　　以上的觀點恰是所謂「文本之外，別無它物」的真諦。要之，德氏並不否認外在世界的存在，但對於歷史研究而言，除了倚靠殘留的文本以外，

---

58. 必須略加界定的，德希達並非第一個汲取索氏的理論，也絕非唯一的途徑。索氏的語言學曾在二十世紀 60 年代大大啟示了結構主義 (structuralism)，尤其以人類學家李維斯陀為代表。李氏接受索緒爾的「語音中心論」，貶抑文字的功能，甚至將其視為政治與社會控制的工具。參見 Claude Lévi-Strauss, *Tristes Tropiques*, translated by John & Doreen Weightman (New York: Atheneum, 1974), pp. 298–300. 德希達曾對李氏的論點加予批評。見 "The Violence of the Letter: From Lévi-Strauss to Rousseau," Derrida, *Of Grammatology*, pp. 101–140. 索氏語言學對其它學科的影響，可略參考 Jonathan Culler, *Ferdinand de Saussure* (Ithaca, New York: Cornell University Press, 1995), chs. 3–4; Jean-Marie Benoist, *The Structural Revolution* (New York: St. Martin's Press, 1978), ch. 1.

59. Jacques Derrida, *Of Grammatology*, p. 14.

60. 舉其例，盧梭所製造的文本，即是他實際生活的「增補」；於讀者而言，除了增補的文本，已無其它門道可以接觸盧梭真實的生活。因此，增補有取代與繼續衍異的功能，這個現象在書寫與閱讀兩個層面都並時在進行。Ibid., pp. 158–164.

並無過去的實跡可以依傍。

同理，史學最大的命脈存於文獻資料，其次方是遺物（包括考古材料）。依德希達的理路，毋論文獻或遺物，通可視為文本。而時間化的文本，不過是過去史實若隱若現、無由確定的「蹤跡」(trace)。這些蹤跡取代真正的事實，而以「模態」(simulacrum) 的形式出現，就彷彿失真的照片即使一再翻拍，但絕不能稱得上是實物。

因此，文本顯現的史實（在場）殊不如其所抹滅（缺席）的部分[61]。德希達倘若就此懸崖勒馬，甚至暗示透過解構的批判閱讀，得以或多或少知曉已逝的過去。史家大概尚可忍受他的觀點，因為由實際的研究經驗，史家十分明瞭史料的局限性，所以從無史家天真到相信可以完全恢復或取得攸關過去全部的知識。但德氏仍奮不顧身的逾越雷池，切斷「文本」與「過去」的連鎖，致令歷史墜入深不見底的虛無漩渦。

下文則擬從局部擴及整體，循序評估德希達的文本論對史學的衝擊。正面的收益是：德希達的解構觀照明了文本的矛盾與隱晦之處，由字裡行間得窺出文化創新的可能。他的「增補邏輯」(Logic of the Supplement) 開啟婦女史的新途徑[62]。同樣地，他別樹一幟的閱讀對日本德川幕府的理解亦有所助益，其它諸如「延異」於埃及殖民城市的研究更功不可沒[63]。然

---

61. 德希達「蹤跡」的概念取自於佛洛伊德 (Sigmund Freud, 1856–1939) 與拉岡 (Jacques Lacan, 1901–1981) 的心理學。詳見 Jacques Derrida, "Freud and the Scene of Writing," in *Writing and Difference*, translated by Alan Bass (Chicago: The University of Chicago, 1978), pp. 196–231.

62. Joan Scott, "Women's History," in Peter Burke ed., *New Perspective on Historical Writing* (University Park, Pennsylvania: The Pennsylvania State University Press, 1991), ch. 3.

63. Peter Burke, *History and Social Theory* (Ithaca: Cornell University Press, 1992), pp. 120–121.

而這些個別的事例，並無法掩蓋史學基層理念的變化。

　　整體而言，首當其衝的便是 「結構分析」 (structural analysis) 的正當性。德氏訾議有所謂客觀的描述。持結構觀點者動輒將客體 (object) 與主體 (subject) 判然兩分，但狀似超然的 「結構」 亦不過是參有主體意向的模態 (simulacrum)；況且毋論何種文本，文學、心理或人類學的，均不出「在場」與「缺席」的交替，而主、客皆宜的文本性 (textuality) 必致模糊二者之間清楚的界限，而閃避作為客觀敘述基礎的本質問題 (What is ...?) [64]。

　　德氏早在 1966 年嶄露頭角的論文：〈人文科學論述中的結構、符號與戲耍〉 (Structure, Sign and Play in the Discourse of the Human Sciences)，業已公然挑戰結構主義，李維斯陀特成為御批欽點的無上祭品 [65]。結構，毋論作為經驗或形式的，均反映「語音中心主義」的偏見，甚至犯有 「種族中心論」 (ethnocentrism) 的弊病 [66]。在此指控之下，連帶波及的便是史學研究中的馬克思史觀與年鑑學派 ， 二者雖截然有異 ， 卻皆捨棄浮於人事（events，尤其政治事件）的歷史分析，轉而專注社會底層的結構因子 [67]。

---

64. Jacques Derrida, *Of Grammatology*, p. lvii.

65. 我指的是德希達參加 1966 年美國約翰霍布金斯大學所發表的會議論文：〈人文科學論述中的結構 、 符號與戲耍〉。 見 Jacques Derrida, "Structure, Sign and Play in the Discourse of the Human Sciences," in his *Writing and Difference*, translated by Alan Bass (Chicago: The University of Chicago, 1978), pp. 278–293.

66. Jacques Derrida, *Of Grammatology*, p. 120. 德希達意謂：萊布尼茲、索緒爾等認為西方以拼音文字為書寫基礎，這與中國文字以圖形為主，形成強烈對比。

67. 馬克思的唯物史觀以 「上層結構／基礎」 (superstructure/base) 的因果分析處理歷史現象。可參閱 Geoffrey Barraclough, *Main Trends in History*, pp. 17–28. 年鑑學派以布勞岱參照時間向度的 「結構分析」 最具代表。 參閱 Peter Burke, *The French Historical Revolution* (Stanford: Stanford University Press, 1990). 李維斯陀則以 "social structure" 與 "social relation" 來分辨形式和經驗的不同概念。 參見 Claude Lévi-Strauss, *Structural Anthropology*, translated by Claire Jacobson and Brooke

但探究穩定或本源的形式結構，於德希達而言，均是「邏各斯中心主義」迷思的作祟，故只能是李歐塔 (Jean-François Lyotard, 1924–1998) 詬病的「後設敘述」(meta-narrative) [68]，而非認識歷史的方便法門（正道）。

同理，在德希達文本觀的映照之下，不但傳統攸關「觀念自主性」(autonomy of idea) 的神話無所遁形，而且「社會與思想互動」的模式亦遭受考驗；以致喧騰一時的「觀念史」(history of idea) 或「社會思想史」(social history of idea) 的研究取向，頓成過眼雲煙。換句話說，德希達的文本實踐樹立了嶄新的學術典範 [69]，「文本論」(textualism) 遂得再次凌駕於「語境論」(contextualism) 之上。

不止於此，傳統史觀的弊病亦難逃德希達的法眼。依他之見，傳統史觀渲染了濃郁的玄學氣息。任何宣稱內攝意義的歷史 (history of meaning)，均由某種目的論所主導，以致呈現線形的進展。德希達原就認為所有文本皆是異質性，甚至本身即自相矛盾；而所謂具有「意義的歷史」基本上即將文本視作同質性，而勉強予以整齊劃一 [70]。另方面倘若撥開德氏文本觀的迷障，則海德格的身影立獲顯現。由於對集體歷史（若民族史、階級史）的疑懼，海氏轉而直接訴諸個人真實的歷史感 (historicity) [71]，這種徵象無

Grundfest Schoepf (New York and London: Basic Books, Inc., 1963), pp. 279–289.

68. Jean-Francois Lyotard, *The Postmodern Condition*, translated by Geoff Bennington and Brian Massumi (Minneapolis: University of Minnesota Press, 1993), pp. xxiii–xxiv.

69. 「語境論」(contextualism) 著重脈絡，可包含內在脈絡若「觀念史」，抑外在脈絡若「社會思想史」。Cf. Dominick LaCapra, "Rethinking Intellectual History and Reading Texts," in *Rethinking Intellectual History* (Ithaca and London: Cornell University Press, 1983), pp. 23–71; and E. M. Henning, "Archaeology, Deconstruction, and Intellectual History," in Dominick LaCapra and Steven L. Kaplan eds., *Modern European Intellectual History* (Ithaca and London: Cornell University Press, 1982), pp. 153–196.

70. Jacques Derrida, *Positions*, pp. 56–60.

時不出現在德希達的思維中。他們咸對「整體的歷史」(total history)，或歷史的「整體性」(totality) 深表疑慮。

再者，德希達主張文本只是語言符號的無限戲耍，並無確解，誠如他所宣稱的：

> 文本非文本，除非它能隱藏自最先的接觸者、最初的一瞥、甚至它構成的法規與遊戲規則。文本，再者，依然永遠不可曉解的 (imperceptible)。[72]

而傳統史家素來篤信「真實為歷史的靈魂」(Truth is the soul of history)[73]，初聞此一詭論，無異晴天霹靂，勢必驚駭不已。尤有過之，他否定文本對外的指涉性 (referentiality)[74]，此不啻將時間化的文本（史料）變成無根之萍，任風漂流。由是觀之，史家的書寫只能是永續開放的語言遊戲，而乏

---

71. Martin Heidegger, *Being and Time*, pp. 425–455. 另可參閱 David Couzens Hoy, "History, Historicity, and Historiography in Being and Time," in Michael Murray ed., *Heidegger & Modern Philosophy* (New Haven and London: Yale University Press, 1978), pp. 329–353.

72. Jacques Derrida, "Plato's Pharmacy," in *Dissemination*, translated by Barbara Johnson (Chicago: The University of Chicago Press), p. 63.

73. quoted from Beverly Southgate, *History: What & Why?* (London and New York: Routledge, 1996), p. 32.

74. 德希達在一次訪談中，極力撇清他並不否認語言具有指涉作用。可是他從未說明白其中的關係。拉卡布拉更申言：德希達謂「文本之外，無它物」，其實亦涵蘊「文本之內，無它物」，而排拒形式主義 (formalism)。參閱 Richard Kearney, *Dialogues with Contemporary Continental Thinkers* (Manchester: Manchester University Press, 1986), "Dialogue with Jacques Derrida," p. 123. 拉卡布拉的觀點見 Dominick LaCapra, *Soundings in Critical Theory* (Ithaca and London: Cornell University Press, 1989), pp. 19–20.

實指。傳統史學奉為圭臬的史料分辨,例如:原始資料與間接資料的區別,除了標示時序,驟然失去任何實質的意義,因為凡是作為史料的文本皆淪為語言戲耍的一環,並無與生俱來的優先性,更遑論真確與否。至此,後現代理論的追隨者方許大放厥詞:

> 歷史乃是西方的神話。[75]

只因為史家可以恣意想像,則「史實」自然可以憑空塑造。

三、攔截後現代

相對其它側身於後現代陣營者,若傅柯 (Michel Foucault, 1926–1984)、懷特 (Hayden White, 1928–2018) 等,德希達固缺歷史的專著,可是他的文本論滲透史學意識殊為深遠。一位以批評時下歷史文化自居的學者,便判定:「歷史」係漂浮不定的「意符」(signifier),而非「意旨」(signified)。他所持的理由為:

> 「歷史」(history) 經由擺布「過去」(past),得以袪除時序的混亂,而保存群體關係的想像;「歷史」慣援它時異地來解消當前的緊張狀況。所以「歷史」必須和「過去」徹底的切斷,因為前者恆是文化矛盾的標示,後者卻是較為流動不居的概念。「過去」兼含主動與無意識的記憶,但「歷史」卻只能投射記憶所及的擬態 (simulation)[76]。

---

75. Vincent Descombes, *Modern French Philosophy*, translated by L. Scott-Fox and J. M. Harding (Cambridge: Cambridge University Press, 1982), p. 110.

76. Sande Cohen, *Historical Culture* (Berkeley, Los Angeles, and London: University of California Press, 1986), p. 329.

這位學者尚且放言：歷史不過是「社會強制價值不在場的申辯」。倘若撥開他意識形態的迷障，立可一眼望穿他的歷史概念充溢德希達的韻味。此尚不遑論及某些追求時尚，逕取「解構歷史」(Deconstructing History) 作為命篇之徒 [77]。德氏之影響，由是略見一斑。

縱使如此，就史學切身的問題，德氏學說值得商榷之處，舉其犖犖大者依然有二：

第一，倘全盤遵循德氏的解構策略，史料閱讀將無判準可言。依德希達，文本的閱讀悉由「延異」運作所操控，突顯異質性 (heterogeneity)、否定同一律；那麼「誤讀」(misreading) 為常態，「正解」(correct understanding) 反是偶然。讀者直若處於巴別塔 (The Tower of Babel) 崩塌之後，各說各話，溝通無門，及其極致必無共識，而陷讀者（史家）於唯我之境。

職是之故，他的門徒推衍其說，謂：「所有的閱讀通是誤讀。」實是預料中之事。惟細繹「誤讀」一詞，概念上必預存「正解」，方得相互參照。按「正解」非獨尊一家，或可多解，甚至僅存於理想，缺此則「誤解」不知所云 [78]。有趣的是，德希達卻頻頻指控他的論敵「誤讀」名家作品。例如，他攻詰沙特 (Jean-Paul Sartre, 1905–1980) 誤讀海德格攸關意識 (consciousness) 的概念 [79]；他復批評傅柯誤解笛卡爾 (René Descartes, 1596–1650) 的「我思故我在」(cogito) [80]。凡此均可援「小節出入可也」予以寬宥，但更重要的是，這些指正透露出德希達心目中仍擺脫不了一把「正解」

77. 例如 1997 年刊行的 《解構歷史》。 Alun Munslow, *Deconstructing History* (London and New York: Routledge, 1997). 本書所論不限德希達的學說，卻以德氏的招牌用語「解構」命篇，德氏影響之深，不言而喻。

78. Cf. Jonathan Culler, *On Deconstruction: Theory and Criticism after Structuralism* (Ithaca, New York: Cornell University Press, 1994), pp. 175–179.

79. Jacques Derrida, *Margins of Philosophy*, pp. 114–118.

80. Jacques Derrida, *Writing and Difference*, pp. 31–36.

的量尺。他於美國的同道——德曼 (Paul de Man, 1919–1983)，雖貴為解構批評的文壇祭酒，亦得坦承：

> 閱讀是項論證 (argument)。……這無異說：在成為倫理與美學價值之前，閱讀是件認識論的事為 (espistemological event)。這並不表示存有真確的閱讀，然而閱讀基本上若不涉及對與錯的問題是無法想像的。[81]

因此，史家研史若合符節，則非「誤讀」、「錯解」可以蒙混。「正解」可以推敲作者原意，或別出心裁從字裡行間尋繹所得，而勝任的史家輒兼二者而有之。

其實，德希達雄心壯志，自詡「書寫科學」(grammatology) 為「科學中的（基礎）科學」(a science of science)[82]；因此，其論域必呈「全稱述語」(universal statements) 的性質。可是他的閱讀觀點已趨近「作者之死」(the death of author) 的立場[83]，他人倘欲確認其理論，未免遭致捕風捉影之譏。果是，反施其身，兩相夾擊，則無從自拔於「以子之矛，攻子之盾」的窘狀，用邏輯術語，則是「弔詭」(paradox)，而最終的解脫之道，莫非削弱、即是否定原來學說的有效性。這適道出所有相對論 (relativism) 難以言喻的隱痛[84]。

---

81. 參見 Christopher Norris in his *Deconstruction: Theory and Practice* (London and New York: Routledge, 1991), pp. 153–154.

82. Jacques Derrida, *Of Grammatology*, pp. 27–28.

83. 「作者之死」為巴特揭示的閱讀立場，謂文本的解釋遠非作者所能規範。見其著名的文章：Roland Barthes, "The Death of the Author," in *The Rustle of Language*, translated by Richard Howard (New York: Hill and Wang, 1986), pp. 49–55.

84. Cf. Ernest Nagel, *The Structure of Science* (New York: Harcourt, Brace & World, 1961), pp. 499–502. 我的論點是：德氏的理論若能成立，則其學說無確解，更遑論正解；

其次，解消歷史的指涉作用。

攸關歷史知識的性質大略分為兩大陣營，彼此針鋒相對：持「對應論」(theory of correspondence) 者主張，史料或史著與過去的史實存有某種關聯，史家的職責乃於「發現」(discover) 過去；而持「建構論」者 (theory of construction) 卻認為史家無從知曉真實的過去，史家追求的是知識系統的「連貫性」(coherence)，其主旨係「建構」(construct) 或「創造」(create) 過去[85]。絕大多數的專業史家篤信「對應論」，而德希達則獨排眾議，一刀砍斷「文本」與「事實」的聯繫，顯然他決心力挺「建構論」。

遠在二次大戰之前，克羅齊等人首開端倪，大肆宣揚史學的「建構論」。他們質疑史料與史實的關係，認定歷史只不過是史家從故紙堆建立起來的故事，而與已逝的過去無涉。但傳統史家仍不為所動，堅守「對應論」如故[86]。值此爭辯不休之際，德希達的「文本」概念及時增援了「建構論」，再次挑戰彼方的論點。無奈兩造酣戰之餘，德氏的文本觀猶存有難以克服的弱點。

倘若德氏的學說能自外於其閱讀策略，則其（解構）理論若非不能成立，則必須局部化 (localize) 其有效範圍。

85. 正統的認識論 (epistemology) 主要處理「知識」與「世界」(world) 的關係，較少關心「歷史」與「過去」的關聯。傳統認識論可略分三大類：「對應論」、「建構論」與「實用論」(pragmatism)。第三種以「用途」(usefulness) 來界定知識的真確性，史家夙懷戒心，避免誤導歷史知識淪為宣傳用品或意識形態的工具。例如一度廣為採用的歷史哲學的教科書僅介紹「對應論」與「建構論」。E.g. W. H. Walsh, *Philosophy of History* (Taipei: Rainbow-Bridge Book Co., 1967), ch. 4. 正統的認識論可參閱 Paul K. Moser, Dwayne H. Mulder and J. D. Trout, *The Theory of Knowledge* (New York and Oxford: Oxford University Press, 1998), ch. 4「建構論」。

86. 克羅齊之外，另有奧克修特 (Michael Oakeshott, 1901–1990) 持「建構論」的觀點，雖然他們意見不盡相同。參見 Jack W. Meiland, *Scepticism and Historical Knowledge* (New York: Random House, 1965), chs. 1–2.

　　要之，克羅齊等人雖為「建構論」者，尚尊重「文獻」(documents) 內部的規範，德希達則全然棄之不顧。德氏的解構策略因人、因事、因時空的替換而變化無窮，他的建構論可游移於社會、文化和個人的認知範疇之間（而偏向個人）。但不容諱言，他的解構策略與建構論猶存有難以化解的緊張性[87]。

　　他的文本觀 (textualism) 粗視若昔時的「新批評」(New Criticism)，擯斥以作者為依歸的「意圖謬誤」(intentional fallacy)，視「文本」本身為不假外求的詮釋單位。（以「新批評」，則指「作品」。）惟逾此，二者便分道揚鑣。對德希達而言，「新批評」汲汲於解析作品的藝術價值，無異字迷心竅，耽溺於意義的幻覺[88]。

　　另方面，德希達割捨「文本」與「世界」的紐帶，使得「意義」飄浮於文字符號之上，更遑顧渺不可及的「過去」。此一堅持令他難以擺脫「語言決定論」(linguistic determinism) 的色彩。語言不止是「存有的殿堂」(the temple of being)，而且將變成人類的牢房[89]。他全神貫注從「文本」內部，尋求創解，令他無暇照料無止境的異解。假若「文本」為定本（固定的語言符碼），那麼異解從何而出？是故，「語境」(context) 的概念必不可缺（毋論其為歷史、或文化、或個人的條件），方能彌補「文本」理解之不足。即使他的追隨者得以意識及各別文本內在的互補需求，進而引進「文本間性」

---

87. Cf. Horace L. Fairlamb, "Theory and/or Deconstruction: Derrida's Slippage," in *Critical Conditions: Postmodernity and the Question of Foundations* (Cambridge: Cambridge University Press, 1994), pp. 81–103.

88. 「意圖謬誤」請參考 Jeremy Hawthorn, *A Glossary of Contemporary Literary Theory* (London: Arnold, 1998), pp. 170–171.「新批評」以降，文學批評的演變請參閱 Frank Lentricchia, *After the New Criticism* (Chicago: The University of Chicago, 1980).

89. Fredric Jameson, *The Prison-house of Language* (Princeton: Princeton University Press, 1974), ch. 3.

(intertexuality) 的概念，終究未得凌越語言層面的思慮[90]。究其實，為德希達所祖述的索緒爾語言學，只道出「符號」的任意性，並未否認整體語言系統的指涉作用，但德氏卻無限地擴充「符號」的隨意性至全體的文本。此外，他傾向將符號的內涵「意義」與外延「指涉」化而為一，而只向文本內部的語言尋求解答[91]。毋怪有人譏諷德希達僅是「披著文本外衣」時髦的觀念論者罷了[92]。他似乎忘卻「是人類在戲耍語言，而非語言自身在玩遊戲」[93]，也就是說，是「人在寫作、人在思考，而且總是人與人之間相互爭吵不休」[94]。德希達顛倒了人與文本的主從關係，低估了人類的能動性，其實「文本」才是作者手中的被動產物，人類主體的經驗可經語言加以呈現，但並非純然由之所決定。

　　於此，上一世紀初葉，英國哲學家穆爾 (G. E. Moore, 1873–1958) 的名文：〈為常識辯護〉(A Defense of Common Sense) 至今展讀猶似暮鼓晨鐘，發人深省。穆爾本諸切身經驗，取雙手互指，樸實親切地證成「外在世界」的存在[95]。同理，我們得緣置身於歷史的過程之中，親眼目睹周遭的各種

---

90. "Introduction," Michael Worton and Judith Still eds., *Intertextuality: Theories and Practices* (Manchester: Manchester University Press, 1990),

91. Cf. Raymond Tallis, *Not Saussure: A Critique of Post-Saussurean Literary Theory* (Houndsmills: Macmillan Press, 1988), pp. 82–96.「意義」可由語言內部獲得解答，「外延」則必涉及語言之外的狀況。即使他在文學批評的同道——費許 (Stanley Fish, 1938–)，固然堅持「意義的不確定性」，亦得兼顧話語的「情境」(situation)，方得適切掌握言說的真意。參見 Stanley Fish, *Is There a Text in This Class?* (Cambridge, Massachusetts: Harvard University Press, 1980), pp. 303–321.

92. quoted in Christopher Norris, *Derrida*, p. 144.

93. Lawrence Stone, "History and Postmodernism," in Keith Jenkins ed., *The Postmodern History Reader* (London and New York: Routledge, 1997), p. 258.

94. Harold Bloom, *A Map of Misreading* (New York: Oxford University, 1975), p. 60.

95. G. E. Moore, "A Defense of Common Sense," in Loius P. Pojman ed., *The Theory of*

書寫（舉凡：報章、雜誌、檔案、日記等等），瞬間化成未來的史料。它們之間與現實世界的參照關係，固然因例而異，毋得一概而論；但無從否認地，它們均具不同的指涉作用。而破解史料的此一密碼，適為史家無上的職責。其中的道理正如維科所揭示的：「人創造歷史，故人瞭解歷史」[96]。換言之，歷史是項經驗事實，而非理論。

簡言之，失去指涉作用的文本，恰宛如斷線的風箏，若非粉身墜地，即是隨風而逝，遊戲的趣味勢必難以維繫。而純由語言符碼所拼湊的「歷史」圖像，不止無法辨識真實與虛構之畛域，究其極直似「缸中之腦」，缺乏外在世界的參照，定了無生趣（經驗意義）[97]。惟至此，後現代理論者方能放聲喧嚷：「歷史的死亡。」[98]

Knowledge (Belmont, CA: Wadsworth Publishing Co., 1999), pp. 52–54. 「雙手互指」的例子實取出另篇文章 "Proof of the External World"，同書，頁 57。維根斯坦認為這是穆爾的扛鼎之作，他且在晚年予以深刻的剖析。Ludwig Wittgenstein, *On Certainty*, edited by G. E. M. Anscombe and G. H. von Wright (New York: Harper & Row, 1972).

96. Giambattista Vico, *The New Science of Giambattista Vico*, translated by Thomas Goddard Bergin and Max Harold Fisch (Ithaca, New York: Cornell University Press, 1948), p. 93. 維科認為：上帝創造世界，所以祂能瞭解世界；而人創造歷史，所以人能瞭解歷史。

97. Hilary Putnam, "Brains in a Vat," in *Reason, Truth and History* (Cambridge: Cambridge University Press, 1981), pp. 1–21.

98. Niall Lucy, "The Death of History," in *Postmodern Literary Theory* (Oxford: Blackwell Publishers, Inc., 1997), pp. 42–62.

西文書目

Acton, Lord

    1967. *Essays in the Liberal Interpretation of History*. Chicago: Chicago University Press.

    1970. *Lectures on Modern History*. Collins.

    1985. *Essays in the Study and Writing of History*. Indianapolis: Liberty Press.

Bambach, Charles R.

    1995. *Heidegger, Dilthey, and the Crisis of Historicism*. Ithaca and London: Cornell University Press.

Barraclough, Geoffrey

    1955. *History in a Changing World*. Norman: University of Oklahoma Press.

    1991. *Main Trends in History*. New York and London: Holmes & Meier.

Barthes, Roland

    1986. *The Rustle of Language*, translated by Richard Howard. New York: Hill and Wang.

Beard, Charles A.

    1935. "That Noble Dream," in *The Varieties of History*.

Becker, Carl L.

    1935. *Everyman His Own Historian*. New York: Appleton-Century-Crofts.

Benoist, Jean-Marie

    1978. *The Structural Revolution*. New York: St. Martin's Press.

Benzoni, Gino

1990. "Ranke's Favorite Source," in Georg G. Iggers and James M. Powell eds., *Leopold von Ranke and the Shaping of the Historical Discipline*. Syracuse: Syracuse University Press, chs. 4, 9.

Bloch, Marc

1971. *The Historian's Craft*, translated by Peter Putnam. Taipei: Rainbow-Bridge Book Co.

Bloom, Harold

1975. *A Map of Misreading*. New York: Oxford University.

Breisach, Ernst

1983. *Historiography*. Chicago: The University of Chicago Press.

Burke, Peter

1990. *The French Historical Revolution*. Stanford: Stanford University Press.

1992. *History and Social Theory*. Ithaca: Cornell University Press.

Butterfield, Herbert

1955. *Man on His Past*. Cambridge: Cambridge University Press.

Carr, E. H.

1986. *What is History?* London: The Macmillan Co., second edition.

Cohen, Sande

1986. *Historical Culture*. Berkeley, Los Angeles, and London: University of California Press.

Collingwood, R. G.

1994. *The Idea of History*. Oxford and New York: Oxford University Press, revised edition.

Cox, Michael ed.

2000. *E. H. Carr: A Critical Appraisal*. New York: Palgrave.

Croce, Benedetto

  1960. *History: Its Theory and Practice*. New York: Russell & Russell.

Culler, Jonathan

  1994. *On Deconstruction: Theory and Criticism after Structuralism*. Ithaca, New York: Cornell University Press.

  1995. *Ferdinand de Saussure*. Ithaca, New York: Cornell University Press.

Derrida, Jacques

  1978. *Writing and Difference*, translated by Alan Bass. Chicago: The University of Chicago.

  1981. *Dissemination*, translated by Barbara Johnson. Chicago: The University of Chicago Press.

  1981. *Positions*, translated by Alan Bass. Chicago: The University of Chicago.

  1986. *Margins of Philosophy*, Chicago: The University of Chicago.

  1997. *Of Grammatology*, translated by Gayatri Chakravorty Spivak. Baltimore and London: The Johns Hopkins University Press.

Descombes, Vincent

  1982. *Modern French Philosophy*, translated by L. Scott-Fox and J. M. Harding. Cambridge: Cambridge University Press.

Elton, G. R.

  1967. *The Practice of History*. New York: Thomas Y. Crowell Co.

Fairlamb, Horace L.

  1994. *Critical Conditions: Postmodernity and the Question of Foundations*. Cambridge: Cambridge University Press.

Fish, Stanley

1980. *Is There a Text in This Class?* Cambridge, Massachusetts: Harvard University Press.

Gilbert, Felix

1965. "The Professionalization of History in the Nineteenth Century," in John Higham, *History*. Englewood Cliffs, New Jersey: Prentice-Hall, Inc.

Grafton, Anthony

1997. *Footnote: A Curious History*. Cambridge, Massachusetts: Harvard University Press.

Gooch, G. P.

1956. *History and Historians in the Nineteenth Century*. Boston: Beacon Press.

Hawthorn, Jeremy

1998. *A Glossary of Contemporary Literary Theory*. London: Arnold.

Heidegger, Martin

1962. *Being and Time*, translated by John Macquarrie and Edward Robinson. New York: Harper & Row.

Higham, John

1965. *History*. Englewood Cliffs, New Jersey: Prentice-Hall, Inc.

Holdcroft, David

1991. *Saussure: Signs, System, and Arbitrariness*. Cambridge: Cambridge University.

Hoy, David Couzens

1978. "History, Historicity, and Historgraphy in *Being and Time*," in Michael Murray ed., *Heidegger & Modern Philosophy*, New Haven and London: Yale University Press.

Iggers, Georg G.

    1962. "The Image of Ranke in American and German Historical Thought," *History and Theory*, II: 17–40.

    1997. *Historiography in the Twentieth Century*. Hanover and London: Wesleyan University Press.

Iggers, Georg G. and James M. Powell eds.

    1990. *Leopold von Ranke and the Shaping of the Historical Discipline*. Syracuse: Syracuse University Press.

Iggers, Georg G. and Konrad von Moltke eds.

    1973. *The Theory and Practice of History*. Indianapolis and New York: The Bobbs-Merrill Co.

Jameson, Fredric

    1974. *The Prison-house of Language*. Princeton: Princeton University Press.

Jenkins, Keith

    1995. *On "What is History?"* London and New York: Routledge.

    2000. "An English Myth? Rethinking the Contemporary Value of E. H. Carr's *What is History?*" in Michael Cox ed., *E. H. Carr: A Critical Appraisal*. New York: Palgrave.

Kearney, Richard

    1986. "Dialogue with Jacques Derrida," in *Dialogues with Contemporary Continental Thinkers*. Manchester: Manchester University Press.

Keith Jenkins ed.

    1997. *The Postmodern History Reader*. London and New York: Routledge.

Krieger, Leonard

1977. *Ranke: The Meaning of History*. Chicago: The University of Chicago.

LaCapra, Dominick

1983. *Rethinking Intellectual History*. Ithaca and London: Cornell University Press.

1985. *History and Criticism*. London and Cornell: Cornell University Press.

1989. *Soundings in Critical Theory*. Ithaca and London: Cornell University Press.

LaCapra, Dominick and Steven L. Kaplan

1982. *Modern European Intellectual History*. Ithaca and London: Cornell University Press.

Langlois, Charles V. and Charles Seignobos

1898. *Introduction to the Study History*, translated by G. G. Berry. New York: Henry Holt and Company.

Lentricchia, Frank

1980. *After the New Criticism*. Chicago: The University of Chicago.

Lévi-Strauss, Claude

1963. *Structural Anthropology*, translated by Claire Jacobson and Brooke Grundfest Schoepf. New York and London: Basic Books, Inc.

1974. *Tristes Tropiques*, translated by John & Doreen Weightman. New York: Atheneum.

Lucy, Niall

1997. *Postmodern Literary Theory*. Oxford: Blackwell Publishers, Inc.

Lyotard, Jean-Francois

1993. *The Postmodern Condition*, translated by Geoff Bennington and

Brian Massumi. Minneapolis: University of Minnesota Press.

Mandelbaum, Maurice

1971. *History, Man, and Reason*. Baltimore: The Johns Hopkins Press.

Megill, Allan

1985. *Prophets of Extremity*. Berkeley, Los Angeles, and London.

Meiland, Jack W.

1965. *Scepticism and Historical Knowledge*. New York: Random House.

Moore, G. E.

1999. "A Defense of Common Sense," in Loius P. Pojman ed., *The Theory of Knowledge*. Belmont, CA: Wadsworth Publishing Co.

Moser, Paul K., Dwayne H. Mulder, and J. D. Trout

1998. *The Theory of Knowledge*. New York and Oxford: Oxford University Press.

Munslow, Alun

1997. *Deconstructing History*. London and New York: Routledge.

Neff, Emery

1947. *The Poetry of History*. New York.

Nagel, Ernest

1961. *The Structure of Science*. New York: Harcourt, Brace & World.

Norris, Christopher

1987. *Derrida*. Cambridge, Massachusetts: Harvard University Press.

1991. *Deconstruction: Theory and Practice*. London and New York: Routledge.

Novick, Peter

1993. *That Noble Dream*. Cambridge: Cambridge University Press.

Pojman, Loius P. ed.

1999. *The Theory of Knowledge*. Belmont, CA: Wadsworth Publishing Co.

Putnam, Hilary

1981. *Reason, Truth and History*. Cambridge: Cambridge University Press.

Ranke, Leopold von

1905. *History of the Reformation in Germany*, translated by Sarah Austin. London: George Routledge and Sons.

1973. "Preface to Histories of the Latin and Germanic Nations," in Georg G. Iggers and Konrad von Moltke eds., *The Theory and Practice of History*. Indianapolis and New York: The Bobbs-Merrill Co.

Saussure, Ferdinand de

1966. *Course in General Linguistics*, translated by Wade Baskin. New York, Toronto, and London: McGraw-Hill Book Co.

1986. *Course in General Linguistics*, translated by Roy Harris. La Salle, Illinois: Open Court.

1993. *Saussure's Third Course of Lectures on General Linguistics (1910–1911)*, translated by Eisuke Komatsu & Roy Harris. Oxford: Pergamon Press.

Scott, Joan

1991. "Women's History," in *New Perspective on Historical Writing,* ed. by Peter Burke. University Park, Pennsylvania: The Pennsylvania State University Press.

Simmel, Georg

1977. *The Problem of the Philosophy of History*, tran. by Guy Oakes. New York: The Free Press.

Schevill, Ferdinand

    1956. *Six Historians*. Chicago: The University of Chicago Press.

Smith, Woodruff D.

    1991. *Politics and the Sciences of Culture in Germany, 1840–1920*. New York and Oxford: Oxford University Press.

Southgate, Beverly

    1996. *History: What & Why?* London and New York: Routledge.

Stephanson, Anders

    2000. "The Lessons of *What is History?*" in Michael Cox ed., *E. H. Carr: A Critical Appraisal*. New York: Palgrave.

Stern, Fritz ed.

    1957. *The Varieties of History*. Cleveland.

Stieg, Margaret F.

    1986. *The Origin and Development of Scholarly Historical Periodicals*. Alabama: The University of Alabama Press.

Stone, Lawrence

    1997. "History and Postmodernism," in Keith Jenkins ed., *The Postmodern History Reader*. London and New York: Routledge.

Tallis, Raymond

    1988. *Not Saussure: A Critique of Post-Saussurean Literary Theory*. Houndsmills: Macmillan Press.

Thompson, James Westfall

    1942. *A History of Historical Writing*. New York: The Macmillan Company.

Tosh, John

    1996. *The Pursuit of History*. London and New York: Longman.

Trevelyan, G. M.

    1957. "Clio Rediscovered," in Fritz Stern ed., *The Varieties of History*.

Tucci, Ugo

    1990. "Ranke and the Venetian Document Market," in Georg G. Iggers and James M. Powell eds., *Leopold von Ranke and the Shaping of the Historical Discipline*. Syracuse: Syracuse University Press.

Vico, Giambattista

    1948. *The New Science of Giambattista Vico*, translated by Thomas Goddard Bergin and Max Harold Fisch. Ithaca, New York: Cornell University Press.

Walsh, W. H.

    1967. *Philosophy of History*. Taipei: Rainbow-Bridge Book Co.

Wehler, Hans-Ulrich ed.

    1973. *Deutsche Historiker*. Göttingen: Vandenhoeck and Ruprecht.

Wittgenstein, Ludwig

    1972. *On Certainty*, edited by G. E. M. Anscombe and G. H. von Wright. New York: Harper &Row

Worton, Michael and Judith Still eds.

    1990. "Introduction," in *Intertextuality: Theories and Practices*. Manchester: Manchester University Press.

第六章

敘事式歷史哲學的興起

　　羅逖 (Richard Rorty, 1931–2007) 於其 1992 年重印的 《語言的轉向》
(*The Linguistic Turn*) 中，收入兩篇回顧的文章，評估彼時的哲學動向，他
坦承：1960 年代他一度熱衷「語言哲學」(linguistic philosophy)，甚至為之
鼓吹不遺餘力。惟求諸今日思想界，不復存有一種哲學方法與語言解析密
不可分。而語言哲學亦緣日久無功，漸次凋零，不再盤據哲學的要津了。
撫今追昔，慚愧有加 [1]。

　　要知羅逖感慨係之， 並非毫無憑據， 另位科學哲學的健將——赫京
(Ian Hacking, 1936–) 對語言哲學的邊緣化，業已指證歷歷 [2]。總之，羅逖
和赫京所經歷的窘境，個人感同身受。

　　回憶 1970 年 代 ， 邏 輯 實 證 論 (logical positivism) 與 行 為 哲 學
(behavioral science) 席捲了臺灣學術界；「方法論的意識」尤為高漲 [3]。卡
布蘭 (Abraham Kaplan, 1918–1993) 的《研究指南》(*The Conduct of Inquiry*)
廣為傳誦，由其副題特標明：「替行為科學所籌設的方法論」，即可見證其
時的風尚 [4]。

　　在風吹草偃之下， 個人遂勤習符號邏輯 (symbolic logic) 和數理邏輯

---

1. 羅逖《語言轉向》的選集，首次刊行於 1967 年，正值語言哲學的顛峰，風靡一時。
   回顧其文章，其一撰於十年之後，另一撰於二十五年之後。"Ten Years After" and
   "Twenty-five Years After," in Richard M. Rorty ed., *The Linguistic Turn* (Chicago and
   London: The University of Chicago, 1992).

2. 「語言哲學」專注研討「意義理論」(theory of meaning)，罕有建樹，赫京曾致微
   詞 。 參 見 Ian Hacking, *Why Does Language Matter to Philosophy?* (Cambridge:
   Cambridge University Press, 1988), ch. 13. 本書初版為 1975 年。

3. 請參閱拙著，〈論「方法」及「方法論」：以近代中國史學意識為系絡〉，收入《歷
   史主義與歷史理論》(臺北：允晨文化公司，1992)，頁 261–285。

4. 其時的代表作：Abraham Kaplan, *The Conduct of Inquiry: Methodology for Behavioral
   Science* (San Francisco: Chandler, 1964).

(mathematical logic)，希望藉此分析利器，作為進階語言哲學與科學哲學之用。由於主業修習史學之故，注意的焦點自然落在「分析式的歷史哲學」(analytical philosophy of history)。是故，於此領域，略有塗墨 [5]。

按「分析式歷史哲學」原係「科學哲學」的衍生物，而「科學的解釋」(scientific explanation) 向為「科學哲學」研議的主題；依此，「歷史解釋」(historical explanation) 遂成「分析式歷史哲學」的核心項目 [6]。舉其例：1942 年，韓培爾 (Carl G. Hempel, 1905–1997) 所刊行〈史學中的通則功能〉不只是典型的代表作，且被目為「分析式歷史哲學」的里程碑 [7]。

韓培爾堅稱「歷史解釋」與「科學解釋」在邏輯結構上彼此一致，「闡釋端」(explanans) 均需含有通則，方構成完整的解釋。這即是著名的「涵蓋法則假說」(covering law thesis) [8]。哲學上，韓培爾的觀點顯然是「統一科學運動」的延伸 (the unity of science movement) [9]。但就歷史而言，則是為「科學史學」(scientific history) 張目，爭議在所難免。

回顧當時的狀況，頗是蹊蹺。由於「科學主義」(scientism) 當道，而

---

5. 相關的習作和譯作均收入拙著：《歷史主義與歷史理論》。

6. 「分析式歷史哲學」尚檢討歷史知識的方法論及價值判斷，惟仍以「歷史解釋」最具特色。簡要的中文評介，請參閱拙作，〈「分析歷史哲學」的形成與發展〉，收入《歷史主義與歷史理論》，頁 119–132。

7. Carl G. Hempel, "The Function of General Laws in History," in his *Aspects of Scientific Explanation* (New York: The Free Press, 1966), pp. 231–243.

8. 詳細的討論請參閱拙作，〈歷史解釋和通則的關係：韓培爾觀點之檢討〉，收入《歷史主義與歷史理論》，頁 133–157。

9. 「統一科學運動」的背景及精神，參見 Charles Morris, "On the History of the International Encyclopedia of Unified Science" 與 Otto Neurath, "Unified Science as Encyclopedia Integration" 均收入 Otto Neurath, Rudolf Carnap, and Charles Morris eds., *Foundations of the Unity of Science* (Chicago and London: The University of Chicago Press, 1969)。韓培爾曾為此套百科全書撰寫專文。

韓培爾復先聲奪人，早為定調。專業史家即使心不以為意，惟拙於概念論辯，大多緘默不語，希圖明哲保身。但史家的緘默，無意中卻助長韓培爾的聲勢。所幸猶有少數哲人，挺身而出，陳述異見。在其時雖無大作用，然以今日的眼光回溯，仍別具意義。

居中最重要的三位哲學家為摩頓‧懷特 (Morton White, 1917–2016)、丹托 (Arthur C. Danto, 1924–2013) 和葛利 (W. B. Gallie, 1912–1998)。依序論述於下：

原則上，摩頓‧懷特接納韓培爾對「解釋」一詞所下的判準，但他堅持「歷史解釋」必須具有本門學科的特性 [10]。鑑於分析式歷史哲學過度簡化歷史述句 (historical statements)，他不憚其煩去剖析「歷史敘事」(historical narration)，以彰顯歷史敘述的多樣性 [11]。

丹托則力圖調和「敘事模式」與「解釋模式」，認為「敘事」本身即是「解釋」的一種形式，二者互輔互成。由於史學的職責繫於世變 (change) 的交代，所以即使故事 (story) 淪為「通則」(general laws) 的個例，人們所感興趣的仍是過去細節的描述；就如十四行詩固然有一定的格律，讀者欣賞的，依然是內涵的詩意創造，而非外在確定的形式 [12]。較諸摩頓‧懷特，丹托對「敘述語句」與「敘事」角色的分析，尤為細膩與深刻。

葛利則聲言：歷來的歷史哲學誤將「解釋」當做考察的重點，而忽略「歷史敘事」的重要性。他主張：每部真實的歷史作品皆是故事的亞類 (species to genus)，唯一的不同是，歷史的敘事必須植基於證據之上。從剖

---

10. Morton White, "Historical Explanation," in Patrick Gardiner, *Theories of History* (New York: Free Press, 1959), pp. 359–372.

11. Morton White, *Foundation of Historical Knowledge* (New York: Harper & Row, 1965), ch. VI.

12. Arthur Danto, *Analytical Philosophy of History* (Cambridge: Cambridge University Press, 1965), pp. 233–256.

析故事的理解下手，可以得知歷史理解 (historical understanding) 與理解故事並無兩樣，而「解釋」惟有在故事頓挫或曖昧不明之際，方派得上用場。因此在歷史敘述的過程，「解釋」只能扮演輔助的功能，而不能喧賓奪主成為要角[13]。他逕稱：歷史研究不得偏廢故事，恰似物理科學不可須臾少缺理論 (theory)，蓋故事與理論，各是兩大學科的解密之鑰[14]。

值得注意的，相較於韓培爾的主張，任何正確的歷史敘述理應涵蘊有效的解釋模型，葛利卻宣稱所有的歷史敘述均可發展成完整的故事。二者的思路顯然背道而馳。

倘從學術史予以評估，上述三氏的論點在其時只是異議，至多僅能視為「敘事式歷史哲學」的先驅，並無法撼動解釋模型的主流地位。例如與韓氏同一陣營的曼德保恩 (Maurice Mandelbaum, 1902–1985) 即認為將歷史看作敘事，實偏離解釋的正軌，其態度令人憂心，必須予以糾正[15]。況且，當時的歷史寫作仍以「分析史學」(analytical history) 為尊，「敘事史學」(narrative history) 猶遭歧視。

細言之，歷史寫作以「論證」(argument) 為主，以「敘事」為輔，實有段曲折的歷程。蘭克 (Leopold von Ranke, 1795–1886) 雖被目為近代史學的鼻祖，猶以敘事見長[16]。他的史著不止受到標榜「文史合一」的麥考雷

---

13. 確切地說，葛利的「歷史哲學」，指的是狄爾泰以下的「批判式歷史哲學」(critical philosophy of history)，並涵蓋「分析式歷史哲學」。葛利的觀點濃縮於〈敘事與歷史理解〉一文，見 W. B. Gallie, "Narrative and Historical Understanding," in Geoffrey Roberts ed., *The History and Narrative Reader*, ch. 2. 完整的看法則參見其專著 ： W. B. Gallie, *Philosophy and the Historical Understanding* (London: Chatto & Windus, 1964).

14. W. B. Gallie, *Philosophy and the Historical Understanding*, p. 72.

15. Maurice Mandelbaum, "A Note on History as Narrative," in Geoffrey Roberts ed., *The History and Narrative Reader* (London and New York: Routledge, 2001), ch. 3.

(Thomas Babington Macaulay, 1800–1859) 極大的讚揚[17]。稍後的狄爾泰 (Wilhelm Dilthey, 1833–1911) 甚至將蘭克與修斯狄士 (Thucydides, c. 460– c. 400 B. C.)、古佐亞地尼 (Francesco Guicciardini, 1483–1540)、吉朋 (Edward Gibbon, 1737–1794)、麥考雷列為同一等級的敘事天才[18]。蘭克主張史學兼具科學與藝術的雙重性格，意即：於研究的階段，史學依循科學的方法，而於寫作的過程，史學則展現藝術的技巧[19]。因此，以「論證」為主軸的「分析史學」必另有淵源。依個人的揣測，此恐與「科學史學」(scientific history) 的崛起脫不了關係[20]。

　　「科學史學」的形成，原因多端，諸如：史學研究的專業化、史料考證的講究、史學專刊的創立、步步為營的腳註規格等等，但最關鍵的卻是實證主義的推波助瀾。實證主義的奠基者——孔德 (Auguste Comte, 1798–

---

16. Lord Acton, "German Schools of History," in *Essays in the Study and Writing of History* (Indianapolis: Liberty Classics, 1985), pp. 331–332; and G. P. Gooch, *History and Historians in the Nineteenth Century* (Boston: Beacon Press, 1968), p. 97.

17. 舉其例，麥考雷對蘭克的名著《教皇史》稱頌備至。參閱 Thomas Babington Macaulay, *Critical and Miscellaneous Essays* (New York: D. Appleton and Company, 1895), vol. III, pp. 303–340。

18. Wilhelm Dilthey, *Selected Writings*, edited and translated by H. P. Rickman (Cambridge: Cambridge University Press, 1976), p. 188.

19. Leopold von Ranke, "On the Character of Historical Science," in Georg G. Iggers and Konrad von Moltke eds., *The Theory and Practice of History* (Indianapolis and New York: Bobbh-Merrill Company, 1973), pp. 33–34.

20. 蘭克與「科學史學」的關係錯綜複雜，他甚至被推為「科學史學之父」。近年此種誤解漸獲消融。比較詳細的討論，請參閱拙著〈歷史相對論的回顧與檢討〉，收入《歷史主義與歷史理論》，頁 165–166。晚近對「腳註」的研究，亦可旁證此一問題的複雜性。Cf. Anthony Grafton, *The Footnote* (Cambridge, Massachusetts: Harvard University Press, 1997), chs. 2–3.

1857) 亟想建立一門歷史的科學 ， 以摒除敘事闡釋 ， 迎合科學解釋為宗旨 [21]。這種意向於日後創辦的歐洲史學期刊中獲得廣泛地回響。

舉其例：創刊最早且引領史壇風騷的德系 《歷史學報》 (*Historische Zeitschrift*, 1859)，在其發刊詞便宣稱：

> 本刊擬是，且最重要的是一種科學的刊物。它首要的任務即是展現史學研究的真方法，且突顯其它歧出。[22]

接踵創刊的法國《史學評論》(*Revue historique*, 1876)，不但再次強調運用原始資料 (original sources)，進行基礎研究 (basic research) 的重要，且嚴格要求投稿者「以科學方法加以表達，務必做到言必有據，並註明出處及引言」，除兼顧可讀性之外，「務需袪除含混的概括與修辭 (rhetoric)」[23]。尾隨其後的《英國歷史評論》(*English Historical Review*, 1886) 則再三重申「本諸科學精神，追求歷史真理」，乾脆定位讀者群為同行的 「專業史學工作者」，而將一般讀者視為次要[24]。可見「分析式的論證」與「科學史學」的形成，存有亦步亦趨的關係。

相應地， 法國 「科學史學」 的代言者──古朗士 (N. D. Fustel de Coulanges, 1830–1889)，則頻頻告誡道：「歷史非為消遣 (entertainment)，直是科學。」[25] 英國的伯雷 (John Bagnell Bury, 1861–1927) 亦同聲附和道：

---

21. Gertrud Lenzer ed., *Auguste Comte and Positivism: The Essential Writings* (New York: Harper & Row, 1975), pp. 66–67; and Haskell Fain, *Between Philosophy and History* (Taipei: Rainbow-Bridge Book Co., 1970), p. 281.

22. "Preface: *Historische Zeitschrift*," in Fritz Stern ed., *The Varieties of History* (New York: Meridian Books, 1956), p. 171.

23. Ibid., "Preface: *Revue Historique*," p. 173.

24. Ibid., "Prefatory Note: *The English Historical Review*," p. 177.

25. N. D. Fustel de Coulanges, "An Inaugural Lecture," in *The Varieties of History*, p. 181.

「歷史是科學，不多亦不少。」並痛陳「只要史學尚滯留於藝術的階段，真實 (truth) 及精確 (accuracy) 則會受到折損。」依他之見，史學長久駐足不前的罪魁禍首無非是「修辭」之術[26]。總之，毋論他們心目中的「科學」為何，可以確知的是，她的表達方式必須「捨（文學）敘事，就（科學）論證」。此一成見充分反映於甫出爐的史學方法名著。法人朗格諾瓦 (Ch. V. Langlois, 1863–1929) 和瑟諾博司 (Ch. Seignobos, 1830–1889) 於其 1897 年合著的《史學原論》(Introduction aux Études Historiques, 1897) 中，見證十九世紀下半葉，科學史學以「專論與論文編選」(monographs and manuals) 取代了歷史敘事[27]。

邁入二十世紀，社會科學與唯物史觀連袂而興；「科學史學」新添生力軍，氣勢如虹，反觀敘事史學則節節敗退。需知上一世紀，單憑「史料考證」之助，「科學史學」業已咄咄逼人；本世紀恃著優勢理論之威，愈趾高氣昂，不可一世[28]。

首先，在哲學氛圍起了甚大的變化，於敘事史學相當不利。十九世紀末，德國狄爾泰 (Wilhelm Dilthey, 1833–1911) 所發展的「移情領會」(verstehen) 學說，尚可作為個人敘事的概念支柱。惟進入二十世紀驟成眾矢之的。法國的阿宏 (Raymond Aron, 1905–1983) 率先瓦解傳統史學引以為重的客觀事實，且申言「瞭解」絕非僅依簡單的直覺可以了事[29]。而分析陣營的韓培爾亦不落於人後，抨擊「同情的理解」(empathic understanding)

[26]. J. B. Bury, "The Science of History," in The Varieties of History, p. 212.

[27]. Ch. V. Langlois and Ch. Seignobos, Introduction to the Study of History, translated by G. G. Berry (New York: Henry Holt and Company, 1898), pp. 302–311.

[28]. Lawrence Stone, The Past and the Present Revisited (London and New York: Routledge & Kegan Paul, 1987), pp. 76–83.

[29]. Raymond Aron, An Introduction to the Philosophy of History, translated by George J. Irwin (Boston: Beacon Press, 1961), pp. 93–120. 法文本原發表於 1938 年。

根本稱不上是解釋，更毫無認識論的價值[30]。

　　同時，在歷史實踐這邊，馬克思史學遵行經濟決定論，首重「階級」(class) 分析，致使以「事件」為主的敘事，竟毫無迴旋的空間。此外，「個人」的敘事同樣不見容於西方的量化史學。即使年鑑學派亦難有改善，例如：該派的布洛赫 (Marc Bloch, 1886–1944) 即抱怨傳統史學，塞滿了傳奇與事件，總是留滯在浮華的敘事層面，而無法進行理性的分析，所以史學尚處於科學的萌芽期[31]。他的追隨者──布勞岱 (Fernand Braudel, 1902–1985)，曾取笑蘭克說道：

> 諸如大事記、傳統史的敘事史學，令蘭克敝帚自珍。其實它們只提供了往昔模糊的意象，僅是薄弱的微光，並無法透視過去；只有事實，而無人性。敘事史學一味奉蘭克本人自鑄不疑的箴言：「陳述事實的真況。」[32]

鑑於敘事史學的弊病，他呼籲以長時段的「結構史」，取代「事件史」(history of events)；結合社會科學而貶抑敘事技巧[33]。整體而言，該時造就了所謂的「敘事的隱晦」(the eclipse of narrative)[34]。

　　然而就在 1970 年代，歷史書寫起了微妙的變化。史學的鐘擺復由「論證」，漸次擺回「敘事」。英裔美籍史家史東 (Lawrence Stone, 1919–1999) 對此觀察十分敏銳，他於 1979 年發表了一篇〈敘事的復興：對於一種既新

---

30. Carl G. Hempel, *Aspects of Scientific Explanation*, pp. 239–240.

31. Marc Bloch, *The Historian's Craft* (Taipei: Rainbow-Bridge, 1971), p. 13.

32. Fernand Braudel, *On History*, translated by Sarah Matthews (Chicago: The University of Chicago Press, 1980), p. 4.

33. Fernand Braudel, "History and the Social Science," in *On History*, pp. 25–54.

34. Paul Ricoeur, *Time and Narrative*, translated by Kathleen McLaughlin and David Pellauer (Chicago and London: The University of Chicago Press, 1984), vol. I, ch. 4.

且舊史學的省思〉 (The Revival of Narrative: Reflections on a New Old History)，頗引起專業史家的同感 [35]。有趣的是，曾幾何時，史東方才放聲表揚「新史學」(new history) 的特徵首重「分析」(analytical)，而揚棄西方近代史學的「敘事」(narrative) 傳統 [36]。前後相較，史東判若兩人，而時風易勢莫此為甚。

要之，史東心目中的「舊史學」指的是修斯狄士 (Thucydides, c. 460–c. 400 B. C.) 至麥考雷一脈相傳的敘述歷史；他藉著檢討蘭克以降科學史學的弊病，以及引進社會科學枯燥貧瘠的後果，發覺到晚近史學復湧現出一股清新可喜的伏流。此一現象以敘述手法取代結構分析 (structural analysis) 或量化技巧，著重描述甚於解析。它的來源相當多元，或以史基納 (Quentin Skinner, 1940–) 為首的新政治思想史、或法國年鑑學派 (the Annales school) 所衍生的「心態史」(history of mentalité)、或師法義大利的「微觀歷史」 (micro-history)、或受人類學家紀茲 (Clifford Geertz, 1926–2006) 啟發的「稠密敘述」(thick description)，等等不一而足。其基本特色即恢復史學的敘述功能，拋棄往日宏觀或結構性的解釋模式。

英國史家彼得‧伯克 (Peter Burke, 1937–) 進而疏解，這種敘述手法並非傳統文藝書寫可以矩矱；他尤其寄望汲取二十世紀新文學的寫作技巧，使歷史寫作愈為豐富，甚至解消傳統史學中「結構」(structure) 與「事件」(event) 二元對立的狀態，以臻圓融無缺的敘述境界 [37]。

毋論如何，「敘事史學」的再興，意味著先前講求整齊劃一的「科學解

---

35. Lawrence Stone, "The Revival of Narrative: Reflections on a New Old History," in *The Past and the Present Revisited*, pp. 74–96.

36. Ibid., "History and the Social Science" (1976), p. 21.

37. "History of Events and the Revival of Narrative," in Peter Burke ed., *New Perspectives on Historical Writing* (University Park, Pennsylvania: The Pennsylvania State University Press, 1991), pp. 233–248.

釋」只是海市蜃樓，可望而不可及。此中透露了一項不尋常的訊息，意即：韓培爾的理論僅是「規範性的」(prescriptive)，而非「描述性的」(descriptive)；因此一旦該理論長久無法引導出實際的研究成果，縱使聲勢再大，終究徒然。尤其原為「分析歷史哲學」所本的「科學哲學」，其基本預設近年飽受質疑與挑戰，益加速此一頹勢[38]。

總之，「分析歷史哲學」於內外交攻之下，其式微誠可預期。另方面，「敘事史學」的再興固然替未來的歷史哲學營造了有利的氛圍，惟完整的形貌猶俟海頓・懷特 (Hayden White, 1928–2018) 去勾勒。

在進入討論懷特之前，有位過渡型的人物必須一提。眾所周知，懷特的史學遠紹克羅齊 (Benedetto Croce, 1866–1952)，後者主張「沒有敘事，即沒有歷史」[39]。但以世代而論，懷特與另位歷史哲學家——敏克 (Louis Mink, 1921–1983) 互有影響。

敏克身處解析的時代 (age of analysis)，對「語言分析」(linguistic analysis) 卻感格格不入。依他之見，「語言分析」誤以方法意識抑制了實質問題的探討[40]。他把理解模式分成三類，互不得化約，而歷史認知則歸屬於「形貌的理解」(configurational comprehension)。檢視下文，此一思路顯為懷特所承接[41]。尤其敏克的名言——「故事非經體驗，而係本諸講述。」

---

[38]. 最關鍵的是孔恩攸關科學史的觀點。參閱 Arthur C. Danto, "The Decline and Fall of the Analytical Philosophy of History," in Frank Ankersmit and Hans Kellner ed., *A New Philosophy of History* (Chicago: The University of Chicago Press, 1995), pp. 70–85.

[39]. Hayden White, *The Content of the Form* (Baltimore and London: The Johns Hopkins University Press, 1987), p. 28.

[40]. Louis O. Mink, *Historical Understanding*, edited by Brian Fay, Eugene O. Golob, and Richard T. Vann (Ithaca and London: Cornell University Press, 1987), p. 10.

[41]. Ibid., "Modes of Comprehension and the Unity of Knowledge," pp. 35–41. 另兩類分別是「理論模式」(theoretical mode) 與「範疇模式」(categoreal mode)，加上「形貌模

(Stories are not lived but told) [42] 懷特引為同調，並時相推許。正是敏克，引導懷特的分析至「敘事」之上 [43]。

　　然而觀諸後續的發展，懷特後至反轉為勝出，以致敏克雖於晚年拋出「敘事形式作為認知工具」的論點 [44]，反被視為與懷特唱和罷了。其故繫於敏克的論點半新不舊，未能如孔恩 (Thomas Kuhn, 1922–1996) 於《科學革命的結構》(The Structure of Scientific Revolutions) 一書所說的，激發「全貌轉移」(gestalt switch)，促成新典範的登場 [45]。易言之，「敘事式歷史哲學」的催生，猶待懷特奮力一擊。

　　懷特原為中古史家，他的歷史理論首要見諸《後設史學》(Metahistory) 一書，該書刊行於 1973 年，被目為後現代史學的發祥地 [46]。懷特迥異於「分析式歷史哲學」的進路，逕從解析十九世紀的史學著作下手，果不出所料，他獲致一新耳目的論點。

　　首先，他粉碎了傳統的刻板印象，逕謂：史家的歷史與哲人的歷史哲學，咸具相同的敘述模式。二者並非截然異類，居間的差異僅是輕重之別 (emphasis)，而無涉內容 (contents) [47]。他甚至認為：每樣歷史論述均隱含

式」，大致與自然科學、哲學、歷史對應，但非全然合一。

42. Ibid., "History and Fiction as Modes of Comprehension," p. 60.

43. Cf. Ewa Domańska, Encounters (Charlottesville and London: University Press of Virginia, 1998), pp. 33, 59.

44. Ibid., "Narrative Form as a Cognitive Instrument," pp. 182–203.

45. Thomas Kuhn, The Structure of Scientific Revolutions, in Foundations of the Unity of Science, vol. II, pp. 54–272.

46. Frank R. Ankersmit, "The Origins of Postmodernist Historiography," in Jerzy Topolski ed., Historiography Between Modernism and Postmodernism (Amsterdam: Rodopi, 1994), p. 110.

47. Hayden White, Metahistory: The Historical Imagination in Nineteenth-Century Europe (Baltimore & London: The Johns Hopkins University Press, 1973), pp. xi–xii, 427.

完整的歷史哲學[48]。懷特此處言及的「歷史哲學」係指盛行於十九世紀的
「玄思式歷史哲學」(speculative philosophy of history)，而非前述「分析式
歷史哲學」[49]。反諷的是，西方近代史學方百般從糾纏不清的「玄思式歷
史哲學」掙脫出來，懷特之言不啻令史家重歷揮之不去的夢魘。例如：德
人侯以特 (Eduard Fueter, 1911)、英人顧曲 (G. P. Gooch, 1913) 和義籍克羅
齊 (1912) 悉將專業歷史與歷史哲學的區隔，歸功於上一代史學的重大成
就，並且作為評估史著優劣不證自明的原則[50]。這種壁壘分明的敵我意識，
並未因二十世紀中期「分析歷史哲學」的興起，有所舒緩；例如：分析式
歷史哲學家曼德保恩對懷特將正規歷史與歷史哲學混而為一，即不表苟
同[51]。可見「歷史」與「哲學」至多僅得維持井水不犯河水的局面罷了。

在深入挖掘懷特的理論基石之前，有必要先陳述懷氏另一項立論：他
不畏物議，重新扛起「歷史若文學」的大旗，大膽泯滅了文、史分隔的畛

---

48. Hayden White, *Tropics of Discourses* (Baltimore and London: The Johns Hopkins University Press, 1978), pp. 126–127.

49. 「玄思式歷史哲學」主旨在探討歷史的過程與意義，以康德、黑格爾為代表。參見 W. H. Walsh, *Philosophy of History* (Taipei: Rainbow-Bridge Book Co., 1967), chs. 6 & 7.「玄思式歷史哲學」與「批判式歷史哲學」的分野，首先由瓦許 (Walsh) 於 1951 年提出。爾後受到質疑，認為二者並非涇渭分明。參閱 Haskell Fain, *Between Philosophy and History: The Resurrection of Speculative Philosophy of History within the Analytic Tradition*. 另見 Louis O. Mink, "Is Speculative Philosophy of History Possible?" in his *Historical Understanding*, ch. 7.

50. Hayden White, *Metahistory*, pp. 269–270. 舉其例：侯以特的《新史學的歷史》 (*Geschichte der neuren Historiographie*, 1911)、克羅齊的《史學的理論與方法》 (*Teoria e storia della storiografia*, 1912–1913) 與顧曲的《十九世紀的史學與史家》 (*History and Historians in the Nineteenth Century*, 1913)。

51. Maurice Mandelbaum, "The Presuppositions of Metahistory," in *History and Theory*, Beiheft 19 (1980), pp. 39–54.

域。此一立說確實大大悖離傳統史家的思維，在人文學界引起極大的震撼。要知上一世紀 60 年代中期，科學派史家尚義無反顧地言道：「史學與文學決無任何實質的關聯。」[52] 迄懷特正式提出「歷史若文學」的觀點，居間不出十年，但之際已可嗅出新時代的風向。

其實，懷特的兩項立論均植基於「轉義理論」（a theory of tropes 或 tropology）。「轉義」(trope) 簡單地說，便是「譬喻」(metaphor 或 figure of speech)。直言之，「轉義」係「論述」(discourse) 的靈魂；缺乏前者的機制，「論述」即無法進行或達成目的。再說即使力求寫實的論述，亦無法避免轉義的作用[53]。以下我們擬解析轉義如何操控歷史的寫作。

懷特，自我定位為結構主義者 (structuralist)。初始，他從形式分析 (formalism) 下手，發覺歷史作品包含了認知的、審美的、與道德的三個顯性層面。這三個層面統由「形式論證」(formal argument)、「情節編織」(emplotment) 與「意識形態」(ideology) 的解釋策略交互運作。而每個解釋策略復分四種不同的模式，詳見附註[54]。

依懷特之見，所謂的史學風格便是「論證」、「布局」、「意識形態」諸

52. V. H. Galbraith, *An Introduction to the Study of History* (London: C. A. Watts & Co., Ltd., 1964), p. 3.

53. "trope" 一詞的語根及涵義演變，見 Hayden White, *Tropics of Discourse*, p. 2.

54. Hayden White, *Metahistory*, p. 29.

布局模式	論證模式	意識形態的涵蘊模式
傳奇式 (Romantic)	形式論 (Formist)	虛無主義 (Anarchist)
悲劇式 (Tragic)	機械論 (Mechanistic)	激進主義 (Radical)
喜劇式 (Comic)	有機論 (Organicist)	保守主義 (Conservatism)
譏諷式 (Satiric)	語境論 (Contextualist)	自由主義 (Liberal)

「布局」、「論證」、「意識形態」的分類模式各取自由文評家弗萊、哲學家培普 (Stephen C. Pepper, 1891–1972) 以及社會學家曼罕 (Karl Mannheim, 1893–1947) 的著作。

模式的特殊結合。尤其緊要的，在此底層之下，有項深層結構 (deep structure) 係由「隱喻」(metaphor)、「轉喻」(metonymy)、「提喻」(synecdoche) 和「諷喻」(irony) 四種譬喻所主導。它們預鑄了歷史的場域與解釋策略，並賦予各別作品內部的連貫性 (coherence) 和一致性 (consistency)。換言之，此即歷史意識 (historical consciousness) 的化身；而譬喻基本上是轉義的語言，它的作用係語藝的行為 (poetic act) [55]。

遠於上古，亞理士多德尚認定「隱喻」於「語藝論」和「修辭學」(Rhetoric) 均起了積極與多樣的功能 [56]。然而，近代西方的理性文化對譬喻的作用，貶逾於褒，啟蒙哲士——伏爾泰 (Voltaire, 1694–1778) 於《哲學辭典》(*Dictionnaire Philosophique*) 中的〈比喻語言〉條目中，寫道：

> 熱情的想像、激情與慾望，動輒誤導我們，卻製造出引喻的風格。史學最好避免如此，因為太多的隱喻不止有礙於清晰的表達，更損及真實 (truth)，以致文勝於質。[57]

循此，伏氏遂規誡史家遵循嚴峻的理性，秉筆直書，勿恃生花妙筆，引喻失義。康德 (Immanuel Kant, 1724–1804) 在他的《邏輯》(*Logic*) 講義中，則逕稱：譬喻係所有錯誤的根源 [58]。十九世紀科學史學的代言人——古朗士，終其一生且以著史，避用隱喻自律 [59]。

---

55. Ibid., pp. 29–38.

56. Paul Ricoeur, "Between Rhetoric and Poetics: Aristotle," in *The Rule of Metaphor*, translated by Robert S. Czerny (Toronto: University of Toronto Press, 1979), pp. 9–43.

57. Voltaire, "Figure," in *Dictionnaire Philosophique* on Oeuvres complétes de Voltaire Website (http://www.voltaire-integral.com/19/figure.htm).

58. Immanuel Kant, *Logic*, translated by Robert S. Hartman and Wolfgang Schwarz (New York: Dover Publications, Inc., 1974), pp. 55–61. 又見 Ewa Domañrka, *Encounters*, p. 24.

承此思路，「科學史學」 遂認為 「譬喻」 充其量只是 「假解釋」
（pseudo-explanation，或譯「準解釋」）而已。它的代議士——韓培爾，便
直陳道：

> 這些植基於譬喻，而非建立在法則的敘述；它們透過圖像或情感的
> 訴求，而非事實關聯的洞見，以模糊的比喻與直覺的擬似，取代可
> 受檢驗的述句，因此不得算是科學的解釋。[60]

韓氏對「譬喻」的成見，於此一覽無遺。

而懷特的看法，恰與韓氏針鋒相對。概念上，他給予譬喻前所未有的
優位 (priority)。這便涉及歷史知識的製造程序。首先，懷特引介「編年紀
事」(chronicle) 與「故事」(story) 一組概念[61]。二者均取資歷史敘述的素
材 (primitive elements)，由未經處理的歷史紀錄，編選、排比而成。簡言
之，「編年紀事」僅是依照時序先後的單純記事，倘要轉化為首尾該貫、條
理井然的「故事」，則必得通過「論證」、「布局」與「觀點」的再次加工，
方得成篇。再說「編年紀事」或「故事」的書寫均得借助日常的「自然語
言」(natural language)。而「自然語言」卻迥異於科學專用的「形式語言」
（formal language，例如：數學或物理程式），其間布滿了各形各色的譬
喻，以致無所逃脫於轉義作用。

正由於史學同文學的表意，均需透過自然語言，故無所逃於譬喻的轉

---

59. Ch. V. Langlois and Ch. Seignolos, *Introduction to the Study of History*, p. 314.

60. Carl G. Hempel, *Aspects of Scientific Explanation*, p. 234.

61. Hayden White, *Metahistory*, pp. 5–7. 懷特固然十分景仰克羅齊，但此處言及的「編年
紀事」(chronicle) 與「故事」(story)，與克氏的用法有別。於克氏而言，「編年紀
事」是死的「歷史」，而「歷史」是活的「編年紀事」；端在事件是否重新為人於思
想中喚起。參閱 Benedetto Croce, *History: Its Theory and Practice*, translated by
Douglas Ainslie (New York: Russell & Russell, 1960), p. 19.

義作用，所以史書會呈現出和詩、小說、戲劇同樣的語藝模式，蓋極自然。易言之，史著的語藝狀態係「歷史若文學」的靈樞所在。對懷特而言，「過去」本不具有任何意義，「歷史」之有意義，純為史家的語藝行為，而這正是歷史虛構性的真諦，亦是「建構論」(constructivism) 的極致[62]。

總之，懷特論說的學術意義，可分兩個層次加以考察：首先在歷史實踐方面，懷特的語藝論，不止解構了「科學史學」的神話，復為晚近方興未艾的敘事史學提供了理論的支撐點。透過語藝論的反身投射，懷特發覺現行奉「研究」(research) 為尊的近代史學，實是十九世紀學術馴化 (domesticated) 的結果。在史學專業化的過程，主觀的歷史想像受到壓抑，而號稱追求客觀真實的史料考索，則獲得褒揚。這不但造成前、近代史學的斷裂，且導致文、史分途[63]。反之，懷特的工作，不啻重申上世紀之初 (1903)，崔威廉 (G. M. Trevelyan, 1876–1962) 的信念——「寫作 (writing) 非為次要，而是史家首要的任務之一。」[64]

不若先前對「歷史哲學」的冷漠或敵視，此番史家對懷特語藝論的反應雖說褒貶不一，卻是發言踴躍。與他同輩的傳統史家，包括馬威克

---

[62]. 「建構論」認為歷史係人所建構或發明的，而非「過去」的發現。

[63]. Hayden White, "The Politics of Historical Interpretation: Discipline and De-Sublimation," in *The Content of the Form* (Baltimore and London: The Johns Hopkins University Press, 1987), pp. 58–82. 懷特藉此建立本身的學承。另方面，近代史學實從十八世紀的文學修辭術掙脫出來，憑著批判方法 (critical method) 的逐漸確立，史學方有其自主性。這是兩種完全不同的寫照。與懷特互左的傳統意見，參閱 Donald R. Kelley, *Foundation of Modern Historical Scholarship* (New York and London: Columbia University Press, 1970), 或晚近的 Joseph M. Levine, *The Autonomy of History* (Chicago and London: The University of Chicago, 1999).

[64]. G. M. Trevelyan, "Clio Rediscovered," in Fritz Stern, *The Varieties of History* (Taipei: Rainbow-Bridge Book Co., 1957), p. 239.

(Arthur Marwick, 1936–2006)、艾爾頓 (G. R. Elton, 1921–1994)、史東諸行
家，甚至史學史家伊格斯 (Georg G. Iggers, 1926–2017) 莫不大肆抨擊[65]。
年輕一輩的後現代史家則拳拳服膺，景然是從，直視懷特為治史的圭臬[66]。
此中自然涉及新舊世代交替。要之，懷特恐是蘭克之後，得以將其影響超
越本門學科的不二人選。其論點於文學批評、文化研究及社會科學均不乏
回響。

　　切合本文主題的是：懷特雖謙稱本身不是哲學家[67]，但卻催生了「敘
事式歷史哲學」(narrative philosophy of history)。他的《後設史學》與韓培
爾的〈史學中的通則功能〉等量齊觀，各自樹立了「分析式歷史哲學」與
「敘事式歷史哲學」的典範。在前一階段，歷史哲學原以「歷史知識」
(historical knowledge) 為考察的標的。但受到《後設史學》的影響，爾後的
歷史哲學輒以「歷史寫作」(historical writing) 為剖析的對象，期與史家的
實際工作緊密地結合。

　　哲學上，懷特左右開弓。於他而言，傳統中對立的「對應說」
(correspondence theory) 與「連貫說」(coherence theory)，均不足以道出歷
史知識的特性[68]。「對應說」堅持「真實的陳述 (true statement) 必得與客觀

---

[65] 試舉其例： Arthur Marwick, "Two Approaches to Historical Study: The Metaphysical (Including 'Postmodernism') and the Historical," in *Journal of Contemporary History*, vol. 30 (1995), pp. 5–35; G. R. Elton, *Return to Essential* (Cambridge: Cambridge University Press, 1991); Lawrence Stone, "History and Postmodernism," in Keith Jenkins ed., *The Postmodern History Reader* (London and New York: Routledge, 1997), pp. 255–259; Georg G. Iggers, "Historiography between Scholarship and Poetry: Reflections on Hayden White's Approach to Historiography," in *Rethinking History* 4: 3 (2000), pp. 373–390.

[66] Cf. Ewa Domańska, *Encounter*, pp. 58–59.

[67] 參閱懷特的訪談，Ewa Domańska, *Encounters*, p. 27.

事實若合符節」，惟「逝者已矣」(What is past is past)，吾人不復得見往事，而今人所知的「史實」無非是史家的「構作」(fiction)。緣此，「對應說」反為無稽之談。

　　相形之下，「連貫說」主張「真實的陳述必得與既存的知識體系一致」，似較接近懷特的立場。其實又不然。依理說，任何勝任的史家皆可構作出首尾該貫的史著，然而風格互異的史家，難免各說各話，陷入不可互比的「一家之言」，以致和諧一貫的整體史遙不可及 [69]。由上推知，懷特的史學語藝論遠非傳統知識論所能範圍。

　　尤具意義的，懷特促成史學理論由「邏輯論述」至「修辭論述」的轉移 [70]。懷特與解構論 (deconstruction) 的德希達 (Jacques Derrida, 1930–2004)、德曼 (Paul de Man, 1919–1983) 道出同源，他們均祖述尼采 (Friedrich Nietzsche, 1844–1900)，鼓吹「隱喻為尊」(the primacy of metaphor)，視文本中的「修辭」(rhetoric) 優於「邏輯」(logic) [71]。德曼不就倡言：

　　　　概念 (concepts) 即轉義 (tropes)，轉義即概念。[72]

---

[68] 「對應說」與「連貫說」詳細的討論參閱 W. H. Walsh, *Philosophy of History*, pp. 73–85.

[69] Hayden White, *The Content of the Form*, pp. 40–43.

[70] Cf. "Introduction," in Brian Fay ed., *History and Theory*, pp. 1–12. 他們以「修辭態度」(rhetorical attitude) 與「科學態度」(scientific attitude) 來形狀此一轉化。

[71] 以「隱喻為尊」為隱喻諸多理論的一種。見 F. R. Ankersmit and J. J. A. Mooij, *Knowledge and Language, vol. III: Metaphor and Knowledge* (Dordrecht, Boston and London: Kluwer Academic Publishers, 1993), Introduction. 尼采的觀點請參閱 "On Truth and Lying in an Extra-Moral Sense (1873)," in Sander L. Gilman, Carole Blair and David J. Par eds., *Friedrich Nietzsche on Rhetoric and Language* (New York and Oxford: Oxford University Press, 1989), pp. 246–257.

尤其懷特主張史學敘事的機制繫於「修辭」運用，而非「邏輯」的推理。
可想而知，僅靠「邏輯」堆砌而成的史著，讀之必然索然無味。過去「分
析式歷史哲學」專注歷史解釋的邏輯分析，不免有失焦之虞[73]。這和科學
派史家仇視「修辭」，認定「真實」(truth) 與「修辭」為「枕邊怨偶」(bad
bedfellows)[74]，不啻天壤之別。而懷特的語藝論與二氏致力解消「文學」
和「哲學」的界限，實具異曲同工之妙[75]。

　　除了完成上述主題的轉移之外，懷特的語藝論至少尚衍生四個哲學子
題[76]。依次是：「指涉的向度」、「再現的限度」(the limits of representation)，
其次是「相對論」(relativism)，最後則重新點燃方法論上「整體論與個體
論」(holism vs. individualism) 的爭辯。

　　首先，「指涉的向度」。後現代主義者咸採取「文本自我指涉」(self-
referentiality) 的觀點[77]，但懷特略有分歧。懷特原先將巴特 (Roland
Barthes, 1915–1980) 的名言：「事實僅係語言的存在」 (Facts have only a
linguistic existence) 奉為案頭語[78]，但就史學的立場，他無法迴避「指涉」

---

72. Paul de Man, "The Epistemology of Metaphor," in Sheldon Sacks ed., *On Metaphor*
(Chicago and London: The University of Chicago Press, 1979), p. 21.

73. Hayden White, *Tropics of Piscourse*, p. 106.

74. V. H. Gallbraith, *An Introduction to the Study of History*, p. 3.

75. 德希達的主要見解，見 Jacques Derrida, "White Mythology: Metaphor in the Text of
Philosophy," in *Margins of Philosophy*, pp. 207–271.

76. 另外可參考 F. R. Ankersmit, "Six Theses on Narrativist Philosophy of History," in
History and Tropology (Berkeley, Los Angeles and London: University of California
Press, 1994), pp. 33–43.

77. 例如：羅蘭‧巴特，參閱 Roland Barthes, "To Write an Intransitive Verb?" *The Rustle
of Language*, translated by Richard Howard (New York: Hill and Wang, 1986) , pp. 11–
21.

78. 懷特取巴特的名言作為自己的論文集的卷首語。參閱 Hayden White, *The Content of*

的問題。懷特固認為史家旨在建構事實，而非發現事實。惟就語言階序 (order) 的角度來看，「編年紀事」與「事件」(event) 的關係屬「初階指涉」(primary referent)；經過布局加工的「故事」則是「次階指涉」(secondary referent)。以此類推，凡是歷史論述 (discourse)，皆是次階語言[79]。接續著，無可迴避的是，「譬喻」與「指涉」(reference) 的關係為何？[80] 晚近懷特拋出「引喻實在論」(figural realism)，意謂「過去」確曾存在過，但吾人的認知受限於殘存的文獻，僅得借助語言的引喻作用，而無法直探究竟[81]。易言之，歷史論述僅能透過引喻，「間接指涉」過去而無法如自然科學般「直接指涉」當下。

其次，誠如前述，懷特「歷史若文學」的命題繫乎史學的虛構性。而史學的虛構性源自語言的轉義作用。不止於此，懷特竟把傳統修辭學中的「言辭引喻」(figure of speech) 拔升至「思惟引喻」(figure of thought) 的層次[82]，而在理解之前，四樣「主譬喻」擔負起領銜的角色，預鑄了概念化與敘述的原型模式。其實，懷特的「譬喻」毋寧像似康德的理解「範疇」(categories)，既是先驗 (a priori)，且必然隱存於認知的過程[83]。

---

the Form. 又 Hayden White, "An Old Question Raised Again: Is Historiography Art or Science?" *Rethinking History* 4: 3 (2000), pp. 397–398.

79. Hayden White, *The Content of the Form*, p. 43.

80. 例如：Paul Ricoeur, "Metaphor and Reference," in his *Rule of Metaphor*, pp. 216–256.

81. Hayden White, *Figural Realism* (Baltimore and London: The Johns Hopkins University, 1999), pp. vii–ix.

82. 這點懷特受了維科的啟示。參閱 Hayden White, *Tropics of Discourse*, "The Tropics of History: The Deep Structure of the *New Sciences,*" pp. 197–217.

83. Immanuel Kant, *Critique of Pure Reason*, translated and edited by Paul Guyer and Allen W. Wood (Cambridge: Cambridge University Press, 1998), pp. 212–214. 有關康德「範疇」的討論，可參考 S. Körner, *Kant* (New York: Penguin Books, 1977), pp. 47–79. 懷特亦承認他的思維含有康德的風味。參見 Hayden White, *Tropics of Discourse*,

加之，在組織史事的過程，史家主觀的「布局」(emplotment)，令歷史起了形構化的作用，此在在顯示史識主動的操控權。鑑諸「譬喻」在懷特論說所扮演多重吃重的角色，勢需適當的釐清；特別是「諷喻」所居的關鍵位置，幾乎是所有隱喻循環的轉折點，實質上已具字義的寫實性，遠非形式分析所能範圍[84]。居中的癥結在於：「譬喻」與「字義」(the literal) 的意義有何區別？若有，其判準為何[85]？倘若「譬喻」既前於認知 (precognitive)、前於判斷 (precritical)，事後復無所不包，那麼懷特亟需一套康德式的超越論證 (transcendental argument)，方得理事圓融；但二者，懷特均付之闕如。

尤其敘事上，懷特任憑「譬喻」幻化大千，無所窒礙，必遭質疑。姑且不論「譬喻」形狀史家風格的適切性，反對者特援二次大戰中，納粹 (Nazi) 族滅猶太人 (Holocaust) 的案例，以測試「再現的限度」(the limits of representation)[86]。這樁慘絕人寰的屠殺，允否修正派的史家隨心抹滅，或者擺布成一齣鬧劇 (farce)？這確是對懷特語藝論莫大的挑戰[87]。職是，法

Introduction, p. 22.

84. 「諷喻」同時兼有引喻自覺，甚至否定引喻功能，仿若「後設轉義」(metatropological) 的角色。Ibid., pp. 37–38. Cf. Suzanne Gearhart, *The Open Boundary of History and Fiction* (Princeton, New Jersey: Princeton University Press, 1984), pp. 59–64.

85. 例如：哲學上，戴維森 (Donald Davidson, 1917–2003) 與布列克 (Max Black, 1909–1988) 對「隱喻」(metaphor) 性質著名的爭辯。前者認為「隱喻」的意義與「字義」全然一致，其奏效多少係語用藝術的傑作，而甚少涉及語言的規則。後者則堅持與語言規則有關。二氏之文均收入 Sheldon Sacks, *On Metaphor* (Chicago and London: The University of Chicago Press, 1979).

86. 懷特曾於 1990 年，參與此一討論會，其文章亦收入會議論文集，見 Saul Friedlander, *Probing the Limits of Representation* (Cambridge and London: Harvard University Press, 1992).

國史家夏提爾 (Roger Chartier, 1945–) 固然贊同史家恆以敘事形式呈現，但此一特殊敘事必須以產生真實的知識為前提[88]。

尤有過之，某些學者逕自援引丹托的睿見，以質疑史家有效的語藝行為[89]。丹托先前即發現：所謂歷史的「事件」(events)，無非是記錄者「筆下所敘述的事件」(events under a description)。因此，所有遺留的史料，均參有人為的觀點，且預存於史家處理之前[90]。此一說詞似對懷特天真的史料觀有所批判，但底層裡卻是深化懷特的學說，毫未削弱史學語藝論的效度。

可是若如歷史實在論者 (historical realist) 卡爾 (David Carr, 1940–)，以現象學的觀點，謂人類生活即潛存敘事，是故「過去」或「歷史」均含有敘事性；而史學的關懷不外是古今交錯的「複合敘事」 (multiple narratives)。他將「敘事」由認知工具驟升至本體層次 (ontological level)，謂「生活」本身即「敘事」，人類歷史當不得例外，從而證明「敘事」非如懷特等所言全係史家事後所施加[91]。另外，麥金泰 (Alasdair MacIntyre,

87. 攸關 「德國史家的論辯」，請參閱 Domonick LaCapra, *Representing the Holocaust* (Ithaca and London: Cornell University Press, 1994), ch. 2; and his *History and Memory after Auschwitz* (Ithaca and London: Cornell University Press, 1998), chs. 1 & 2.

88. Roger Chartier, *On the Edge of the Cliff*, translated by Lydia G. Cochrane (Baltimore: Johns Hopkins University Press, 1997), p. 44. 夏提爾接受了德瑟托 (Michel de Certeau, 1925–1986) 的敘事觀點。參見 Michel de Certeau, *The Writing of History*, translated by Tom Conley (New York: Columbia University Press, 1988), ch. 2.

89. Richard T. Vann, "The Reception of Hayden White," *History and Theory* (1998), 37 (2): pp. 143–193.

90. Arthur C. Danto, *Analytical Philosophy of History*, ch. Viii.

91. David Carr, "Narrative and the Real World" and "Getting the Story Straight," in Geoffrey Roberts ed., *The History and Narrative*, chs. 9 & 12. 卡爾不當肯定維科的基本論點：「人創造歷史，故人瞭解歷史。」參見 Giambattista Vico, *The New Science of Giambattista Vico*, trans. by Goddard Bergin and Max Harold Fisch (Ithaca: Cornell

1929–) 亦持同樣的觀點，他顛倒敏克的論點，反謂「故事先經體驗，方才講述。」(Stories are lived before they are told.) [92] 均不失為有力的反擊。

再者，懷特以為「過去」本無意義，「歷史」之有意旨，乃人所施為。是故，仲裁史學的要素，毋寧是美感的、道德的（包括意識形態）當下意識 (presentism)，而非認知上的事實。關鍵存於懷特相信史家的美感與道德觀點主導了敘述模式 ，而互異的敘述模式 ，復導致彼此之間不可互比 (incommensurate)，更遑論其高下優劣、是非曲直。例如，史家於法國大革命各有殊解 ，對保守史家柏克 (Edmund Burke, 1729–1797) ，是場民族浩劫 ，但對浪漫史家米希列 (Jules Michelet, 1798–1874) 則是人神合一的傳奇 [93] 。這無可避免地導向相對論的結論。

但是與其齊名的文學史家哥思曼 (Lionel Gossman, 1929–2021) 並不苟同，他對「不可互比性」的觀點尤無法釋懷；此不啻為相對論鋪路，而置「歷史的合理性」(the rationality of history) 於虛無之境 [94] 。

末了，懷特再度引發方法論上整體論與個體論的對抗。此一論辯原係「分析式歷史哲學」的熱門議題 [95] ，久經纏戰，方事歇息，不意竟因懷特的敘事理論重啟爭端。

原先懷特藉區分「編年紀事」 與 「故事」，以突顯敘事的語藝作用。「編年紀事」純係「事件」按持間序列的組合，猶可驗證，惟一旦重組成

University Press, 1948), p. 93.

[92] 參見 Alasdair MacIntyre, *After Virtue* (Notre Dame, Indiana: University of Notre Dame Press, 1984), p. 212.

[93] Hayden White, *Tropics of Discourse*, pp. 60–61.

[94] 哥思曼同樣善於闡發史著的文學精微，以精研法國浪漫史學著稱。但對懷特「歷史若文學」的立場，則多所保留。參見 Lionel Gossman, *Between History and Literature* (Cambridge and London: Harvard University Press, 1990), ch. 9.

[95] 請參閱《歷史主義與歷史理論》，頁 128–130, 195–214。

「故事」之後，則其形貌的真值難以測定[96]。由於「事件」無非攸關個人的行為，譬如「但丁 (Dante Alighieri, 1265–1321) 於某年完成《神曲》(*The Divine Comedy*)」，此自可覆按；但若經敘事蛻化成「但丁的文學作品象徵了『文藝復興』的精神」，則牽涉「文藝復興」的整體概念。此一論述非但不得化約為個人行為的總合，且自有其不同層次的意義。其它諸如：發明家瓦特 (James Watt, 1736–1819) 與「工業革命」、或亞當‧史密斯 (Adam Smith, 1723–1790) 與「資本主義」均有共通的現象。

另位歷史哲學家——敏克曾把此一論點表達得十分扼要。他認為：假設敘事只代表個別事實述句的總和，則文本 (text) 的真值，只能是個別事實述句的邏輯連結 (logical conjunction)；問題是「邏輯」只是敘事內個別述句之間「諸多」的排列關係 (ordering relation) 之一，以致敘事的真值很難全由個別述句的總合來決定。這正是「編年紀事」與「歷史」之差異所在[97]。而敘事論者 (narrativist) 安克須米特 (Frank R. Ankersmit, 1945–) 之提出「敘事整體」(narratio) 觀想必本諸同樣的精神[98]。於此，他們再次向個體論者擲出挑釁的手套。

至於「敘事式歷史哲學」與「歷史寫作」有何關聯，懷特的觀點頗值一書。他認為前者對後者並無規範作用。反是從史著的解剖中，吾人方得獲悉作品的結構與規則。這種微妙的關係同樣存於文評家與創作者之間。「敘事式歷史哲學」，換言之，係從事反思與解析的工作。它必得與史學實踐連成一氣，方有成效可言。

依懷特之見，「敘事」係人類與生俱來的本領。它代表組織世界與切身

---

96. Hayden White, *The Content of the Form*, pp. 45–47.

97. Louis O. Mink, *Historical Understanding*, pp. 197–198.

98. F. R. Ankersmit, *Narrative Logic* (The Hague, Boston, and London: Marrinus Nijhoff Publishers, 1983), ch. 3.

經驗的模式，就如「（自然）語言」般渾然天成。人固然必須學習語言，卻不必知曉言說理論；同理，史家懂得敘事，卻不必依賴後天理論的指引。於此，懷特十足表露反理論與反科學的傾向[99]。

可是就在這個節骨眼上，若干史學名家卻現身指控懷特的語藝論偏離了歷史研究的正軌。例如：西洋上古史的泰斗——莫米理耶那 (Arnaldo Momigliano, 1908–1987) 即辯道史家的職責存於探究真實 (truth)；證據 (evidence)，而非修辭 (rhetoric)，方是史學的真命脈。析言之，證據或事實於小說創作，或可有可無，而史書恆需言之有據。然而，懷特卻漠視這個區別了[100]。

莫氏的高足，且為當今微觀史學的掌旗者——京士堡 (Carlo Ginzburg, 1939–)，亦挺而聲援，謂今人大多遺忘「證明」(proof) 曾是古代修辭學的核心課題，所以與其過分誇張史學與修辭的關係，不如多加關注史學與舉證的必要性。因此，史家的工作毋寧像似法官咸得遵循證據，方能辦案[101]。而史家撰史究竟取法法官，或一如後現代史學素喜取喻的畫家作圖，此二模型適反映出不同的史學理解[102]。

總之，懷特的歷史語藝論，毋論贊成與否，均公推為二十世紀最具分量的史學理論。他的鉅著《後設史學》開拓了史學探討的新視野，允為「敘事轉向」(narrative turn) 的標竿[103]。他領先群倫主導了晚近歷史哲學的方

[99]. Ewa Domańska, *Encounters*, pp. 15–17.

[100]. Arnaldo Momigliano, "The Rhetoric of History and the History of Rhetoric: On Hayden White's Tropes," in *Settino Contributo Alla Storia Degb Studi Classici E Del Mondo Antio* (Roma, 1984), pp. 49–59.

[101]. Carlo Ginzburg, "Aristotle and History, Once More," in *History, Rhetoric and Proof* (Hanover and London: Brandeis University Press, 1999), pp. 38–53.

[102]. 例如：F. R. Ankersmit, *History and Tropology*, "Historiography and Postmodernism," ch. 6.

向[104]，姑舉二例以示之：首先，丹托享譽學界的名著——《分析式歷史哲學》(*Analytical Philosophy of History*, 1965) 原出版於分析哲學的鼎盛時期，惟於二十年後的增訂版，竟重新命名為《敘事與知識》(*Narration and Knowledge*, 1985)；而法國哲人李奧塔 (Jean-Francois Lyotard, 1924–1998) 亦不落人後，附和道：「斷言此一世界係歷史的，即設想世界得以敘事之辭形容之。」[105] 時勢所趨可見一斑。是故懷特的追隨者，至譽《後設史學》為歷史哲學之中最具革命性的作品，洵非過譽之詞[106]。另方面，無可否認地「返歸文學」(the return of literature) 的風潮意外地造成史學知識的危機，令吾人必須重新審視歷史知識的性質[107]。凡此均是「敘事式歷史哲學」必

---

103. 某些學者逕取羅遜著名的選集《語言轉向》(*The Linguistic Turn*)，以指稱懷特所闡揚的觀點。（舉其例：Brian Fay, "The Linguistic Turn and Beyond in Contemporary Theory of History," in Brian Fay, Philip Pomper, and Richard T. Vann eds., *History and Theory* (Oxford: Blackwell Publishers, 1998), pp. 1–12.）奇怪的是，安克須米特明知懷特的語藝論的來源係結構主義的文學批評，而非語言哲學，但仍襲用「語言的轉向」，令人不解。Cf. F. R. Ankersmit, "The Linguistic Turn," in *Historical Representation* (Stanford: Stanford University Press, 2001), pp. 29–74. 惟哲學上，「語言哲學」已趨於式微，而懷特的理論方興未艾；二者並不相稱，而實質內容亦甚有出入。是故，以「敘事轉向」來形容懷特所起的作用，遠為妥切。

104. 法國維納與德瑟托的敘事理論允為懷特的同調，但均稍後於懷特提出，彼此不曾聞問；而論點亦不如懷特來得鮮明、獨樹一格，故不若懷特引人注意。

105. Jean-Francois Lyotard, "Universal History and Culture Difference," in Andrew Benjamin ed., *The Lyotard Reader* (Oxford; New York: Basil Blackwell, 1989), p. 314.

106. F. R. Ankersmit, *History and Tropology*, p. 64. 此外，國際知名的《歷史與理論》(*History and Theory*) 曾於 1980 年出版專號討論《後設史學》，復於 1998 年該書出版二十五年後，重加檢討。可見懷特的吸引力歷久不衰。

107. David Harlan, "Intellectual History and the Return of Literature," *American Historical Review*, June 1989, vol. 94, no. 3, 581.

得面對的課題。

　　最後姑以二提問替代結語，首先，懷特再三聲明他的語藝論源自西方文化的系絡，例如文類的分類（喜劇、悲劇等等），甚至另一層次的四樣主譬喻亦無非取材自文藝復興以降的修辭學 [108]；那麼移至異文化的分析（舉其例，中國史學），他的語藝論是否依然具有同等的效力，甚值深究？換言之，他的分析縱使無誤，是否終究受限於西方獨特的文化情境呢？

　　其次，敘事論者 (narrativists) 倘只擬恢復史學固有園地，適可而止；則傳統史家尚保有半壁江山，容可相安無事 [109]。惟敘事論者（若懷特以及他的追隨者安克須米特等）往往雄心壯志，將自家觀點做漫無邊際的擴充，期至「凡歷史，無非敘事」而後止 [110]，逕視史學僅為不同敘事構作的競技場；那麼傳統史家只得應聲而對。究竟敘事論係局部觀點 (local point of view) 或一般性的理論 (general theory)，則必成兩軍交鋒之地，永無寧日。

---

[108]. Hayden White, *Tropics of Discourse*, ch. 3.

[109]. 試取流行的歷史寫作手冊為例：「敘事」固為歷史的基石，且最受讀者歡迎，但尚存有其它撰述方式，若「描述」(description)、「說明」(exposition) 與「論證」(argument)。Cf. Richard Marius, *A Short Guide to Writing about History* (New York: Harper Collins, 1989), ch. 3.

[110]. 懷特的史學語藝論誠然自許為一般理論，而非局部觀點。另外，法國維納將歷史敘述統視為「情節」(plot) 的安置，甚至涵蓋年鑑學派布勞岱關地中海文明，看似非事件為主的名著，而與傳統評價大有出入。參見 Paul Veyne, *Writing History*, translated by Mina Moore-Rinvoluri (Middletown, Connecticut: Wesleyan University Press, 1984), p. 94. 另外參見 F. R. Ankersmit, *Narrative Logic*, pp. 11–12.

西文書目

Acton, Lord

    1985. *Essays in the Study and Writing of History*. Indianapolis: Liberty Classics.

Ankersmit, F. R.

    1983. *Narrative Logic*. The Hague, Boston and London: Marrinus Nijhoff Publishers.

    1994. *History and Tropology*. Berkeley, Los Angeles, and London: University of California Press.

    2001. *Historical Representation*. Stanford: Stanford University Press.

Ankersmit, F. R. and Mooij, J. J. A.

    1993. *Knowledge and Language, vol. III: Metaphor and Knowledge*. Dordrecht, Boston and London: Kluwer Academic Publishers.

Ankersmit, Frank and Hans Kellner eds.

    1995. *A New Philosophy of History*. Chicago: The University of Chicago.

Aron, Raymond

    1961. *An Introduction to the Philosophy of History*, translated by George J. Irwin. Boston: Beacon Press

Barthes, Roland

    1986. *The Rustle of Language*, translated by Richard Howard. New York: Hill and Wang.

Bloch, Marc

    1971. *The Historian's Craft*. Taipei: Rainbow-Bridge.

Braudel, Fernand

1980. *On History*, translated by Sarah Matthews. Chicago: The University of Chicago Press.

Burke, Peter ed.

1991. *New Perspectives on Historical Writing*. University Park, Pennsylvania: The Pennsylvania State University Press.

Chartier, Roger

1997. *On the Edge of the Cliff*, translated by Lydia G. Cochrane. Baltimore: Johns Hopkins University Press.

Certeau, Michel de

1988. *The Writing of History*, translated by Tom Conley. New York: Columbia University Press.

Croce, Benedetto

1960. *History: Its Theory and Practice*, translated by Douglas Ainslie. New York: Russell & Russell.

Danto, Arthur

1965. *Analytical Philosophy of History*. Cambridge: Cambridge University Press.

1985. *Narration and Knowledge*. New York: Columbia University Press.

Dilthey, Wilhelm

1976. *Selected Writings*, edited and translated by H. P. Rickman. Cambridge: Cambridge University Press.

Domañska, Ewa

1998. *Encounters*. Charlottesville and London: University Press of Virginia.

Fain, Haskell

1970. *Between Philosophy and History*. Taipei: Rainbow-Bridge Book Co.

Fay, Brian, Philip Pomper, and Richard T. Vann eds.

 1998. *History and Theory*. Oxford: Blackwell Publishers.

Friedlander, Saul

 1992. *Probing the Limits of Representation*. Cambridge and London: Harvard University Press.

Galbraith, V. H.

 1964. *An Introduction to the Study of History*. London: C. A. Watts & Co., Ltd.

Gallie, W. B.

 1964. *Philosophy and the Historical Understanding*. London: Chatto & Windus.

Gardiner, Patrick

 1959. *Theories of History*. New York: Free Press.

Gearhart, Suzanne

 1984. *The Open Boundary of History and Fiction*. Princeton, New Jersey: Princeton University Press.

Gilman, Sander L., Carole Blair and David J. Par eds.

 1989. *Friedrich Nietzsche on Rhetoric and Language*. New York and Oxford: Oxford University Press.

Ginzburg, Carlo

 1999. *History, Rhetoric and Proof*. Hanover and London: Brandeis University Press.

Gooch, G. P.

 1968. *History and Historians in the Nineteenth Century*. Boston: Beacon Press.

Gossman, Lionel

1990. *Between History and Literature*. Cambridge and London: Harvard University Press.

Grafton, Anthony

1997. *The Footnote*. Cambridge, Massachusetts: Harvard University Press.

Hacking, Ian

1988. *Why Does Language Matter to Philosophy?* Cambridge: Cambridge University Press.

Harlan, David

1989. "Intellectual History and the Return of Literature," *American Historical Review*, vol. 94, no. 3.

Hempel, Carl G.

1966. *Aspects of Scientific Explanation*. New York: The Free Press.

Iggers, Georg G.

2000. "Historiography between Scholarship and Poetry: Reflections on Hayden White's Approach to Historiography," *Rethinking History*.

Kant, Immanuel

1974. *Logic*, translated by Robert S. Hartman and Wolfgang Schwarz. New York: Dover Publications, Inc.

1998. *Critique of Pure Reason*, translated and edited by Paul Guyer and Allen W. Wood. Cambridge: Cambridge University Press.

Kaplan, Abraham

1964. *The Conduct of Inquiry: Methodology for Behavioral Science*. San Francisco: Chandler.

Kelley, Donald R.

1970. *Foundation of Modern Historical Scholarship*. New York and London: Columbia University Press.

Kellner, Hans

    1989. *Language and Historical Representation*. Madison: The University
    of Wisconsin Press.

LaCapra, Dominick

    1994. *Representing the Holocaust*.Ithaca and London: Cornell University
    Press.

    1998. *History and Memory after Auschwitz*. Ithaca and London: Cornell
    University Press.

Langlois, Ch. V. and Seignobos, Ch.

    1898. *Introduction to the Study of History*, translated by G. G. Berry. New
    York: Henry Holt and Company.

Lenzer, Gertrud ed.

    1975. *Auguste Comte and Positivism: The Essential Writings*. New York:
    Harper & Row.

Levine, Joseph M.

    1999. *The Autonomy of History*. Chicago and London: The University of
    Chicago.

Macaulay, Thomas Babington

    1895. *Critical and Miscellaneous Essays*. New York: D. Appleton and
    Company.

MacIntyre, Alasdair

    1984. *After Virtue*. Notre Dame, Indiana: University of Notre Dame Press.

Man, Paul de

    1979. "The Epistemology of Metaphor," in Sheldon Sacks ed., *On
    Metaphor*. Chicago and London: The University of Chicago Press.

Mandelbaum, Maurice

1980. "The Presuppositions of Metahistory," in *History and Theory*, Beiheft 19.

Marius, Richard

1989. *A Short Guide to Writing about History*. New York: Harper Collins.

McCullagh, Behan

1993. *Metaphor and Truth in History*, Clio (23: 1).

Mink, Louis O.

1987. *Historical Understanding*, edited by Brian Fay, Eugene O. Golob, and Richard T. Vann. Ithaca and London: Cornell University Press.

Momigliano, Arnaldo

1984. *Settino Contributo Alla Storia Degb Studi Classici E Del Mondo Antio*. Roma.

Neurath, Otto, Rudolf Carnap, and Charles Morris eds.

1969. *Foundations of the Unity of Science*. Chicago and London: The University of Chicago Press.

Ranke, Leopold von

1973. Georg G. Iggers and Konrad von Moltke eds., *The Theory and Practice of History*. Indianapolis and New York: Bobbs-Merrill Company.

Ricoeur, Paul

1984. *Time and Narrative*, translated by Kathleen McLaughlin and David Pellauer. Chicago and London: The University of Chicago Press.

1979. *The Rule of Metaphor*, translated by Robert S. Czerny. Toronto: University of Toronto Press.

Robert, Geoffrey

2001. *The History and Narrative Reader*. London and New York:

Routledge.

Rorty, Richard

> 1992. *The Linguistic Turn*. Chicago and London: The University of Chicago.

Sacks, Sheldon

> 1979. *On Metaphor*. Chicago and London: The University of Chicago Press.

Stern, Fritz ed.

> 1956. *The Varieties of History*. New York: Meridian Books.

Stone, Lawrence

> 1987. *The Past and the Present Revisited*. London and New York: Routledge & Kegan Paul.

Topolski, Jerzy ed.

> 1994. *Historiography Between Modernism and Postmodernism*. Amsterdam: Rodopi.

Vann, Richard T.

> 1998. "The Reception of Hayden White," *History and Theory*, 37 (2).

Veyne, Paul

> 1984. *Writing History*, translated by Mina Moore-Rinvoluri. Middletown, Connecticut: Wesleyan University Press.

Vico, Giambattista

> 1948. *The New Science of Giambattista Vico*, trans. by Goddard Bergin and Max Harold Fisch. Ithaca: Cornell University Press.

Voltaire. "Figure," in *Dictionnaire Philosophique* on Oeuvres complétes de Voltaire Website (http://www.voltaire-integral.com/19/figure.htm)

White, Hayden

1963. "The Abiding Relevance of Croce's Idea of History," in *The Journal of Modern History,* vol. xxxv, no. 2.

2000. "An Old Question Raised Again: Is Historiography Art or Science?" *Rethinking History* 4: 3.

1973. *Metahistory: The Historical Imagination in Nineteenth-Century Europe*. Baltimore & London: The Johns Hopkins University Press.

1978. *Tropics of Discourse*. Baltimore and London: The Johns Hopkins University Press.

1987. *The Content of the Form*. Baltimore and London: The Johns Hopkins University Press.

1995. "Response to Arthur Marwick," *Journal of Contemporary History*, vol. 30, 233–246.

1999. *Figural Realism*. Baltimore and London: The Johns Hopkins University Press.

2000. "An Old Question Raised Again: Is Historiography Art or Science?" *Rethinking History*. 4: 3.

White, Morton

1965. *Foundation of Historical Knowledge*. New York: Harper & Row.

第七章

後現代史學的報告（代結論）

　　眾所周知，十九世紀是西方史家的黃金時代。在那段期間，史家躍為學術盟主，睥睨不可一世[1]。但下抵二十世紀，形勢驟變，面貌全非。若說二十世紀，是史學的一部滄桑史並不為過。

　　首先，上半葉，社會科學長驅直入，與歷史締下城下之盟，史學遂淪為半殖民地，但猶保有容身之地[2]。惟下半葉，復逢後現代主義 (Post-Modernism) 肆虐，鳩佔鵲巢，竟至宣稱：「歷史之死」 (the death of history)[3]。有位後現代史家即放聲說道：

> 於後現代的氛圍，史家面臨了根本的難題。後現代不允許普遍的公約數，然而歷史依其界義卻是創造與維繫普遍的公約數；職是，歷史於後現代無藏身之所[4]。

此不啻要將史學從學術的殿堂掃地出門，那麼史家為了維護基本的尊嚴，甚或生存權，只有挺身以對。

　　按後現代主義極早即見諸建築與文學的評論（約上一世紀 50 年代），稍後拓展至思想與哲學的園地（1960 年代），1970 年代以降則蔚然成風，

1. Geoffrey Barraclough, *History in a Changing World* (Norman: University of Oklahoma Press, 1955), p. 2; and Maurice Mandelbaum, *History, Man, and Reason* (Baltimore: The Johns Hopkins Press, 1971), p. 41.

2. 參閱 Robert F. Berkhofer, Jr., *A Behavioral Approach to Historical Analysis* (New York: Free Press, 1969); Lee Benson, *Toward the Scientific Study of History* (Philadelphia: J. B. Lippincott, 1972). 史學與社會科學的結盟，常是不平等的關係：由史學提供及整理史料，而社會科學負責詮釋。

3. Niall Lucy, *Postmodern Literary Theory* (Oxford: Blackwell, 1997), ch. 6, "The Death of History."

4. Elizabeth Deeds Ermarth, "Ethics and Method," in *History and Theory*, Theme Issue 43 (December 2004), p. 75.

並席捲社會科學，最後方抵史學。

　　顧名思義，「後現代主義」旨在顛覆或取代「現代主義」，但究其實二者尚藕斷絲連，甚難一切兩段，截然劃清[5]。哈伯瑪斯 (Jürgen Habermas, 1929–) 甚至認為後現代主義動輒以「反現代性」(Antimodernity) 自居，殊不知只是「現代性」的「未竟之業」[6]。

　　更由於「後現代主義」係衍發性的概念 (evolving concept)，與時變遷，因此不同階段的後現代主義，遂有不同的意涵，以致眾說紛紜。加上各個領域的「現代主義」(modernism) 迭有出入，導致繼起者的「後現代主義」，竟似應景流動的萬花筒，五花雜陳。是故要賦予一個首尾該貫的定義，並非易事。

　　後現代哲學家李奧塔 (Jean-Francois Lyotard, 1924–1998) 界定　「後現代」乃是對「後設敘述」(metanarrative) 的質疑[7]，恰可適用到史學領域。「後設敘述」在史學上又可謂之「大敘述」(grand narrative)，諸如：馬克思史觀、民族史觀、進步史觀等等。李奧塔自己則鼓吹依附各別情狀或個人行為的「小敘述」(little narrative)[8]。矛盾的是，公認為李氏「小敘述」

---

5. 「後現代主義」固以打倒「現代主義」為目標，但猶存著若干連續性，而非截然可以一刀兩斷。 Andreas Huyssen, "Mapping the Postmodern," *New German Critique* (1984), 33: pp. 5–52. 又 Linda Hutcheon, "Limiting the Postmodern: The Paradoxical Aftermath of Modernism," *A Poetics of Postmodernism* (New York: Routledge, 1988), ch. 3.

6. Jürgen Habermas, "Modernity versus Postmodernity," *New German Critique*, no. 22(Winter, 1981), pp. 3–14. 原文為 1980 年的講稿，原題目為 「現代性──未竟之業」 ("Modernity──An Incomplete Project")。 另參閱 Martin Jay, "Habermas and Postmodernism," *Fin-de-siècle Socialism and Other Essays* (New York: Routledge, 1988), ch. 10.

7. Jean-Francois Lyotard, *The Postmodern Condition*, translated by Geoff Bennington and Brian Massumi (Minneapolis: University of Minnesota Press, 1984), pp. xxiii–xxiv.

最佳的執行者——微觀史家京士堡 (Carlo Ginzburg, 1939–)，卻是誓死反對後現代主義 （若德希達） 及懷特 (Hayden White, 1928–2018) 的歷史語藝學[9]。此外，李奧塔之執著「小敘述」，事實上亦縮減歷史敘述的範圍，殊不知「小敘述」之成立亦必須借重「概化」(generalization)。「大敘述」或「小敘述」 在方法論勢必涉及 「個體論」 (individualism) 與 「整體論」 (holism) 之爭辯。除卻意識形態的作祟，大、小敘述之成立端賴在經驗上是否言之成理，而非一概抹煞[10]。可是若置此不論，李氏的釋義尚堪描述後現代史學的特色。

　　整體而言，後現代主義乃反啟蒙運動 (anti-Enlightenment)，特別是後者所象徵的理性 (reason) 與進步 (progress)。它側重變異性、個體性與在地性，仿若十九世紀浪漫主義 (Romanticism) 浴火重生，而與啟蒙的普世性格有所違礙。 但後現代主義與浪漫主義僅止於貌似 ，因為它首重當下意識 (presentism)，而絕不會發思古之幽情[11]。

---

8. Ibid., pp. 32–39, 60.

9. 京士堡的名著《乳酪與蟲子》(*The Cheese and the Worms*) 被認為是李氏「小敘述」的範作 。Cf. C. Behan McCullagh, *The Truth of History* (London and New York: Routledge, 1998), pp. 297–302. 有關微觀史學 (microhistory) 則請參閱 Giovanni Levi, "On Microhistory," in Peter Burke ed., *New Perspectives on Historical Writing* (University Park, Pennsylvania: Pennsylvania State University Press, 1992), pp. 93–113; and Georg G. Iggers, "From Macro-to Microhistory," *Historiography in the Twentieth Century* (Hanover and London: Wesleyan University Press, 1997), ch. 9.

10. Cf. C. Behan McCullagh, *The Truth of History*, pp. 297–302. 又 Seyla Benhabib, "Feminism and the Question of Postmodernism," in Joyce Appleby et al. ed., *Knowledge and Postmodernism in Historical Perspective* (New York and London: Routledge, 1996), pp. 549–550.

11. 「浪漫主義」 的不同意旨 ，見 Arthur O. Lovejoy, "On the Discrimination of Romanticism," *Essays in the History of Ideas* (Baltimore: Johns Hopkins Press, 1948),

　　「後現代史學」一反實證史學，遂行了「語言的轉向」(the linguistic turn) [12]。從史學方法的角度觀察，「語言的轉向」促使史學進行一系列的回歸，從史實至語言 (language)、從語言至文本 (text)，最後從文本至符號 (sign)。其結果則是：史實的客觀性與可知的過去均變成過眼雲煙，因為歷史允納虛構，即不再指涉過去；尤有甚者，歷史變成符號的遊戲 [13]。

　　史家得以虛構的觀點，立刻反映至史學的操作，舉其例：英國史家夏瑪 (Simon Schama, 1945–) 於其極具爭議的名著：《死亡的確認：不受保證的揣測》(*Dead Certainties: Unwarranted Speculations*)，坦然宣稱該書係對歷史事件的想像之作；內容固有取材自原始材料，但某些則純係個人的虛構 [14]。加籍史家娜塔莉・戴維斯 (Natalie Davis, 1928–) 的《馬丹・蓋赫返鄉記》(*The Return of Martin Guerre*) 兩度被拍攝成電影 [15]，同樣以遊走於事實與虛構之間馳名 [16]。

　　不止主流史學有此現象，連中國史亦受到此類觀點的滲透。漢學名家史景遷 (Jonathan D. Spence, 1936–2021) 的《胡若望的疑問》(*The Question*

---

pp. 228–253.

[12]. Richard T. Vann, "Turning Linguistic," in Frank Ankersmit and Hans Kellner ed., *A New Philosophy of History* (Chicago and London: University of Chicago Press, 1995), pp. 40–69.

[13]. Cf. Pauline Marie Rosenau, *Post-Modernism and the Social Sciences* (Princeton: Princeton University Press, 1992), pp. 62–65; Andreas Huyssen, "The Search for Tradition," in *New German Critique* (1981), 22: 35.

[14]. Simon Schama, "A Note on Sources," *Dead Certainties: Unwarranted Speculations* (New York: Vintage Books, 1992), pp. 327–333.

[15]. Natalie Zemon Davis, *The Return of Martin Guerre* (Cambridge, Mass.: Harvard University Press, 1983). 中文有江政寬先生譯本。

[16]. Natalie Zemon Davis, *Fiction in the Archives* (Stanford, Calif.: Stanford University Press, 1987). 中文本有楊逸鴻譯的《檔案中的虛構》。

of Hu) [17]，馳騁於史料與想像之際，極盡文藝之能事，故能博得敘事之美名。然而傳統史家卻拒之於千里之外，視該書僅與「小說」相垺，甚至未得入列「歷史小說」之林，其受歧視蓋如此 [18]。

要之，「真實為歷史的靈魂」乃近代史家的圭臬 [19]。一旦逾越事實與虛構的畛域，即視為離經叛道，受盡撻伐。上述後現代史學的代表著作，即難逃此厄運 [20]。更遑論布希亞 (Jean Baudrillard, 1929–2007) 之流，竟至否認「波灣戰爭」(The Gulf War) 曾經發生過 [21]，此對正統史家無異荒誕不經，真是「是可忍，孰不可忍」了。

按後現代主義乃是懷疑論 (scepticism) 的一種型式 [22]。而歷史的懷疑論幾乎與近代哲學結伴而行，笛卡爾 (René Descartes, 1596–1650) 在《方法導論》(*Discourse on Method*) 裡，便對史家能否道出史實的真相有所保留，他且質疑歷史知識的功能 [23]。但後現代史學的泉源卻是尼采 (Friedrich

---

[17]. Jonathan D. Spence, *The Question of Hu* (New York: Vintage Books, 1989).

[18]. Bruce Mazlish, "The Question of *The Question of Hu*," *History and Theory*, vol. 31, no. 1, 1992, 143–152.

[19]. Bayle Pierre, *Mr. Bayle's Historical and Critical Dictionary* (London: Routledge/Thoemmes Press, 1997), vol. IV, p. 863a.

[20]. Cushing Strout, "Border Crossings: History, Fiction, and *Dead Certainties,*" *History and Theory*, vol. 31, no. 1, 1992, pp. 153–162; Georg G. Iggers, *Historiography in the Twentieth Century* (Hanover & London: Wesleyan University Press, 1997), p. 108; Lawrence Stone, "History and Postmodernism," in Keith Jenkins, *The Postmodern History Reader* (London and New York: Routledge, 1997), pp. 258–259.

[21]. Jean Baudrillard, *The Gulf War Did Not Take Place* (Sydney: Power Publication, 1995).

[22]. Stuart Sim, "Postmodernism and Philosophy," in Stuart Sim ed., *The Routledge Critical Dictionary of Postmodern Thought* (New York: Routledge, 2001), p. 3.

[23]. René Descartes, *The Philosophical Works of Descartes*, translated by Elizabeth S. Haldane and G. R. T. Ross (Cambridge: Cambridge University Press, 1975), vol. I, pp.

Nietzsche, 1844–1900) 與索緒爾 (Ferdinand de Saussure, 1857–1913)。尼采的人生哲學助長歷史知識的實用觀;而索氏的語言理論卻成為後現代史學的「語言轉向」的典範[24]。但懷疑論本身並非不能加以駁斥,倘若在不該有疑處起疑,就變的無的放矢了。[25] 後現代史學質疑歷史的真實性,而把史學化約成語言的存在,即是明顯的事例。

巴特 (Roland Barthes, 1915–1930) 說:「事實無它,僅是語言性的存在。」[26] 德希達 (Jacques Derrida, 1930–2004) 亦附和道:「文本之外,別無它物。」[27] 不可否認的,後現代史學呈現有「語言迷戀」(linguistic obsession)、[28] 或「文本崇拜」(the fetishism of text) 的傾向。[29] 他們動輒標新立異、過度解釋,以致人言言殊,背離了「語言」作為溝通的基本宗旨。歸根究柢,後現代的閱讀觀點只著重符號或文本的「示意作用」(signification),而鮮少措意「溝通」與「效度」(validity) 的問題。他們但

84–85. 另見 R. G. Collingwood, *The Idea of History*, revised edition (Oxford and New York: Oxford Univ. Press, 1994), pp. 59–61.

24. Jurgen Habermas, *The Philosophical Discourse of Modernity*, translated by Frederick Lawrence (Cambridge: Polity Press), ch. IV, "The Entry into Postmodernity: Nietzsche as a Turning Point." 另參閱戴夫·羅賓森 (Dave Robinson) 著,《尼采與後現代主義》 (*Nietzsche and Postmodernism*),陳懷恩譯 (臺北:城邦文化公司,2002)。

25. Ludwig Wittgenstein, *Tractatus Logica-Philosophicus* (London: Routledge & Kegan Paul, 1963), 6. 51.

26. Roland Barthes, *The Rustle of Language*, translated by Richard Howard (New York: Hill and Wang, 1986), p. 138.

27. Jacques Derrida, *Of Grammatology*, translated by Gayatri Spivak (Baltimore and London: The Johns Hopkins University Press, 1997), p. 158.

28. Ihab Hassan, "Making Sense," *The Postmodern Turn*, p. 202.

29. Hayden White, "The Absurdist Moment," *Tropics of Discourse* (Baltimore: Johns Hopkins University Press, 1978), p. 265.

求其異而略其同 ，似乎遺忘了維根斯坦 (Ludwig Wittgenstein, 1889–1951)
長久以來的教誨：莫讓語言對我們的智力產生迷惑。[30]

　　晚近語言哲學的探討復指出，「語言」得以指涉實在 (reality) 乃吾人知
曉任何語言的先決條件 (precondition)[31]。是故，在「語言轉向」後，即激
起一股反歸經驗的浪潮，他們固然承認語言的媒介作用，但堅持「經驗的
不可化約性」(irreducibility of experience)[32]。毋怪晚近的「後‧後現代主
義」(post-postmodernism) 不少人出自重視「硬事實」(hard facts) 的馬克思
陣營[33]。

　　末了，必須略作交代的是，「意識形態的分析」(ideological analysis) 與
後現代史學的關聯。相對於形式「語言的轉向」，意識形態的分析屬實質性
的。但後現代的理論大家，傅柯、德希達之輩，對解構意識形態的貢獻卻
是有目共睹的 ；例如 ：「東方主義論」 (Orientalism)、「女性主義」
(feminism) 均某種程度受益於他們的學說。而「東方主義論」於「殖民歷
史」[34]、「女性主義」於「婦女史」的推動復功不可沒[35]。然而「意識形

---

[30]. Ludwig Wittgenstein, *Philosophical Investigations*, translated by G. E. M. Anscombe
(New York: Macmillian Publishing Co., Inc., 1958), p.109.

[31]. 例如：普南 (Hilary Putnam, 1926–2016)、戴維森 (Donald Davidson, 1917–2003)。參
閱 Antony Easthope,"Postmodernism and Critical and Cultural Theory," in *The
Routledge Critical Dictionary of Postmodern Thought*, p. 24.

[32]. 例如 John E. Toews, "Intellectual History after the Linguistic Turn: The Autonomy of
Meaning and the Irreducibility of Experience," *American Historical Review*, October
1987, vol. 92, no. 4, pp. 905–906. 比較理論的陳述則見 C. Behan McCullagh, *The
Truth of History*, p. 143.

[33]. 舉其例：Alex Callinicos, *Against Postmodernism* (New York: St. Martin's Press, 1990);
Terry Eagleton, *The Illusions of Postmodernism* (Oxford: Blackwell Publishers, 1996);
Eric Hobsbawm, *On History* (New York: The New Press, 1997);John O'Neill, *The
Poverty of Postmodernism* (London and New York: Routledge, 1995).

態」的分析者,如同古往今來的相對論者,不免陷入自相矛盾的兩極:他們若非預設了中立或客觀的實存,倚之與虛假的意識形態作為對比,即執著某種意識形態而難以自拔。這種尷尬同樣見諸「歷史終結論」(the end of history) 者。

試舉福山 (Francis Fukuyama, 1952–) 為例。他並非唯一持「歷史終結論」者,但卻是最典型的代表。他的論點仿若 1960 年代著名的論辯「意識型態的結束」(the end of ideology),於後現代的改版 [36]。在上一回論戰,社會學家貝爾 (Daniel Bell, 1919–2011) 以為歷經上半世紀的動盪 (經濟大蕭條,一、二次世界大戰),人們對意識型態業已幻滅,而後勢必回歸以西方為代表的社會經濟制度。但事與願違,不只意識型態未曾消弭於無形,反若雨後春筍,四處萌生 [37]。

34. 「東方主義論」請參閱 Edward Said, *Orientalism* (New York: Vintage Books, 1979). 薩依德 (Edward W. Said, 1935–2003) 認為「東方主義」係西方文化帝國主義 (cultural imperialism) 的投射;包括「區域研究」(area studies) 亦是其直系產物。他的理論激起了殖民歷史極大的反省,跨越了西方與非西方歷史。史華慈 (Benjamin Schwartz, 1916–1999) 教授曾為 「區域研究」 作辯駁, 請參考 Benjamin I. Schwartz, "Area Studies as a Critical Discipline," *China and Other Matters* (Cambridge, Mass.; London: Harvard University Press, 1996), pp. 98–113. 至於與中國史的關係,則見 Arif Dirlik, "Chinese History and the Question of Orientalism," *History and Theory*, vol. 35, no. 4, 1996, pp. 96–122.

35. 「女性主義」與後現代理論的過從,請參閱克莉絲・維登 (Chris Weedon),《女性主義實踐與後結構主義理論》(*Feminist Practice and Poststructuralist Theory*) (臺北:桂冠, 1994)。 與 「婦女史」 的關係則見 Joan Scott, "Women's History," in Peter Burke, *New Perspective on Historical Writing*, pp. 42–66.

36. Chaim I. Waxman ed., *The End of Ideology Debate* (New York: Simon and Schuster, 1969).

37. Daniel Bell, "Afterword, 1988: The End of Ideology Revisited," in *The End of Ideology* (Cambridge and London: Harvard University Press, 1988), p. 447.

　　三十年後，東歐與蘇聯共產政權相繼瓦解，再次使得福山相信敵對的意識型態必將蕩然無存，而民主的制度定成人類普遍歷史 (universal history) 永恆的回歸，「歷史」遂亦終結於此[38]。

　　福山天真的想法固然獲得右翼的掌聲，但他之所以被貼上「後現代預言家」的標籤，卻不是這種直率的論點，而是其所蘊涵的「無歷史」或「歷史消失」的觀點。這點恰與後現代的意向吻合。

　　有趣的是，他的理論卻受到後現代祭司——德希達大肆的抨擊。德希達認為福山昧於事實，美化西方當前的自由民主制度，殊不知西方的民主自由千瘡百孔，問題叢生，尤其世界更無同質性普遍史的歷程。他指斥福山彷彿資本主義福音的傳道者，其意識形態的立場昭然若揭。而德希達本身則希冀「招魂」馬克思，重振社會關懷（另一意識形態？）[39]。總之，一旦涉及意識形態，不免百家爭鳴，難趨一致，而後現代史家亦只能祈求和有不同而已。

　　總之，身處後現代的風暴，就像法國年鑑史家勒華拉杜里 (Immanuel LeRoy Ladurie, 1929–) 在〈歷史依然屹立不搖〉(History That Stands Still) 一文裡所下的結語：

　　　　此時此刻，史學應該有所堅持，拒絕自戀的傾向；切莫顧影自憐。在某些角落裡，「歷史之死」的呼喊固然響徹雲霄，但史學必須勇往

---

38. Francis Fukuyama, *The End of History and the Last Man* (New York: The Free Press, 1992), p. xxiii. 福山答辯他所謂的「歷史」特指有目的進程的導向歷史。

39. Jacques Derrida, *Specters of Marx*, translated by Peggy Kamuf (New York and London: Routledge, 1994), ch. 2. 另參閱斯圖亞特・西姆 (Stuart Sim) 著，《德希達與歷史終結》(*Derrida and the End of History*)（臺北：城邦文化公司，2002）。Mark Poster, *Cultural History and Postmodernity* (New York: Columbia University Press, 1997), ch. 2, "Textual Agent: History at the 'The End of History'."

直前，穿透魔鏡去追尋新的世界，而非找尋己身的映照。[40]

海德格 (Martin Heidegger, 1889–1976) 復曾經如此開示過：

每一種主義都是對歷史的誤解與死亡。[41]

這句話對吾人的確有醍醐灌頂的作用，當亦適用於後現代主義。

最後，毋論後現代是否真如某些學者所預測的正趨於尾聲[42]，但後現代史學卻方興未艾，在時間落差上，中國史學尤為如此。有位漢學家曾深表惋惜：中國研究的腳步遠遠落在學術潮流的後面，以致後現代的影響才未能充分發揮[43]。果不幸如此，則中國史學不久即將進入後現代的風潮，但不知在明日過後 (the day after tomorrow)，新廈即可落成，或只遺留斷瓦殘垣呢？吾人則可拭目以待。

---

40. Emmanuel LeRoy Ladurie, *The Mind and Method of the Historian*, translated by Siân Reynolds and Ben Reynolds (Brighton, Sussex: The Harvester Press, 1981), p. 27. 勒華拉杜里把史學喻作童話中的「灰姑娘」(Cinderella)，而其中的鏡子即為「魔鏡」。

41. Martin Heidegger, *What is a Thing?* translated by W. B. Barton, Jr. and Vera Deutsch (South Bend, Indiana: Gateway Editions, Ltd., 1967), pp. 60–61.

42. Ihab Hassan, *The Postmodern Turn*, part IV, "Postlude to Postmodernism,"

43. 沙培德 (Peter Zarrow)，〈西方學界研究中國近代史的最新動向〉，《漢學研究通訊》，22 卷 4 期 (2003)，頁 190。

西文書目

Barraclough, Geoffrey

　1955. *History in a Changing World*. Norman: University of Oklahoma Press.

Barthes, Roland

　1986. *The Rustle of Language*, translated by Richard howard. New York: Hill and Wang.

Baudrillard, Jean

　1995. *The Gulf War Did Not Take Place*. Sydney: Power Publication.

Bell, Daniel

　1988. "Afterword, 1988: The End of Ideology Revisited," *The End of Ideology*. Cambridge and London: Harvard University Press.

Benson, Lee

　1972. *Toward the Scientific Study of History*. Philadelphia: J. B. Lippincott.

Benhabib, Seyla

　1996. "Feminisn and the Question of Postmodernism," *Knowledge and Postmodernism in Historical Perspective*, ed. by Joyce Appleby et al. New York and London: Routledge.

Berkhofer, Jr., Robert F.

　1969. *A Behavioral Approach to Historical Analysis*. New York: Free Press.

Callinicos, Alex

　1990. *Against Postmodernism*. New York: St. Martin's Press.

Collingwood, R. G.

    1994. *The Idea of History*, revised edition. Oxford and New York: Oxford Univ. Press.

Davis, Natalie Zemon

    1983. *The Return of Martin Guerre*. Cambridge, Mass.: Harvard University Press.

    1987. *Fiction in the Archives*. Stanford, Calif.: Stanford University Press.

Derrida, Jacques

    1994. *Specters of Marx*, translated by Peggy Kamuf. New York and London: Routledge.

    1997. *Of Grammatology*, translated by Gayatri Spivak. Baltimore and London: The Johns Hopkins University Press.

Descartes, René

    1975. *The Philosophical Works of Descartes*, vol. I, translated by Elizabeth S. Haldane and G. R. T. Ross. Cambridge: Cambridge University Press.

Dirlik, Arif

    1996. "Chinese History and the Question of Orientalism," *History and Theory*, vol. 35, no. 4.

Eagleton, Terry

    1996. *The Illusions of Postmodernism*. Oxford: Blackwell Publishers.

Easthope, Antony

    2001. "Postmodernism and Critical and Cutural Theory," *The Routledge Critical Dictionary of Postmodern Thought*.

Ermarth, Elizabeth Deeds

    2004. "Ethics and Method," *History and Theory*, Theme Issue 43.

Fukuyama, Francis

　　1992. *The End of History and the Last Man*. New York: The Free Press.

Hassan, Ihab

　　1987. *The Postmodernism Turn*. Columbus: Ohio State University Press.

Habermas, Jürgen

　　1981. "Modernity versus Postmodernity," *New German Critique* 22.

　　1987. "The Entry into Postmodernity: Nietzsche as a Turning Point," *The Philosophical Discourse of Modernity*, translated by Frederick Lawrence. Cambridge: Polity Press.

Heidegger, Martin

　　1967. *What is a Thing?* translated by W. B. Barton, Jr. and Vera Deutsch. South Bend, Indiana: Gateway Editions, Ltd.

Hobsbawm, Eric

　　1997. *On History*. New York: The New Press.

Hutcheon, Linda

　　1988. *A Poetics of Postmodernism*. New York: Routledge.

Huyssen, Andreas

　　1981. "The Search for Tradition," *New German Critique* 22.

　　1984. "Mapping the Postmodern," *New German Critique* 33.

Iggers, Georg G.

　　1997. *Historiography in the Twentieth Century*. Hanover and London: Wesleyan University Press.

Jay, Martin

　　1988. *Fin-de-siècle Socialism and Other Essays*. New York: Routledge.

Ladurie, Emmanuel LeRoy

　　1981. *The Mind and Method of the Historian*, translated by Siân Reynolds and Ben Reynolds. Brighton, Sussex: The Harvester Press.

Levi, Giovanni

　　1992. "On Microhistory," *New Perspectives on Historical Writing*, ed. by Peter Burke. University Park, Pennsylvania: Pennsylvania State University Press.

Lovejoy, Arthur O.

　　1948. *Essays in the History of Ideas*. Baltimore: Johns Hopkins Press.

Lucy, Niall

　　1997. *Postmodern Literary Theory*. Oxford: Blackwell.

Lyotard, Jean-Francois

　　1984. *The Postmodern Condition*, translated by Geoff Bennington and Brian Massumi. Minneapolis: University of Minnesota Press.

Mazlish, Bruce

　　1992. "The Question of *The Question of Hu*," *History and Theory*, vol. 31, no. 1.

Mandelbaum, Maurice

　　1971. *History, Man, and Reason*. Baltimore: The Johns Hopkins Press.

McCullagh, C. Behan

　　1998. *The Truth of History*. London and New York: Routledge.

O'Neill, John

　　1995. *The Poverty of Postmodernism*. London and New York: Routledge.

Pierre, Bayle

　　1997. *Mr. Bayle's Historical and Critical Dictionary*, vol. IV. London: Routledge/Thoemmes Press.

Poster, Mark

　　1997. *Cultural History and Postmodernity*. New York: Columbia

University Press.

Robinson, Dave

　2002. *Nietzsche and Postmodernism*, 陳懷恩譯。臺北：城邦文化公司。

Rosenau, Pauline Marie

　1992. *Post-Modernism and the Social Sciences*. Princeton: Princeton University Press.

Said, Edward

　1979. *Orientalism*. New York: Vintage Books.

Schama, Simon

　1992. *Dead Certainties: Unwarranted Speculations*. New　York: Vintage Books.

Schwartz, Benjamin I.

　1996. "Area Studies as a Critical Discipline," *China and Other Matters*. Cambridge, Mass.; London: Harvard University Press.

Scott, Joan

　1992. "Women's History," *New Perspective on Historical Writing*.

Sim, Stuart

　2001. "Postmodernism and Philosophy," *The Routledge Critical Dictionary of Postmodern Thought*, ed. by Stuart Sim. New York, Routledge.

　2002. *Derrida and the End of History*. 臺北：城邦文化公司。

Spence, Jonathan D.

　1989. *The Question of Hu*. New York: Vintage Books.

Stone, Lawrence

　1997. "History and Postmodernism," *The Postmodern History Reader*, ed. by Keith Jenkins. London and New York: Routledge.

Strout, Cushing

    1992. "Border Crossings: History, Fiction, and *Dead Certainties*," *History and Theory*, vol. 31, no. 1.

Toews, John E.

    1987. "Intellectual History after the Linguistic Turn: The Autonomy of Meaning and the Irreducibility of Experience," *American Historical Review*, vol. 92, no. 4.

Vann, Richard T.

    1995. "Turning Linguistic," *A New Philosophy of History*. ed. by Frank Ankersmit and Hans Kellner. Chicago and London: University of Chicago Press.

Waxman, Chaim I. ed.

    1969. *The End of Ideology Debate*. New York: Simon and Schuster.

Weedon, Chris

    1994. *Feminist Practice and Poststructuralist Theory*. 臺北：桂冠。

White, Hayden

    1978. "The Absurdist Moment," *Tropics of Discourse*. Baltimore: Johns Hopkins University Press.

Wittgenstein, Ludwig

    1958. *Philosophical Investigations*, translated by G. E. M. Anscombe. New York: Macmillan Publishing Co., Inc.

    1963. *Tractatus Logica-Philosophicus*. London: Routledge & Kegan Paul.

Zarrow, Peter（沙培德）

    2003. 〈西方學界研究中國近代史的最新動向〉,《漢學研究通訊》, 22 卷 4 期。

附　錄

中國近代史學的雙重危機：
試論「新史學」的誕生及其所
面臨的困境

一、前言

　　當今流行的社會科學之中，為中國所固有的僅止「史學」一科。以它作為焦點，來觀察西方強勢文化入侵之後，傳統知識的困境與因應之道尤饒意味。總之，一種學問之產生危機狀態大致可歸為內在與外在兩類因素。所謂「內在危機」指的是知識本身或其發展所致的後果，「外在危機」則是無法有效地滿足社會性的需求，導致該學科的價值遭受質疑。這些危機可以獨自發生，亦可交相作用，愈演愈烈。

　　史學作為一門攸關人類經驗的知識 (empirical knowledge)，迥異於概念性的知識 (conceptual knowledge)，其危機常源自不足以應付世變，以致學術地位江河日下，今不如昔。很不幸地，內、外危機交相煎迫恰是近代中國史學所面臨的困局。

二、梁啟超與「新史學」的誕生

　　中國傳統史學素來標榜「經世致用」、「鑑古知今」[1]，惟一旦遭逢清末「二千年未有之變局」，卻也束手無策。梁啟超 (1873–1929) 於 1902 年（光緒二十八年）發表〈新史學〉一文，即是感慨固有史學無補於時局，

---

1. 傳統史學以「經世致用」為標的，例如被奉為圭臬的《春秋》即如孟子所云：「世衰道微，邪說暴行有作，臣弒其君者有之，子弒其父者有之。孔子懼，作《春秋》。」又云：「孔子成《春秋》而亂臣賊子懼。」見朱熹，《四書章句集注》（北京：中華書局，1983），《孟子集注》，卷六，頁 272–273。司馬遷亦云：「撥亂世反之正，莫近於《春秋》。」見司馬遷，《史記》（臺北：泰順書局，1971），卷 130，頁 3297。司馬光的鉅著《資治通鑑》由宋神宗所賜名尤反映傳統史學「鑑古知今」的目的。

故擬予徹底地改造。而梁氏〈新史學〉一文正是催生近代中國史學的宣言，故本文必得對梁氏的史學多予著墨。

值得注意的，在康、梁的學術交涉之中，〈新史學〉已透露出梁氏與其業師──康有為 (1858–1927) 在學術上有了分歧。康氏的教學法素主張「廿四史宜全讀」，學成後，則海函地負，無所不能[2]。在當時老一輩學人，持這種看法十分尋常[3]。然而梁啟超在〈新史學〉開宗明義即昌言：「二十四史非史也，二十四姓之家譜而已。」[4] 師徒之見懸殊若此。

其實在梁氏正式提出「新史學」的口號之前，他的史學觀念已起了變化。戊戌政變 (1898) 之後，梁氏避禍東瀛，得以大量接觸日文史籍，居中且包括日譯西史著作，令其感受深刻，思緒為之一新[5]。據氏所著〈三十自述〉（與〈新史學〉著於同年）中云：「一年以來，頗竭棉薄，欲草一《中國通史》以助愛國思想之發達。」[6] 梁氏突發宏願，擬撰述《中國通史》，顯然與早先泛覽日文史籍攸關。

於〈東籍月旦〉這篇評介日文史籍的文章之中，梁氏即充分領會「國民教育之精神，莫急於本國歷史」，他並且抨擊以往中國史著的缺點。他認為：

> 中國史至今訖無佳本，蓋以中國人著中國史，常苦於學識之局面而不達，以外國人著中國史，又苦於事實之略而不具。要之，此事終

---

2. 康有為，《康有為學術著作選》（北京：中華書局，1988），《桂學答問》（始刊於光緒二十年 (1894)，梁氏遵囑作〈學要十五則〉附於後），頁 35。

3. 章太炎亦曾云：「一部二十四史，三千二百三十九卷，日讀兩卷，一日不脫，四年可了，有志之士，正須以此自勉。」轉引自呂思勉，《論學集林》（上海教育出版社，1987），頁 135。

4. 梁啟超，〈新史學〉，《飲冰室文集》第二冊，（臺灣中華書局，1960），頁 3。

5. 仝上，第一冊，〈論學日本文之益〉、〈東籍月旦〉等文。

6. 梁啟超，〈三十自述〉，《飲冰室文集》，第二冊，頁 19。

　　非可以望諸他山也。[7]

觀此梁氏日後以撰述中國史自任誠可理解；不止於此，梁氏一度擬以「三年之功」，成一「泰西通史」以供國人所用[8]。可惜此二偉業，梁氏終其身竟未得完成。今天梁氏所遺留僅有〈中國史敘論〉一篇。

　　〈中國史敘論〉發表於〈新史學〉前一年（光緒二十七年），梁氏開宗明義即闡釋歷史的主體應為「國民全部之經歷及其相互之關係」，而非世間一二有權力者之興亡隆替。他甚至執此論斷：

　　雖謂中國前者未嘗有史，殆非為過！[9]

值得注意的，他特意以「中國史」命名本國史，既與外人所習稱「震旦」或「支那」史有別，復與傳統以漢、唐盛世屬名為分辨；而紀年則一律採用「孔子生年」[10]。凡此均欲以提振民族自尊心。而這些主張在〈新史學〉一文復有所發揮。

　　梁氏察覺歐洲文明之臻於今日，民族主義厥功甚偉，而「史學之功居其半」。他認為史學乃「學問之最博大而最切要者」，且為「國民之明鏡」、「愛國心之源泉」[11]。所以他大聲疾呼：

　　今日欲提倡民族主義，使我四萬萬同胞強立於此優勝劣敗之世界乎，則本國史學一科，實為無老無幼無男無女無智無愚無賢無不肖所皆當從事。[12]

---

7. 仝上，〈東籍月旦〉，第一冊，頁99。

8. 仝上，〈東籍月旦〉，第一冊，頁97。

9. 仝上，〈中國史敘論〉，第二冊，頁1。

10. 仝上，〈中國史敘論〉，第二冊，頁3，頁8。

11. 仝上，〈新史學〉，第二冊，頁1。

最後他下結論倘「史學革命不起，則吾國遂不可救。」[13] 於此，「新史學」強烈淑世的企圖表達得再清楚不過了。

職是之故，梁氏所倡導之史學雖名之為「新」，但與傳統史學用心「經世致用」的目的並無歧出。可是在撰史取材方面，梁氏則有意與之劃清界限。他剖述傳統史學之弊病有四：「知有朝廷而不知有國家」、「知有個人而不知有群體」、「知有陳跡而不知有今務」、「知有事實而不知有理想」，這四點表現在史法上則是「能鋪敘而不能別裁」、「能因襲而不能創作」[14]。要言之，傳統史學僅以個人為主體，只知敘述事實，卻無法解釋事實之間的關係。相對的，「新史學」則要能「敘述人群進化之現象而求得其公理公例」[15]。梁氏的「新史學」正反映了當時中西所流行的「進化」觀點與尋求「律則」的史觀。這無疑印證了丁文江的看法：梁氏「新史學」裡面的主張，多採西學新說[16]。

除了闡發新穎的史學概念，梁氏繼之以偌多史學成著的實踐，這令他自然成為「史學革命」最佳的代言者，對引進西方史學首居其功。晚年他所刊行的《中國歷史研究法》（1922）和《中國歷史研究法補編》（1926）於「新史學」做了更完整的陳述，不止風行一時，迄今猶為士子所傳誦，對學術界的影響特為深遠。

加上梁氏適處中國史學蛻變的轉折點，這兩本書的歷史意義便得稍加剖析。倘以前後二書互較，則前書開啟之功尤為重大。《中國歷史研究法補編》為前書的續作，意在補充舊著的不足。梁氏自云，此書又可稱為「各種專史研究法」，旨在闡發「專史如何下手」，對打破舊史（政治史、以帝

---

12. 仝上，〈新史學〉，第二冊，頁7。

13. 仝上，〈新史學〉，第二冊，頁7。

14. 仝上，〈新史學〉，第二冊，頁3-6。

15. 仝上，〈新史學〉，第二冊，頁10。

16. 丁文江，《梁任公先生年譜長編初稿》（臺北：世界書局，1962），上冊，頁173。

都為中心的觀點）的藩籬，拓展歷史的視野殊有用心[17]。惟此書發表之前（1926），幾本討論西洋史學的重要著作已陸續迻譯成中文，例如美國史家魯賓孫 (James Harvey Robinson, 1863–1936) 的 《新史學》 (*The New History*)、 法國史家朗格諾瓦 (Charles V. Langlois, 1863–1929) 與瑟諾博司 (Charles Seignobos, 1854–1942) 合著的 《史學原論》 (*Introduction aux Études historiques*) 等均已付梓，所以相形之下，便新意銳減[18]。

　　誠然，即使在中國學術界裡，梁氏的《中國歷史研究法》亦非此一課題的首創之作。在他之前，至少已見姚永樸、李守常的著作。惟姚著了無新義，尚難與舊史學有所區隔；李著則旨在論述西說，毫無指涉國史問題。因此，二書刊行雖較梁著為早，卻無法與之匹敵[19]。

　　以影響力之廣泛，梁著顯然無人可及。致連當年視梁氏為學術勁敵的胡適 (1891–1962) 均稱許本書為「任公的最佳作」，遑論其它[20]。一如前人所述，梁著所涵攝的史學原則實本諸西學史識[21]，那麼梁氏獨特的吸引力

---

17. 梁啟超，《中國歷史研究法補編》，收入《飲冰室專集》（臺灣中華書局，1972），第一冊，頁 1。

18. 魯賓孫的《新史學》為何炳松所譯，初版 1924 年，上海商務印書館。朗格諾瓦與瑟諾博司合著的《史學原論》，李思純譯，初版 1923 年。

19. 梁氏之前，姚永樸已著有《史學研究法》，門人張瑋序於 1914 年。（見姚永樸，《史學研究法》（據商務印書館，1938 年版影印），收入 《民國叢書》（上海書店，1990）。）另外，李守常亦著有《史學要論》一書。（李守常，《史學要論》（據商務印書館，1924 年版影印），收入《民國叢書》。） 姚、李二氏之著作刊行較梁著為早，見梁氏弟子楊鴻烈所記。楊鴻烈，《史學通論》（據商務印書館，1939 年版影印），收入《民國叢書》，頁 20–21。

20. 胡適，〈1922 年 2 月 4 日〉，《胡適的日記手稿本》，第二冊（臺北，遠流出版公司，1989）。

21. 丁文淵，〈前言〉，《梁任公先生年譜長編初稿》，頁 7。丁文淵說：「二哥（丁文江）當時（梁氏遊歐）還曾設法協助任公如何學習英文，並且介紹了好幾部研究史學的

與貢獻何在呢？當時日本的漢學家桑原騭藏 (Kuwabara Jitsuzo, 1871–1931) 曾撰有一評論，從中或可提供若干線索。

整體而言，桑原氏甚為肯定本書的學術價值，且相信此書對中國史學的革新定起作用。惟衡諸日本史學界，凡是熟讀德人伯倫漢 (Ernst Bernheim, 1850–1922) 的《史學入門》或日人坪井博士《史學研究法》(刊於 1902 年) 等書的人，本書便無參考的必要。但他隨下一轉語，梁氏書中所旁徵博引的中國史例，卻是它書絕無僅有，因此凡是專攻中國史的學者均應多加重視[22]。桑原氏的評論必須加予覆按，方能切中個中實情。

日本留心西洋史學較中國為早。1887 年，德國蘭克 (Leopold Ranke, 1795–1886) 學派的門徒律司 (Ludwig Riess, 1861–1928) 已開始在東京帝大傳授日耳曼史學。隨後，日籍留歐學生陸續返國，以東大為據點，教授嚴謹的史料批評[23]。當時西洋史家奉德國史學為圭臬[24]，日本史學在西化的過程亦難免呈現同樣的徵象。桑原氏提及的坪井博士即為上述的代表人物。坪井氏的全名為坪井九馬三 (Tsuboi Kumami, 1858–1936)，早年留歐，深受德國史學影響。返國後，長年任教東京帝國大學，傳授史學方法與政治外交史。

桑原氏所提的另位學者伯倫漢則是德國史學方法的集大成者。1889 年，他所發表的《歷史方法論與歷史哲學》(*Lehrbuch der Historischen*

英文書籍，任公根據此類新讀的材料，寫成《中國歷史研究法》一書。以後許多歷史學術的著作，也就陸續出版，成為民國史學上的一位大師。」

22. 桑原騭藏，〈梁啟超氏の「中國歷史研究法」を讀む〉，《支那學》(1923)，第二卷，第十二號，頁 2–3。

23. Jiro Numata, "Shigeno Yasutsugu and the Modern Tokyo Tradition of Historical Writing," in W. G. Beasley and E. G. Pulleyblank eds., *Historians of China and Japan* (London: Oxford University Press, 1971), pp. 278–279.

24. G. P. Gooch, *History and Historians in the Nineteenth Century* (Boston: Beacon Press, 1968), pp. 72–97.

Methode und der Geschichtsphilosophie) 素被公認為蘭克史學的結晶。在西
洋史學的發展史上，佔有舉足輕重的地位 [25]。桑原氏所說的《史學入門》，
顧名思義應是該氏刊行於 1905 年的 《歷史學導論》 (*Einleitung in die
Geschichtswissenschft*) 一書。該書淺顯易曉，曾有「岩波文庫」日譯本。
桑原氏之評不啻意謂：梁氏一書所表彰的史學原理不逾伯倫漢的系統。

　　復次，潛心史學有年的杜維運 (1928–2012) 教授亦指出梁氏一書的歷
史概念頗有借鑑《史學原論》之處 [26]。按該書作者朗格諾瓦與瑟諾博司咸
為法國日耳曼史學的再傳弟子。在法國史學界，《史學原論》享有與伯倫漢
著作同等的地位 [27]。由於道出同源，它們均可視為蘭克史學在方法論上最
終的陳述。是故，毋論梁氏史學確切源出何處，恐與當時的西方史學脫不
了關係。

　　附帶必須一提的，以伯倫漢與朗格諾瓦為代表的蘭克史學，正是中國
第一代「新史學」的催生劑。它的影響不止及於梁氏一人而已，例如，何
炳松 (1890–1946) 另據三氏之學著有《歷史研究法》(1927)、《通史新義》
(1930) 等書 ；稍後 (1934)，留德歸來的姚從吾 (1894–1970) 亦循伯倫漢史
學執教北大 [28]。輾轉受他們影響尤不勝枚舉 [29]。

---

[25]. 當時蘭克史學的敵對者蘭布希特即說：「史學發展的重要里程碑即是伏爾泰、伯倫
漢與我自己。」 由此可見一斑。 參見 James Westfall Thompson, *A History of
Historical Writing* (New York: The Macmillan Co., 1942), vol. II, p. 427.

[26]. 杜維運，〈梁著「中國歷史研究法」探原〉，《歷史語言研究所集刊》，第五十一本
(1980)，第二份，頁 315–323。

[27]. Harry Elmer Barnes, *A History of Historical Writing* (Taipei, 1963), p. 260.

[28]. 何炳松據伯倫漢及朗格諾瓦、瑟諾博司的著作，撰有《歷史研究法》(1927)、《通史
新義》(1930)，均收入《民國叢書》。留德回北大任教的姚從吾亦以伯倫漢史學教授
歷史方法論。見姚從吾，《姚從吾先生全集》(臺北：正中書局，1971)，第一冊，
《歷史方法論》。

　　然而僅憑傳播西學尚不足以解釋梁著成功的理由，否則西學造詣尤佳的何炳松、楊鴻烈 (1903–1977) 諸人的史著，理應略勝一籌，事實上反倒隱沒無聞。這時桑原騭藏對梁氏國史造詣的推崇就有些啟發性。梁氏文史涵養博洽融通，高人一等，能令中外學問水乳交融，毫未見窒礙之處。這項移植工作看似平常，實則絕難；以致後來的學者固然在理論層面能夠推陳出新，惟在事理圓融一方，猶瞠乎其後。換言之，《中國歷史研究法》之普受矚目，歷久未衰，便是能將西方史學與國史知識熔鑄一爐，這項成就迄今仍罕與倫比。

　　梁著由於有了上述的優點，使得引進西方史學格外地便捷。接著，我們就得進入本文的主題剖析梁氏亟欲闡發的西學概念，以觀察傳統史學的轉化以及新史學的誕生，其實這是此生彼滅的同步過程。

三、傳統史學的轉化

　　質言之，《中國歷史研究法》所蘊藏的西方史學概念乃林林總總，豐富異常。為了論點的清晰，我們必須先將概念之間的主從輕重加以揀擇。首先，梁氏極可能受了蘭克史學的啟示，改變了「史以致用」的觀點。二十年前，此一觀點仍在他的〈新史學〉中流連徘徊。但在《中國歷史研究法》之中，梁氏卻明白揭示：「吾儕今日所欲渴求者，在得一近於客觀性質的歷史。」[30] 他且批評道：

　　我國人無論治何種學問，皆含有主觀的作用……撝以他項目的，而

---

29. 以梁氏影響之廣，連日後左派史家亦不例外，茲舉一例：翦伯贊 (1898–1968) 的《史料與史學》無非重述《中國歷史研究法》裡的史料觀念。參較翦伯贊，《史料與史學》（據上海國際文化服務社 1946 年版影印），收入《民國叢書》。

30. 梁啟超，《中國歷史研究法》，收入《飲冰室專集》，第一冊，頁 31。

絕不願為純客觀的研究。……從不肯為歷史而治歷史，而必俟懸一更高更美之目的——如「明道」「經世」等。……其結果必至強史就我，而史家之信用乃墜地。此惡習起自孔子，而二千年之史，無不播其毒。[31]

但這一段話並非意謂梁氏全然揚棄了「史以致用」的觀點。依梁氏之見，在傳統社會裡統治階級是史家著史的對象，史書因而淪為統治者的工具。惟今日則迥異於往昔，史家著史端在促進「個性圓滿發達之民」，以「自進而為種族上、地域上、職業上之團結互助」，以求生存於世界而有所貢獻。換言之，史學即以養成人類此種性習為職志[32]。由此可以充分顯現蘭克史學與社會進化論的交相作用；前者令梁氏鄙棄個人之間錙銖必較的效用，後者卻將歷史的效用提升至「人群」的層面[33]。

復次，梁氏不愧為現代中國史學的先覺者。該時他便極力推許統計研究法，允為開拓史學新局的利器[34]。時隔多年此一說法卻依然屹立不搖。

終其一生，梁氏的史學雖時有變化，惟總緣西學而發。例如，稍遲他因接觸立卡兒特 (Heinrich Rickert, 1863–1936) 的哲學，開始質疑「歷史裡頭是否有因果律」，反而相信歷史判斷得自「直覺」，而非歸納、演繹的方法[35]。但在民國初年，「科學主義」(scientism) 思潮的席捲之下，這點理念

---

31. 仝上，頁 31。

32. 仝上，頁 28–29。

33. 梁啟超與社會進化論的關係，請參閱拙著，〈梁啟超的終極關懷〉，收入《優入聖域》（臺北：允晨文化公司，1994），頁 444–445。

34. 梁啟超，《中國歷史研究法》，頁 57–58。例如，梁氏就把簡單的統計概念應用到歷史上石畫的分析，甚有見地。同年，梁氏復發表〈歷史統計學〉一文，以闡發統計法應用到史學研究的長處。見《飲冰室文集》，第七冊，頁 69–81。

35. 梁啟超，〈研究文化史的幾個重要問題〉，《飲冰室文集》，第七冊 (1923)，頁 1–7。

宛若靈光一閃，倏忽熄滅了[36]。

時過境遷，今日我們得以立於一個較有利的時間向度，去評估何者方算梁氏所締造的新史學傳統，且至今仍深深地影響著我們的歷史思考。細究之，則有二：其一為作為歷史素材的史料觀念，另一則為釐清史學與其它學科的關係。這兩組觀念叢結，徹底轉化了傳統史學的預設和性質；以致今日的中國得以步入近代史學的行列，而與之休戚與共[37]。

首先，梁氏在《中國歷史研究法》費了絕大篇幅，反覆闡釋「史料」這個概念。他認為：史學之有別於玄學或神學在於史學的立論不可端賴窮思冥想，卻必得立在具體的證據——史料之上。「史料」根據他的界義便是「過去人類思想行事所留之痕跡，有證據留傳至今日」者[38]。由於世變無常，史料留存甚具偶然；縱使倖獲存留，亦不免真偽難辨。因此，史家立論較諸自然科學與社會科學家遠為艱難，故史學成就獨晚[39]。

梁氏對「史料」的認定無疑大大底擴充了史料的範圍。依據傳統史學的成見，充其數僅算是珍奇賞玩的金石器物；惟在梁氏新觀點之下，甚至包括新近出土的敦煌簡牘、殷墟甲骨、地下考古都變成彌足珍貴的史料。若以例示之，宋人著錄的金石文字，往昔止視作書法珍品，至今皆成為絕

立卡兒特為德國新康德主義者，致力分辨人文科學與自然科學之區別，以強調人文科學的自主性。

36. 「科學主義」盛行於民國初年，可參閱 D. W. T. Kwok, *Scientism in Chinese Thought, 1900–1950* (New Haven: Yale University Press, 1965).

37. 梁氏的進化史觀不久即為左（唯物史觀）、右（民族史觀）意識形態所取代。在「新史學」中，屬於變動不居的部分。以體例而言，「紀事本末體」、「通史」均可在傳統史學找到接筍點，若袁樞與章學誠的著述。是故以體例形式而言，傳統史學轉化為新體例，遠較其它方面圓緩，亦少調適之苦。

38. 梁啟超，《中國歷史研究法》，頁 360。

39. 仝上，頁 38–45。

佳的研究佐證。它如殷墟書契之發現，不獨在文字源流上別開生面，影響所及且可涵蓋全體中國古代史。因此梁氏歸結「金石證史」的價值「最高」[40]。梁氏獲致上述的評價，顯然與他的史料分類的概念攸關。

　　梁氏受西方史學的影響，依照資料形成之早晚先後，區別資料為「直接史料」與「間接史料」兩大類別[41]。「直接史料」意指史蹟發生時或其稍後即已成立的資料[42]。在史學論證過程，「直接史料」最具分量，不得已方退而求諸「間接史料」。要之，「直接史料」（或言「原始資料」）與「間接史料」（或言「二手資料」）的分辨，正是奠定西方近代史學的基石[43]。

　　梁氏接受了若是的史料概念，可預料地必對傳統史學起了莫大的顛覆作用。首當其衝的，便是動搖傳統史學經典的權威形象。譬如，帝制時代尊為「正史」的「二十四史」，在梁氏新觀點的審視之下，只是卷帙浩繁的「史料」而已；於個別論點其印證價值反不如金石銘刻、地方志、文集筆記來得直接、來得可靠。究其故，只不過「二十四史」相形之下僅屬「間接材料」，在史料評估位階較低。這便是「金石證史」價值最高的源由。同理，對個別二十四史的評價，亦因資料蘊藏豐富與否，與傳統看法略有出入；譬如：《新唐書》、《新五代史》因體例精簡，勝過《舊唐書》、《舊五代史》的繁冗蕪雜，原本評價較高。但以「史料」觀點衡之，則恰得其反。

　　值得一提的，二十年前於〈中國史敘論〉、〈新史學〉，梁氏即執民族史觀疵議「二十四正史」徒知登載帝王將相的故事；此番卻援形式的史學概念加以裁度，用心之處顯有歧異。非但如此，連素為傳統史學奉作「記

---

40. 仝上，頁 59–60。

41. 仝上，頁 36–37。

42. 仝上，頁 80–82。

43. 這種分辨在中西傳統史學均相當地模糊，但在西方十七世紀以下則獲得前所未有的釐清，最終變成現代史學研究的基本預設。 Arnaldo Momigliano, "Ancient History and the Antiquarian," in his *Studies in Historiography* (New York, 1966), pp. 1–39.

言」、「記事」圭臬的《尚書》與《春秋》[44]，亦因新材料與新觀點的兩相夾擊，威信備受質疑。連帶地，原為上古史不刊之典的《史記》、《漢書》亦遭波及，例如許多新出土的史料（甲骨文、竹簡）則不為司馬遷、班固所見。往昔，這些上古史冊籠罩著近乎神聖的迷彩，其記載的真實性不容置疑；以致過去的學者僅能疏釋補注，卻不敢妄思加以重鑄。迄今，則大鳴大放、百無禁忌。毋怪民國初年，中國上古史的研究首先脫穎而出，大放異彩，而先秦、秦漢史的成著亦如雨後春筍般迸出[45]。這不可不謂新史料概念的解放效果。

梁氏另一個影響後世深遠的史學概念便是重新界定歷史與其它學科的關係。早在〈新史學〉一文，梁氏便批評中國史學「徒知有史學，而不知史學與他學之關係」[46]。他認為與史學有「直接關係」的學科，相當於今日的社會科學；有「間接關係」的就是哲學與自然科學。史學所求於二者便是「諸學之公理、公例」[47]。

本來於中國舊學問當中，便有「崇經黜史」的傾向，史學並非全然自主；梁氏的老師康有為便曾說：「史學大半在證經，亦經學也。」就是典型的例證[48]，加上傳統史學帶有濃厚的鑑戒性質，因此以表彰政治倫理的《春秋經》自然成為他的最高指導原則。借諸章學誠 (1738–1801) 的文字以論

---

44. 班固，《漢書》（臺北：鼎文書局，1987），卷三十，頁 1715。班固的《漢書‧藝文志》代表傳統的看法。今人則有不同的意見，請參較金毓黻，《中國史學史》（臺北：國史研究室，1972），頁 7–18；錢穆，《中國史學名著》（臺北：三民書局，1985），第一冊，頁 51。

45. 胡適，〈古史討論的讀後感〉，《胡適文存》，第二冊（臺北：遠東圖書公司，1953），頁 98–99。

46. 梁啟超，〈新史學〉，《飲冰室文集》，第二冊，頁 10。

47. 仝上，頁 10–11。

48. 康有為，〈桂學答問〉，《康有為學術著作選》，頁 49。

述，就是「史之大原本乎《春秋》，《春秋》之義昭乎筆削」[49]。惟清季以降，經學不敵強勢西學，其解釋典範日趨式微。史學在無所憑依的狀況之下，只得汲汲尋求外援。梁氏之熱衷引介進化史觀便是極佳的先例。這個過程恰恰重蹈了西方近代史學的軌跡：從中古神學的桎梏解脫出來，十九世紀的史學便勇往直前地擁抱進化史觀[50]；接著挾「輔助科學」(auxiliary sciences) 之助改良了研究技巧，終至借重「社會科學」(social sciences) 的解釋架構而後止。在中國，梁啟超便是承繼了這一長串的發展結果。

　　有了以上的比較背景，方可理解原來在〈新史學〉一文中所洋溢的興奮改造之情，至《歷史研究法》卻顯得進退失據。原來梁氏隨著自己對西方史學瞭解的深化，困窘不已，本來開創新局的激情大為減退。他為史學這個龐大的古老帝國，土崩瓦解，無復故餘，至感歎再三。甚至有人倡言「史學無獨立成一科學之資格」，他卻答道：「論雖過當，不為無見。」[51]其尷尬之情表露無遺。於此，梁氏的史學論述則全然取資西學脈絡，中學無復能規矩。

　　近代學術發展趨勢，愈發達則分科愈精密。前此為史學附庸，今則蔚然成一獨立學科，例如：天文、律算、音樂、語言比比皆是。梁氏有鑑於此，遂倡議重新釐定史學範圍，以「收縮為擴充」[52]。他認為，今之史學雖獲致新領土，而此所謂「新領土」，實乃在舊領土上而行使新主權。他期許今後史家，一面宜將其領土一一劃歸各專門科學，使為自治的發展，勿侵其權限；一面則以總神經系──總政府自居，凡各活動悉攝取而論列之[53]。所以他便將史學一分為二，包括「普遍史」與「專門史」。前者即一

---

49. 章學誠，《文史通義校注》（北京：中華書局，1985），上冊，頁 470。

50. 施亨利 (Henry Sée)，《歷史之科學與哲學》（上海商務印書館，1930），黎東方譯，第七章。

51. 梁啟超，《中國歷史研究法》，頁 30。

52. 仝上，頁 29–30。

般文化史，由史家總司其成；後者則如法制史、文學史、哲學史、美術史等等。治專門史者，不惟需有史學造詣，更需有各該專門學的修養，梁氏遂將「專門史」移付各該專門學者，而毋復寄託史家本身[54]。這便是梁氏以「收縮為擴充」的真諦。

　　歸言之，梁氏頭一個期許毋寧是事實的認可；次一個期許——擬以史學為總政府自居，至今仍然落空。必須點出的，梁氏雖時時以改造中國傳統史學自任，此處所反映的則盡是西方史學的窘況。德國史家伯倫漢對該時西方史學的困境有極切身的感受，倘取之烘托梁氏的論述，則梁氏的思慮將愈形顯豁。對當下史學與社會科學的關係，伯倫漢有如下的觀察：

> 史家本身對於史學之基本概念，既少所從事，其對外之觀瞻，乃模糊不明，其他科學於是紛紛侵越史學之界限，視史學為語言學者有之，視之為自然科學者亦有之，欲將史學視為政治學之工具者有之，視之為社會學之旁枝者亦有之。[55]

伯倫漢更指出，由於各個學科羽毛豐滿，除了進行專門史之研究，且將其方法、目標推及於全史，甚至視史學為多餘之物，可附麗於其它科學，適用其方法[56]。這種尷尬的情結稍前已證諸梁氏之行文。在中國，於梁氏之前，嚴復緣譯作之啟發，已先撥彈「歷史非專門之學」的論調，惟尚屬空谷足音，無有回響[57]。

---

53. 仝上，頁 31。

54. 仝上，頁 35–36。

55. 伯倫漢 (Ernst Bernheim)，《史學方法論》（臺灣商務印書館，1968），陳韜譯，頁 62。

56. 仝上，頁 62–63。

57. 王栻編，《嚴復集》（北京：中華書局，1986），第四冊，頁 847。

　　史學地位驟降如此，在中、西學術史均是前所未有的。誠然，在西學入侵之前，史學一度臣服於經學或理學，但這只就義理評斷而言，並不違礙史學成為專門之學。所以傳統上，史學即名正言順列為「四部」之一。尤其十八世紀，章學誠提出「六經皆史」說，更使史學為之一振，頗有凌駕經學之姿[58]。

　　尤有甚者，在十九世紀的西方，史學睥睨一切的人文知識，因為歷史思考瀰漫了各個領域，成為其它學科的重要泉源。英國史家艾克頓 (Lord Acton, 1834–1902) 就曾自信滿滿地宣稱：

> 歷史不僅是一門特殊的學問，並且是其它學問的一種獨特的求知模式與方法。[59]

就他而言，「歷史思考」遠比具體的「歷史知識」更具普遍性的意義[60]。所以後世的史家緬懷這個世紀便稱為「歷史主義的時代」(age of historicism) 或「歷史的時代」(historical age)[61]。但邁入二十世紀之後，學風丕變，史學飽受各種新興人文與社會科學的攻擊，大有四面楚歌的險狀。

　　返觀梁氏的世界，中國世變日亟，傳統學問處處捉襟見肘，令得梁氏只好捨舊學，就新學。其中一個很好的例子便是：梁氏更將章學誠的「六經皆史」的觀點，疏通成「六經皆史料」，以方便銜接西方史學。如此一來，梁氏的目的固然達到了，但章學誠的高亢之志亦消失得無影無蹤。

　　此外，梁氏迫不得已承認「史學，若嚴格的分類，應是社會科學的一

---

58. 章學誠，《文史通義校注》，上冊，頁 1。

59. 參見 Herbert Butterfield in his *Man on His Past* (Cambridge, 1955), pp. 1, 97.

60. Ibid., p. 97.

61. Geoffrey Barraclough, *History in a Changing World* (Norman, 1957), p. 2. 有關「歷史主義」的中文著作，或可參閱拙著，〈歷史主義：一個史學傳統及其觀念的形成〉，《歷史主義與歷史理論》（臺北：允晨文化公司，1992），頁 17–116。

種」[62]。乍聽之下仿若城下之盟，但未嘗不可解作梁氏決心將中國史學帶離「四部」之學，正式加盟西學陣營。的確，在轉化中國史學的過程中，梁氏兼有啟蒙者與開拓者的雙重功勞，特別是藉著《中國歷史研究法》，他適時且貼切地將西洋史學引進中國園地，從而帶領中國史學步上近代史學的正軌。

可是當我們在推許梁氏的貢獻時，切莫以為梁氏是唯一的推動者。事實上，中國新史學的建立是梁氏那個世代的集體成果。《中國歷史研究法》固然是梁氏個人精心的傑作，但裡面所呈現的理念，卻是當時以革新史學為務的學者所獲致的共識。例如：他們同肯定地下考古資料的價值；在這方面，王國維 (1877–1927) 結合甲骨文字與古代文獻已取得豐碩的成果，並示範「二重證據法」以紙上與地下資料互證[63]。

又如講究研究過程裡史料甄辨的優先性。胡適在他的成名作《中國哲學史大綱·卷上》(1919) 中，批評「中國人作史，最不講究史料」，職是特別強調：

> 審定史料乃是史學家第一步根本工夫。西洋近百年來史學大進步，大半都由於審定史料的方法更嚴密了。[64]

反過來他批評：

> 神話、官書都可作史料，全不問這些材料是否可靠，卻不知道史料若不可靠，所作的歷史，便無信史的價值。[65]

---

62. 梁啟超，《中國歷史研究法補編》，頁 151。

63. 王國維，《古史新證》（北平：來薰閣影印，1935）。

64. 胡適，《中國哲學史大綱·卷上》（臺北：里仁書局，1982），頁 19。

65. 仝上，頁 15。

值得點出的，在《中國哲學史大綱》參考書目當中，攸關「史料審定及整理之法」，胡適建議閱讀的正是同樣為梁氏所資的朗格諾瓦與瑟諾博司合著的《史學原論》英譯本 [66]。

留德、又曾受業於胡適的傅斯年 (1896–1950) 更直截了當地宣稱：「史學便是史料學」[67]。他主張：

> 凡能直接研究材料，便進步。凡間接的研究前人所研究或前人所創造之系統，而不繁豐細密的參照所包含的事實，便退步。[68]

傅氏且倚此分辨「科學研究」與過去「學院學究的研究」的差異。

傅氏反對「著史」，因為著史每多多少少帶點古世、中世的意味，且每取倫理手段，作文章家的本事 [69]。他反對「疏通」，認為只要把材料整理好，則事實自然顯明了 [70]。在他的授課講義《史學方法導論》裡，傅氏猶一再提示直接史料與間接史料的不同價值。以致民初學人之間，他格外推崇王國維和陳寅恪 (1890–1969)，其故皆因二位懂得運用中、外直接史料，創造出輝煌的成果 [71]。

其實只要稍加對照蘭克的論點，傅氏的史學源頭就豁然開朗。蘭克的《拉丁與日耳曼民族史 (1494–1514)》 (*Histories of the Latin and Germanic Nations [1494–1514]*)，向來被公認為西方近代史學的里程碑，它的序言尤膾炙人口。蘭克說道：

---

66. 仝上，頁 33。

67. 傅斯年，〈史學方法導論〉，《傅斯年全集》，第二冊 （臺北：聯經出版事業公司，1980），頁 6。

68. 仝上，〈歷史語言研究所工作之旨趣〉，第四冊，頁 256。

69. 仝上，第四冊，頁 253。

70. 仝上，第四冊，頁 262。

71. 仝上，〈史學方法導論〉，第二冊，頁 7–23。

> 歷史曾經被賦與判斷過去，指導現在，以為未來謀福的職責。本書
> 不希望有如許的期待，它僅是陳述事實的真況而已。[72]

蘭克的呼籲歷史僅是「陳述事實的真況」(wie es eigentlich gewesen)，初聞
之下語調似極謙卑，實則不然。這句話正是近代史學的精神標幟，它象徵
歷史的獨立宣言，史學從此毋復是神學、哲學的奴婢，亦非文學、藝術的
附庸。

對蘭克而言，平鋪直敘地呈現史實，縱使感到抑制與無趣，仍然是史
學的最高法則。所以舞文弄墨並非史家分內之事。蘭克自許己身的著作咸
得自辛勤爬梳的原始資料，果非萬不得已絕不假手間接史料。能夠符合如
此嚴苛的史料紀律，他感到萬分的自豪[73]。

這種對原始資料的要求，後來成為西方史學的普遍原則。例如，塞格
諾博的業師，同時是法國科學史學的代言人古朗士 (N. D. Fustel de
Coulanges, 1830–1889) 便有句名言：「經年累月的分析，只為了一時的綜
述。」[74] 他所謂的「分析」(analysis)，是取自化學的比喻，認為史源的分
析、考訂、解讀乃是獲致原始資料的不二法門，因此是史家無可怠忽的職
責。要之，古朗士本身固然文采甚高，卻自斥為雕蟲小技，微不足道。他
對原始資料有近似潔癖的要求，因為他相信可靠的史料自會忠實地反映歷
史的真況。對「史實自明」的信心，令他在某個場合面對喝采的學生，發
下如許的豪語：

---

72. Leopold von Ranke, *The Theory and Practice of History* (New York, 1973), ed. by
Georg G. Iggers and Konrad von Moltke, p. 137.

73. Ibid., pp. 137–138.

74. N. D. Fustel de Coulanges, "Introduction to *The History of the Political Institutions of
Ancient France*," in Fritz Stern ed., *The Varieties of History* (Cleveland, 1957), p. 190.

　　　請勿為我鼓掌！在這裡講演的並非我自己，而是歷史透過我在講話。[75]

對古朗士而言，史家旨在「透露」(reveal) 歷史，而非「解釋」(interpret)
歷史[76]。

　　而「史實自明」同為傅斯年反對「疏通」的理據。傅氏堅信：

　　　史學的對象是史料，不是文詞，不是倫理，不是神學，並且不是社
　　　會學。史學的工作是整理史料，不是作藝術的建設，不是做疏通的
　　　事業，不是去扶持或推倒這個運動，或那個主義。[77]

若稍加推敲這些學科排名順序的底蘊，並不難察覺傅氏思路所反映的竟是
西方史學演變的縮影。他避而不提傳統舊學中壓制史學的「經學」，反倒突
顯西方文化獨特的產物：「神學」與「社會學」，就是最好的線索[78]。這些
學科均曾在歷史的園地留下喧賓奪主的紀錄，所以傅氏重申史料方是歷史
的主體，只要整理好史料，事實就顯豁了[79]。

　　至於對材料的態度，傅氏主張「存而不補」；對處置材料的手段，則是

---

75. 參見 Emery Neff in *The Poetry of History* (New York, 1947), p. 192.

76. James Weatfall Thompson, *A History of Historical Writing*, vol. II, p. 456.

77. 傅斯年，〈史學方法導論〉，《傅斯年全集》，第二冊，頁 5。

78. 「神學」主導西洋中古史學。「文詞」、「倫理」向來是西方上古史學至十八世紀啟
蒙史學所牽涉的面相。「社會學」則是因十九世紀法國孔德建立之後，將史學附屬
其下。 Gertrud Lenzer, *Auguste Comte and Positivism: The Essential Writings* (New
York, 1975), pp. 66, 91–92, 247–261.

79. 但傅斯年終究不是中國的「古朗士」，因為古朗士堅持：「歷史是門科學，愛國是項
德性；兩者絕不可以相混。」參閱 James Westfall Thompson, *A History of Historical
Writing*, vol. II, p. 372. 民族主義對傅斯年治史則頗有滲透力，傅著《東北史綱》尤
有爭議。傅斯年治史與民族意識的牽聯，請參閱王汎森，〈讀傅斯年檔案札記〉，《當
代》，第 116 期 (1996)，頁 37–49。

「證而不疏」。他認為史家應在材料之內發見無遺，材料之外一點也不越過去說[80]。他執著：

> 史的觀念之進步，在于由主觀的哲學及倫理價值論變做客觀的史料學。[81]

依他之見，西方近代史學得以突破乃緣史料編輯學的躍進。這種史學，實超希臘、羅馬以上，其編纂不僅在於記述，而且有特別鑑定之工夫。他對西方，尤其是德國的史料編纂工作印象尤為深刻。因此他格外推崇蘭克（輆克）與莫母森 (Theodor Mommsen, 1817–1903) 的史學成就；相對的，在中國史學，他則看重司馬光以至錢大昕之治史方法[82]，其故即在迎合西方史學所要求的史料考訂水準。

以上所述恰好解開中國近代史學的一個謎團：新史學的倡導者既是摒棄固有史學，何以又對傳統的考史工夫讚賞有加。此一情結不止見諸傅氏一人，梁啟超、胡適之輩亦復如此。譬如，他們雖蔑視《資治通鑑》所蘊涵的史觀，卻獨對司馬光的史考交相稱許。而代表考史工作的極致——清代考據學更受到一致的推崇。唯一不同的，受到西方史學的衝擊，考證工作必得重新對焦：傳統經典已不復是最後訴求的權威，史料與事實的關聯方構成新史學關懷的焦點。這也就是傅斯年所堅持的：「如果抱著『載籍極博猶考信於文藝』的觀念，至多可以做到一個崔述，斷斷乎做不到一個近代史學者。」的正解[83]。

---

80. 傅斯年，〈歷史語言研究所工作之旨趣〉，《傅斯年全集》，第四冊，頁262。

81. 仝上，〈史學方法導論〉，第二冊，頁5。

82. 仝上，〈「史料與史學」發刊詞〉，第四冊，頁 356；又氏著，〈中西史學觀點之變遷〉，《當代》，第 116 期 (1996)，頁 69。有關蘭克與莫母森的史學可參閱 G. P. Gooch, *History and Historians in the Nineteenth Century*, chapters VI & XXIV.

83. 傅斯年，〈中國古代文學史講義〉，《傅斯年全集》，第一冊，頁 57。

　　清代樸學之受重視另方面與清末民初科學主義中的方法論運動有極密
切的關係。梁啟超早在 1902 年總結有清一代樸學，即認定考據學者「以實
事求是為學鵠，頗饒有科學的精神」[84]。他相信凡欲一種學術之發達，「其
第一要件，在先有精良之研究法。」民國以後，他愈發推衍此說，進而讚
揚清代學者「刻意將三千年遺產，用科學的方法大加整理」，取得豐碩的成
果，甚值後人發揚光大[85]。他鼓吹用科學方法去研究國學中的文獻學問，
而《中國歷史研究法》正是他所謂科學方法的實踐。梁氏亟思以新史學擴
充、檢驗資料的態度，打破傳統經學的束縛，以樹立一派「新考證學」[86]。

　　這種「方法」意識稍後愈演愈烈。胡適在民初主張「整理國故」，但怎
麼整理呢？他說：

> 新思潮對於舊文化的態度，在消極一方面是反對盲從，是反對調和；
> 在積極一方面，是用科學的方法來做整理的功夫。[87]

他又說：

> 科學的方法，說來其實很簡單，只不過「尊重事實，尊重證據。」
> 在應用上，科學的方法只不過「大膽的假設，小心求證。」
> 在歷史上，西洋這三百年的自然科學都是這種方法的成績；中國這
> 三百年的樸學也都是這種方法的結果。[88]

他更稱譽：「中國舊有的學術，只有清代的 『樸學』 確有 『科學』 的精

---

84. 梁啟超，〈論中國學術思想變遷之大勢〉，《飲冰室文集》，第二冊，頁 87。

85. 梁啟超，《清代學術概論》（臺北：啟業書局，1972），頁 49，173。

86. 梁啟超，〈治國學的兩條大路〉，《梁啟超文集》，第七冊，頁 110–113。

87. 胡適，〈新思潮的意義〉，《胡適文存》，第一集，頁 736。

88. 仝上，〈治學的方法與材料〉，第三集，頁 109–110。

神。」[89] 他逕言，有清代學者的科學方法出現，是中國學術史的一大轉機[90]。

梁啟超、胡適等對「科學」本身瞭解的真確與否，並不是本文關心的要點；重要的是他們都把「科學方法」當做獲得正確文史知識的保證[91]。清代考據學則恰好符合「史料考訂」與「科學方法」的雙重用途，以致成為接引西學的方便橋梁；但「橋梁」本身究竟不是西學「淨土」的終點站。

梁啟超便曾說：「以經學考證之法，移以治史；只能謂之考證學，殆不可謂之史學。」[92] 胡適也批評清代學者徒然有好方法，卻囿於故紙堆裡，所以無法如近代西方學者運用科學方法開創出自然科學。即使在文獻學問，瑞典學者珂羅倔倫（高本漢，Bernhard Karlgren, 1889–1978）廣泛運用方言材料，其成績便可以「推倒三百年的中國學者的紙上工夫」[93]。有趣的是，這種論斷又可見諸別人對胡適作品的評價。蔡元培 (1868–1940) 於分析《中國哲學史大綱》的獨到之處時，除了指出胡適的漢學修養有助於材料處理之外，特別強調胡適「治過西洋哲學史」，這點為他人所不及[94]。

同樣地，傅斯年在評估清代學術時，承認：「清代學問在中國歷朝的各派學問中，竟是比較的最可信最有條理的。」[95] 可是他最後的結論卻急轉直下：

---

89. 仝上，〈清代學者的治學方法〉，《胡適文存》，第一集，頁 391。

90. 仝上，第一集，頁 390–391。胡適在晚年追述：「我治中國思想與中國歷史的各種著作，都是圍繞著『方法』這一觀念打轉的。『方法』實在主宰了我四十多年所有的著述。」唐德剛譯，《胡適口述自傳》（臺北：傳記文學出版社，1981），頁 94。

91. 請參考拙著，〈論「方法」及「方法論」：以近代中國史學意識為系絡〉，收入《歷史主義與歷史理論》，頁 261–285。

92. 梁啟超，《清代學術概論》，頁 88–89。

93. 胡適，〈治學的方法與材料〉，《胡適文存》，第三集，頁 120–121。

94. 胡適，〈蔡序〉，《中國哲學史大綱》，頁 1。

95. 傅斯年，〈清代學問的門徑書幾種〉，《傅斯年全集》，第四冊，頁 411。

但是若直用樸學家的方法，不問西洋人的研究學問法，仍然是一無
是處，仍不能得結果。所以現在的學者，斷不容有絲毫「抱殘守缺」
的意味了。[96]

從上可以獲悉梁氏以降之所以看重清代考據學，只不過將其定位為解讀資
料的「輔助科學」，猶非史學的主體。

　　爾後，傅氏會在〈歷史語言研究所工作之旨趣〉這篇開山之作裡，提
出「現代的歷史學研究，已經成了一個各種科學的方法之匯集」的觀點[97]，
便毋足為奇了。傅氏以為中國地下考古資料之發掘，加上近代西洋史學方
法之運用與社會科學工具之完備，今後史學界定有長足的進展[98]。但是傅
氏卻未曾意識到「社會科學」與「史學」潛在的緊張性，他似乎仍以「輔
助科學」的模式去理解「社會科學」；不僅從未覺察出後者存有鯨吞蠶食的
野心，而且無緣目睹 1960 年代「行為科學」(behavioral sciences) 對史學入
主出奴的態勢[99]。

---

96. 仝上，頁 415。

97. 仝上，〈歷史語言研究所工作之旨趣〉，第四冊，頁 259。此文原刊於 1928 年 10 月
中央研究院《歷史語言研究所集刊》創刊詞，直可視為蘭克史學在中國最有系統的
宣言。誠然傅氏對蘭克史學是持著己身切用的選擇態度，因此蘭克史學的觀念論色
彩則無由得見。這點可參考蘭克史學在美國的狀況。Cf. Georg G. Iggers, "The
Image of Ranke in American and German Historical Thought," in *History and Theory*
(1963), II, pp. 17–40.

98. 傅斯年，〈中西史學觀點之變遷〉，《當代》，第 116 期 (1996)，頁 68。

99. 「輔助科學」與「社會科學」之基本差別，前者為史學之工具，幫助辨偽、考訂與
解讀文獻；後者則在提供解釋的理論。但往昔為史學的輔助科學，亦可由附庸蔚為
大國，譬如從「語文學」(philology) 演變為「語言學」(linguistics)；80 年代以德希
達 (Derrida) 為代表的哲學語言學 (philosophical linguistics)，又對歷史研究造成不小
的衝擊。「行為科學」為西方 1960 年代的顯學，以史基納 (B. F. Skinner, 1904–

簡之，從積極引進西方史學，到意識及史學本身的不足；傅氏的論點適透露中國史學危機的深化。這種對史學缺乏自主性的認識，在當時中國史學界已相當普遍。

前此，留美歸國的何炳松便鼓吹史學與社會科學聯盟不遺餘力。他的譯作《新史學》(*The New History*)，原書在美國廣為流行；1924 年中文譯本發行以來，在中國史學界亦頗有聲勢[100]。何氏一生的治史信念可以從本書的譯文求得答案。《新史學》有一小段話可作為代表，他是這樣翻譯的：

> 歷史能否進步、能否有用，完全看歷史能否用他種科學聯合，不去仇視他們。[101]

這類觀點不只為具有留洋背景的學者所接受，且連從未踏出國門的呂思勉 (1884–1957) 亦表同感。呂氏比較章學誠與現今史家的異同時，他如是評道：

> 他（章學誠）的意見，和現代的史學家，只差得一步。倘使再進一步，就和現在的史學家相同了。但這一步，在章學誠是無法再進的。這是為什麼呢？那是由於現代的史學家，有別種科學做他的助力，而章學誠時代則無有。[102]

1990) 的「行為心理學」為表率，造成另一次社會科學的變革。「行為科學」與「史學」的關係可參閱 Robert F. Berkhofer, Jr., *A Behavioral Approach to Historical Analysis* (New York, 1969). 此書作者將本書獻給「我的歷史女神」(To my Clio)，別有開展另一頁「新史學」的意味。

100. 何炳松受朱希祖之託，方將已授課之英文教本譯為中文。魯賓孫的《新史學》發表於 1912 年，其在美國社會與學術意義可參閱 Richard Hofstadter, *The Progressive Historians* (New York, 1970) 的相關章節。

101. 何炳松譯，《新史學》（上海：商務印書館，1924），頁 76。原文見 James Harvey Robinson, *The New History* (New York, 1965), p. 73.

換言之，依呂氏之見，章學誠的史學與現在史學原無甚異同。現代史學的
進步實拜別種科學之賜[103]。而在諸多科學之中，社會科學尤為「史學的
根基」[104]。

　　這種覺醒不止限於個別史家，在教育制度亦有所變革。在教學上，
1920 年起，北京大學史學系即明訂「社會科學，為史學基本知識，列於必
修科」[105]。負責改制的朱希祖 (1879–1944) 於追述這項革新，有段發人深
省的談話。他言道：

> 由今 (1929) 觀之，實為尋常，在當時 (1920) 則視異常也。凡此設
> 施，皆思以文學的史學，改為科學的史學。[106]

要之，朱希祖早先受德國史家蘭布希特 (Karl Lamprecht, 1856–1915) 的影
響，遂倡導社會科學為歷史研究的基本科學[107]。於短短不到十年之間，從
朱氏所謂的「異常」衍為「尋常」，正是歐風美雨推波助瀾的結果。而後，
中國史學在追求現代化的過程中，已勢必倚重社會科學不可了。

---

102. 呂思勉，《歷史研究法》（據上海永祥印書館 1945 年版影印），收入《民國叢書》，
　　　頁 24–25。

103. 仝上，頁 24–25。

104. 呂思勉著有〈社會科學是史學的根基〉(1941) 一文。見李永圻，《呂思勉先生編年
　　　事輯》（上海書店，1992），頁 225。

105. 朱希祖，〈北京大學史學系過去之略史與將來之希望〉，《北京大學卅一週年紀念刊》
　　　（國立北京大學卅一週年紀念會宣傳股編印，1929），頁 70–71。又見其為何炳松
　　　所譯，《新史學》，〈新史學序〉，頁 1–2。

106. 朱希祖，〈北京大學史學系過去之略史與將來之希望〉，頁 71。

107. 何炳松譯，〈新史學序〉，《新史學》，頁 1。有關歐美史學接受社會科學的個別情況
　　　請參閱拙文，〈歷史相對論的回顧與檢討〉收入《歷史主義與歷史理論》，頁 165–
　　　166，（註）6。

四、結論

自從梁啟超提出「新史學」這個口號，中國史家求新求變的決心從未動搖；這股義無反顧的精神令他們勇於承受接踵而來的西方史學思潮。其底層的原因即是傳統史學已不敷應付世變日亟的時局。

惟「窮於應世」只是啟動改革中國史學的原始驅力，就學術內部視之，「新史學」一經梁氏登高一呼，即有風吹草偃之勢，無從遏止。自此西學推陳出新，源源而入。不容諱言，當時猶有極少數保守的學者負嵎頑抗[108]，但為時勢所趨，終不起作用。民初國學大師章太炎 (1868–1936) 一度懷疑甲骨文是騙子造假的假古董，晚年亦禁不住試讀相關的著作[109]。連成見深錮的章氏均如此，可以想像「新史學」多麼成功地征服那一世代的學子人心。

以梁氏為代表的第一代「新史學」，藉著闡發嶄新的史料觀念及界定歷史與其它學科的關係，讓中國史家搭上這班升火待發的「西方史學列車」。原以為從此可以安心地邁向康莊大道，無奈前程依舊是滿途荊棘、波折曲生。

他們所未曾料到的是，當時的西方史學已身陷重圍，不止窮於應付虎視眈眈的新興科學，且其精神支柱——歷史主義亦逐漸消融之中。十九世紀的末葉，西方經濟學者首先發難質疑歷史研究法的有效性[110]；接著二十

---

108. 先後任教北京大學與中央大學的陳漢章 (1863–1938) 就是其中的一位。參閱陳漢章，《史學通論》(據國立中央大學版影印)，收入《民國叢書》，頁 125–132。

109. 李濟，〈安陽的發現對譜寫中國可考歷史新的首章的重要性〉，收入張光直、李光謨編，《李濟考古學論文選集》(北京：文物出版社，1990)，頁 790–791。

110. 參閱 Maurice Mandelbaum, "Historicism," in *The Encyclopedia of Philosophy*, vol. IV (1968), p. 22; Hermann Schumacher, "Economics: The Historical School," in *Encyclopedia of the Social Sciences*, vol. V (1948), pp. 371–377; F. A. Hayek, *The Counter-Revolution of Science* (Glencoe, Illinois, 1952), p. 215; and Georg G. Iggers,

世紀初期，「歷史主義危機」的呼聲便此起彼落，最後這個憂患意識由專家學者蔓延到社會群眾，致構成「歷史無用論」的流行論調[111]。以譬喻的語言說來，西方史學在學術戰場節節敗退，潰不成軍之際，而由游兵散勇組成的中國志願軍卻前來搖旗吶喊，大呼萬歲。

析言之，中國第一代的新史家因援「原始資料」的觀念動搖了傳統史學的權威性。其次，在他們引介其它學科進入史學的過程中，漸次暴露了史學無法自主的弱點。自此中國史學始洞門大開，外敵得以長驅直入，擾攘永無寧日。第一代的「新史學」與社會科學的聯盟，便如清兵入關，不可收拾。史學終落得是名副其實的史料學。關於這點，傅斯年必將大出意外，原來傅氏所謂「史學便是史料學」實基於史實不證自明的信念，而今日的史料學卻是將歷史的詮釋權拱手送給其它學科，自己卻淪為資料的提供者。

然而第一代新史學移植的成功，無形鼓舞了中國史學和西學與時俱進。自此，西學若有風吹草動，中國史學必將隨之起舞。始自世紀之初，凡是志在打倒固有史學、開闢新格局的史學活動，均資「新史學」為名號，以合法化揭竿起義的事為；這種文化現象，在中、外均層出不窮，殊值留意。是故，「新史學」的「新」字，除了標示時間的序列，本身即是價值所在，而至於內容為何已無關緊要[112]。

"Historicism," *Journal of the History of Ideas* (1995), pp. 132–137.

[111] Oscar Handlin, "A Discipline in Crisis," in his *Truth in History* (Cambridge, Massachusetts, 1979), pp. 3–24; Theodore S. Hamerow, "The Crisis in History," in his *Reflections on History and Historians* (Madison, Wisconsin, 1987), pp. 3–38; and Geoffrey Barraclough, *History in a Changing World*, pp. 1–7.

[112] 在臺灣 1990 年代，即有一群中央研究院年輕歷史同仁創辦《新史學》，以求開風氣之先。西方以《新史學》命名的書屢見不鮮，例如 Theodore K. Rabb and Robert I. Rotberg eds., *The New History: The 1980s and Beyond* (Princeton, New Jersey, 1982).

是故，中國史學為了迎合「苟日新、日日新」的潮流，便悽悽惶惶，無所安頓。這由 1920 年代社會科學的引進，到歷史唯物論（大陸）、行為科學（臺灣）的盛行，居中除了夾雜美、蘇文化霸權的驅策，都只能看作是時尚的差異。兩岸史家（尤其大陸）幾乎是言必稱馬克思 (Karl Marx, 1818–1883)、韋伯 (Max Weber, 1864–1920) 的地步。值得警惕的，當 1960 年代，西方史家正熱烈擁抱社會學時，社會學界卻對本門學科產生危機感[113]；這種危機意識像瘟疫般地蔓延到其它學科[114]，令得滿懷虛心，登門求教的史家，茫然不知所措。

總而言之，二十世紀中「史學」與「社會科學」的關係，大概只能用「夸父追日」這句成語方足以道盡其中原委。晚近此一趨勢不止不見稍息，反愈形嚴重。新起的「新新」史學更以剷除以往的史學為快，例如：德國伽德瑪 (Hans-Georg Gadamer, 1900–2002) 的「詮釋學」(hermeneutics)，其理論涵蘊足以解消方法論的效度 (validity)，造成歷史判準的困擾[115]；法國傅柯 (Michel Foucault, 1926–1984) 的「知識考古學」(the archaeology of knowledge) 更直接質疑以往史學所預設的「連續性」(continuity)[116]，德希

---

[113] Alvin W. Gouldner, *The Coming Crisis of Western Sociology* (New York: Basic Books, 1970).

[114] 例如：心理學與人類學。Cf. G. R. Elton, *The Practice of History* (London and Glasgow: Mathuen, Massachusetts: Harvard Press, 1967), pp. 36–56; Gertrude Himmelfarb, *The New History and the Old* (Cambridge, Massachusetts, 1987), pp. 33–46. 史東亦挺身指出：當前經濟學、社會學、心理學似乎瀕臨知識崩解的邊緣，史家必得做出對自己最有利的選擇。Lawrence Stone, *The Past and the Present Revisited* (New York, 1987), p. 20.

[115] 參閱 Hans-Georg Gadamer, *Truth and Method* (New York, 1989) 與 Richard E. Palmer, *Hermeneutics* (Evanston, 1969), ch. 4.

[116] Michel Foucault, *The Archaeology of Knowledge* (London, 1972).

達 (Jacques Derrida, 1930–2004)、巴特 (Roland Barthes, 1915–1980) 提出「文本」(text) 的觀點以解除作者的詮釋權，而任憑讀者師心自用，推衍極致則可泯滅「原始資料」與「間接資料」的區別[117]；此外，美國懷特 (Hayden White, 1928–2018) 更提出「文史不分」的說法，導致虛構與史實最終竟無甚差別[118]。其它，「女性史學」、泛意識形態的分析、後殖民的論述都在在挑戰以往史學的客觀性[119]。懷特甚至明言：

> 毋論「歷史」(history) 僅是被視為「過去」(the past)、或攸關過去的文獻記載、或者經由專業史家所考訂攸關過去的信史；並不存在一種所謂特別的「歷史」方法去研究「歷史」。[120]

這種觀點是曾經宣稱「歷史是其它學問的一種獨特的求知方法」的艾克頓，完全無法理解的。二者彷彿置身於全然相異的智識世界。是故，倘若專業

---

117. Jacques Derrida, "Structure, Sign and Play in the Discourse of the Human Sciences," in David Lodge ed., *Modern Criticism and Theory* (London and New York, 1988), pp. 108–123; Roland Barthes, "The Death of the Author," also in *Modern Criticism and Theory*, pp. 167–172. 傳統文本觀念與現代文本觀念的演變，請參閱 Hugh J. Silverman, *Textualities* (New York and London, 1994). 反駁文本觀念的新趨勢見 H. Aram Veeser ed., *The New Historicism* (New York and London, 1989). 新「文本」概念有陷入知識相對論與虛無主義之虞。

118. Hayden White, *Metahistory* (Baltimore and London, 1973). 西方傳統史家亦有呼籲由「分析式歷史」(analytical history) 返回「敘述式歷史」(narrative history)，但與懷特仍有區別。 Cf. Lawrence Stone, "The Revival of Narrative: Reflections on a New Old History," in his *The Past and the Present Revisited*, ch. 3.

119. Cf. Ernst Breisach, *Historiography* (Chicago and London, 1984), Epilogue; and Peter Novick, *That Noble Dream* (Cambridge, 1993), part IV.

120. Hayden White, "New Historicism: A Comment," in H. Aram Veeser ed., *The New Historicism*, p. 295.

史家仍沒有良好的因應之策，那麼這些後現代思潮恐將有朝一日變成所有「新史學」的終結者了。

面對五彩十色的西學，今日史家該何去何從呢[121]？特別是美、俄強勢文化削弱之後，西方文化更趨多元發展，而其變遷之速往往令人調適不及；即使有心接納者亦不免目眩神搖，難以執一而終。

針對上述的問題，絕無簡單的答案。倘若中國史學並無意一味紹述固有傳統，又不願陷入西學的輪迴之中，大概只得做出「別有特色」的史學。此處我們之所以避免使用「本土史學」這個字眼，只因為後者參雜太多情緒的防衛色彩，容易將問題混淆不清。

我們只曉得要建立別有特色的史學必須「學有所本」。這個「本」即是歷史自家的園地；必得勤於耕耘，方有所獲。反之，光憑西學理論究竟只能餬口渡日，並不足以成就大事。再多、再高明、再先進的西學，充其數只能將中國歷史降為普遍的事例而已，實質上並無法彰顯中國獨特的歷史經驗；況且不意之中，也將解消了中國歷史對世界史學可能的貢獻。

是故，浮光掠影的「泡沫史學」，固然可以喧騰一時[122]，終非可久可大的春秋志業。所以，我們必須重新省視中國歷史的素材，從中創發量材適身

---

[121]. 二十年前的史家建議我們可以借用「馬克思、韋伯、帕森思的社會學，社會、文化、象徵人類學，古典、凱因斯、新馬克思的經濟學，佛洛伊德、艾立克森、容格的心理學」。參閱 Lawrence Stone, "History and the Social Sciences in the Twentieth Century," in his *The Past and the Present Revisited*, p. 20. 今日史家則鼓勵我們取資「紀茲的文化人類學、傅柯的論述理論、德希達或德曼的解構主義、索緒爾的符號學、拉肯的心理分析理論、傑克卜森的詩學」。參閱 Hayden White, "New Historicism: A Comment," in H Aram Veeser ed., *The New Historicism*, p. 295. 睽隔未為久遠，所列科目已全然相異。

[122]. 「泡沫史學」之命名取法自經濟學上的「泡沫經濟」(bubble economy)，表面上熱鬧異常，自我膨脹，其實內容乏善可陳。

的研究途徑，以求真正地提升中國歷史的理解。不容諱言，以今日中國史學的境地，距離建立別有特色的史學仍有一段相當遙遠而艱辛的路程；理性上，當然我們可以借用顧炎武 (1613–1682) 的詩句——「遠路不須愁日暮」來互相砥礪，可是在內心深處我真實的感覺卻是：「長夜漫漫路迢迢」[123]。

123. 《長夜漫漫路迢迢》為奧尼爾 (Eugene G. O'neill, 1888–1953) 的劇作 "*Long Day's Journey into Night*" 的中譯。

中文書目

一、前人著作

司馬遷

　　1971 《史記》。臺北：泰順書局。

朱熹

　　1983 《四書章句集注》。北京：中華書局。

班固

　　1987 《漢書》。臺北：鼎文書局。

章學誠

　　1985 《文史通義校注》。北京：中華書局。

二、近代著作與研究

丁文江

　　1962 《梁任公先生年譜長編初稿》。臺北：世界書局。

王汎森

　　1996 〈讀傅斯年檔案札記〉，《當代》，第 116 期。

王國維

　　1935 《古史新證》。北平：來薰閣影印。

朱希祖

　　1929 〈北京大學史學系過去之略史與將來之希望〉，收入《北京大學卅
　　　　　一週年紀念刊》。北京：國立北京大學卅一週年紀念會宣傳股編印。

　　1924 〈新史學序〉，收入《新史學》，何炳松譯。上海：商務印書館。

呂思勉

　　1945 《歷史研究法》。上海：永祥印書館。

1987《論學集林》。上海：上海教育出版社。

何炳松

1927《歷史研究法》（收入《民國叢書》）。

1930《通史新義》（收入《民國叢書》）。

杜維運

1980〈梁著「中國歷史研究法」探原〉，《歷史語言研究所集刊》，第五
　　　十一本，第二份。

李永圻

1992《呂思勉先生編年事輯》。上海：上海書店。

李濟

1990〈安陽的發現對譜寫中國可考歷史新的首章的重要性〉，收入《李
　　　濟考古學論文選集》，張光直、李光謨編。北京：文物出版社。

金毓黻

1972《中國史學史》。臺北：國史研究室。

陳漢章

　　　《史學通論》（收入《民國叢書》）。國立中央大學。

姚永樸

1938《史學研究法》（收入《民國叢書》）。上海：商務印書館。

姚從吾

1971《姚從吾先生全集》，第一冊。臺北：正中書局。

胡適

1982《中國哲學史大綱・卷上》。臺北：里仁書局。

桑原騭藏

1923〈梁啟超氏の「中國歷史研究法」を讀む〉，《支那學》，第二卷，
　　　第十二號。

康有為

1988《康有為學術著作選》。北京：中華書局。

梁啟超

　　1960《飲冰室文集》。臺北：臺灣中華書局。

　　　　《中國歷史研究法》，收入《飲冰室專集》，第一冊。

黃進興

　　1992〈歷史主義：一個史學傳統及其觀念的形成〉，收入《歷史主義與歷史理論》。臺北：允晨文化公司。

　　1994〈梁啟超的終極關懷〉，收入《優入聖域》。臺北：允晨文化公司。

傅斯年

　　1980〈史學方法導論〉，收入《傅斯年全集》，第二冊。臺北，聯經出版事業公司。

翦伯贊

　　1946《史料與史學》（收入《民國叢書》）。上海：上海國際文化服務社。

錢穆

　　1985《中國史學名著》，第一冊。臺北：三民書局。

嚴復

　　1986《嚴復集》，第四冊，王栻編。北京：中華書局。

三、翻譯西方書籍

伯倫漢 (Ernst Bernheim)

　　1968《史學方法論》，陳韜譯。臺北：臺灣商務印書館。

施亨利 (Henry Sée)

　　1930《歷史之科學與哲學》，黎東方譯。上海：上海商務印書館。

朗格諾瓦與瑟諾博司合著 (Langlois, Charles Victor and Seignobos, M. Charles)，1923。《史學原論》(*Introduction aux Études historiques*)，李思

純譯。

魯賓孫 (Robinson, James Harvey)

　　1924《新史學》(*The New History*)，何炳松譯。上海：商務印書館。

西文書目

Barnes, Harry Elmer

　　1963. *A History of Historical Writing*. Taipei.

Barraclough, Geoffrey

　　1955. *History in a Changing World*. Norman: University of Oklahoma Press.

Barthes, Roland

　　1988. "The Death of the Author," in *Modern Criticism and Theory*, ed. by David Lodge. London and New York: Longman.

Berkhofer, Robert F., Jr.

　　1969. *A Behavioral Approach to Historical Analysis*. New York: Free Press.

Breisach, Ernst

　　1983. *Historiography*. Chicago: University of Chicago Press.

Butterfield, Herbert

　　1955. *Man on His Past*. Cambridge: Cambridge University Press.

Comte, Auguste

　　1975. *Auguste Comte and Positivism: The Essential Writings*, ed. by Gertrud Lenzer. New York: Harper & Row.

Coulanges, N. D. Fustel de

　　1957. "Introduction to *The History of the Political Institutions of Ancient*

France," in Fritz Stern ed., *The Varieties of History*. Cleveland.

Derrida, Jacques

　　1988. "Structure, Sign and Play in the Discourse of the Human Sciences," in *Modern Criticism and Theory*, ed. by David Lodge. London and New York: Longman.

Elton, G. R.

　　1967. *The Practice of History*. London and Glasgow.

Foucault, Michel

　　1972. *The Archaeology of Knowledge*. London.

Gadamer, Hans-Georg

　　1989. *Truth and Method*. New York: Crossroad.

Gooch, G. P.

　　1968. *History and Historians in the Nineteenth Century*. Boston:Beacon Press.

Gouldner, Alvin W.

　　1970. *The Coming Crisis of Western Sociology*. New York: Basic Books.

Hamerow, Theodore S.

　　1987. "The Crisis in History," in *Reflections on History and Historians*. Madison, Wis.: University of Wisconsin Press.

Handlin, Oscar

　　1979. "A Discipline in Crisis," in *Truth in History*. Cambridge, Mass.: Belknap Press.

Hayek, F. A.

　　1952. *The Counter-Revolution of Science*. Glencoe, Illinois: Free Press.

Hermann Schumacher

　　1948. "Economics: The Historical School," *Encyclopedia of the Social*

Sciences (vol. V)

Himmelfarb, Gertrude

    1987. *The New History and the Old*. Cambridge, Mass.: Belknap Press of
        Harvard University Press.

Hofstadter, Richard

    1968. *The Progressive Historians*. New York: Knopf.

Iggers, Georg G.

    1955. "Historicism," *Journal of the History of Ideas.*

    1963. "The Image of Ranke in American and German Historical
        Thought," *History and Theory* (II).

Kwok, D. W. T.

    1965. *Scientism in Chinese Thought, 1900–1950*. New Haven: Yale
        University Press.

Mandelbaum, Maurice

    1968. "Historicism," in *The Encyclopedia of Philosophy* (vol. IV).

Momigliano, Arnaldo

    1966. "Ancient History and the Antiquarian," in his *Studies in
        Historiography*. New York .

Neff, Emery

    1947. *The Poetry of History*. New York: Columbia University Press.

Novick, Peter

    1993. *That Noble Dream*. Cambridge, Cambridge University Press.

Numata, Jiro

    1971. "Shigeno Yasutsugu and the Modern Tokyo Tradition of Historical
        Writing," in *Historians of China and Japan*, ed. by W. G. Beasley
        and E. G. Pulleyblank. London: Oxford University Press.

Palmer, Richard E.

    1969. *Hermeneutics*. Evanston: Northwestern University Press.

Rabb, Theodore K. and Rotberg, Robert I. eds.

    1982. *The New History: The 1980s and Beyond*. Princeton, New Jersey.

Ranke, Leopold von

    1973. *The Theory and Practice of History*, ed. by Georg G. Iggers and Konrad von Moltke. New York.

Robinson, James Harvey

    1965. *The New History*. New York: Free Press.

Silverman, Hugh J.

    1994. *Textualities*. New York and London: Routledge.

Stone, Lawrence

    1987. *The Past and the Present Revisited*. New York: Routledge & Kegan Paul.

Thompson, James Westfall

    1942. *A History of Historical Writing*, vol. II. New York: The Macmillan Co.

Veeser, H. Aram ed.

    1989. *The New Historicism*. New York and London:Routledge.

Google地球與秦漢長城

邢義田　著

　　本書為秦漢史重量級學者邢義田利用Google地球遙觀秦漢所修築之長城的研究成果。作者藉Google地球，搭配前人的研究以及史書中的記載，考察出長城的經緯度，也找到許多以往研究及實地調查中未曾報導過的長城遺址，對今後的長城研究及考古發掘有所助益。書中使用了許多經緯度資料、空照圖、地形圖，以及數百張Google地球的截圖，以圖像及數據，帶領讀者一探秦漢長城的遺跡。

知識生產與傳播
——近代中國史學的轉型

劉龍心　著

　　在這個巨大的知識轉型過程中，歷史如何被重新書寫？新的歷史知識如何建立？歷史學家們如何操作不同的社會網絡，傳播各種新的歷史觀念給廣大的群眾？因著民族主義、戰爭動員而逐漸趨於單一化的敘事方式，是不是摧折了歷史原本複線多元發展的可能性？本書從知識史的角度出發，將有助於吾人深入了解這些問題，並藉以思考當代史學的新出路。

與西方史家論中國史學

杜維運　著

　　在二十世紀，西方史學已有其世界性的影響力，其成就與價值為舉世所公認；然中國史學，則因國勢陵夷而備受世人唾棄與攻擊。持基督教與近代科學文化背景的西方史家，近數十年來，對中國史學屢有論述，其中肯處，應拜受其言，然誣罔之論，偏頗之說，有不能不據實以辯者。本書首先羅列西方史家的言論，鉅細畢載，次則就其待商榷處，與之一一詳論。

國家圖書館出版品預行編目資料

後現代主義與史學研究／黃進興著.——修訂二版二
刷.——臺北市: 三民, 2023
　　面; 　公分.——（歷史聚焦）

　　ISBN 978-957-14-7560-8 （平裝）
　　1. 歷史哲學 2. 史學方法 3. 後現代主義

601.4　　　　　　　　　　　　　111017205

後現代主義與史學研究

作　　　者	黃進興
發 行 人	劉振強
出 版 者	三民書局股份有限公司
地　　　址	臺北市復興北路 386 號 (復北門市)
	臺北市重慶南路一段 61 號 (重南門市)
電　　　話	(02)25006600
網　　　址	三民網路書店 https://www.sanmin.com.tw

出版日期	初版一刷 2006 年 1 月
	初版二刷 2009 年 10 月
	修訂二版一刷 2023 年 1 月
	修訂二版二刷 2023 年 8 月
書籍編號	S600280
I S B N	978-957-14-7560-8

三民書局